Walter Markov

Zwiesprache
mit dem Jahrhundert

Walter Markov

Zwiesprache mit dem Jahrhundert

Dokumentiert von Thomas Grimm

Volksblatt Verlag 1990

Volksblatt Verlag Köln 1990

Gesamtherstellung: Druckerei »Hermann Duncker«; Leipzig

ISBN 3-923243-63-4

Inhalt

Vom Kind zum Scholar

1909–1933

Herr Professor Markov, ein Gespräch zu führen, das zugleich biographischem Anspruch und wissenschaftlicher Leistung des renommierten Historikers Rechnung tragen soll, gleicht einer Gratwanderung. Vorangestellt die Frage: Welchen Stellenwert haben für Sie Erinnerungen und Aussagen von Zeitzeugen in der Geschichtsforschung?

Das ist in so abgesteckter und absoluter Form schwer zu sagen. Es kommt doch sehr auf den jeweiligen Fall, auf die Situation und vor allem auf die Art der Dokumentation an. Was Autobiographien betrifft, so ist der Historiker dabei vielleicht in einer schwierigeren Lage als einige andere Kollegen »Fachidioten«; und zwar deshalb, weil er sich von Berufs wegen unter lauter gewichtigen Geistern zu bewegen hat, er also die Wucht und Macht, auch die Notwendigkeit der »Erinnerungen« in Vor- und Schreckbildern kennt. Dabei weiß er natürlich, wenn er sich selbst nichts vormacht, daß er nicht Wegbereiter oder Dazugehöriger des Heroen-Pantheons der Geschichte wird, sondern mehr oder weniger nur ihr Aufzeichner, ja, vor allem ihr Nachzeichner.

Fast jeder läßt ein paar Zeilen für Kinder und Enkelkinder zurück, zur Groborientierung: wie es dem Opa ergangen, wie er es geschafft oder auch nicht geschafft hat. Damit aber vor die Öffentlichkeit zu treten, gar Memoiren zu drucken, macht meines Erachtens ein Nachdenken über das Verhältnis von Aufwand und Nutzen notwendig. Deshalb erscheint es mir im Prinzip richtiger, einen Gelehrten – gleich welchen Fachs – zunächst nach seinen Früchten, seiner Bibliographie, zu beurteilen, als nach dem, was er gegebenenfalls über sich erzählt. Namentlich dann, wenn er solche Selbstbeschreibung, der ja immer die Gefahr der Selbstbespiegelung innewohnt, außerhalb der Kontrolle derjenigen macht, die am meisten und am längsten mit ihm zu tun hatten.

Aussagen unter der Kontrolle von Zeitgenossen sind nicht nur ein wissenschaftliches Problem. Heinz Knobloch schreibt in seinem Buch »Meine liebste Mathilde«, daß die Geschichtsschreibung erst dann beginne, wenn der letzte Augenzeuge tot sei, weil sich dann niemand mehr einmischen kann.

Das ist witzig gesagt und etwas mehr als eine Halbwahrheit. Die ganze ist es nicht. Aber richtig gesehen hat Knobloch

Während des Interviews 1987 in Holzhausen

die Situation insofern, als wir – ich meine jetzt die marxistische Geschichtsschreibung – vielleicht zu lange auf dem Postulat herumgeritten sind, daß der gerühmte – von der bürgerlichen Geschichtsschreibung gerühmte – Abstand vom Ereignis keine Vorbedingung für eine sachliche, abwägende, eine objektive Darstellung sei. Es hat uns geschreckt, daß man Zeitgeschichte zwar in der jeweiligen Zeit aufnehmen, erfassen, schreiben soll, daß tatsächlich aber dazu eine zweite Schicht kommt, nachdem die Turbulenz der Zeit vorüber ist, in der man agiert hat, in der man sehr schnell reagieren mußte, wollte man nicht durch einen Streich erlegt werden. Man hat mitten im Kampfgetümmel Dinge wahrgenommen, die der Spätere nicht mehr erhaschen wird, aber umgekehrt sind einem natürlich auch Dinge entgangen, die zum Wesentlichen des Vorgangs gehörten. Das ist dann eine Aufgabe der Geschichtsschreibung, aus dem historischen Abstand heraus die sauber gefilterten Sachverhalte zu beleuchten. Insofern hat der Nachgeborene es leichter als der Handelnde, man kann ihm nicht mehr dazwischenfunken mit dem Argument: Also halt mal, ich bin selbst dabeigewesen.

Biographie und soziale Wirklichkeit bedingen einander, sind in der Realität ein Ganzes. Die Historiker berücksichtigen wieder verstärkt Einzelschicksale im allgemeinen Faktenbuch der Geschichte. Dabei stützen sie sich auf Erinnerungen von Zeitzeugen, lassen das konkrete Erleben der Subjekte aus dem Schleier der Gemeinplätze hervortreten.

Zweifelsohne. Ich hatte vorhin den Unterschied des in vorderster Reihe Aktiven und des späteren (Partei ergreifenden) Registrators der Ereignisse angedeutet. Was die Protagonisten oder aufmerksamen Begleiter geschichtlicher Ereignisse zu Papier gebracht haben, ist sicher von unschätzbarem Wert, weil niemand – auch kein Profi – einen Zweifel daran lassen kann, daß die Abstraktionen, zu denen wir und andere Wissenschaftler gezwungen sind, zwar ein notwendiges Skelett der historischen Vorgänge abgeben, aber niemals wirklich geschehende Geschichte abbilden können. Das erlebe ich oft, wenn jüngere Kollegen Geschichte aufarbeiten anhand von Büchern, von Dokumenten, gelegentlich auch von Befragungen. Da gibt es dann Szenen – über den antifaschistischen Widerstandskampf zum Beispiel –, in denen meine Generation selber vorkommt, und man merkt, in bestimmten Dingen weiß der junge Mann sogar mehr, als wir damals wissen konnten, weil wir ja nur ein Segment überblickten. Andererseits wird mir bewußt, daß dieser Nachwuchswissenschaftler die Atmosphäre, in der damals gehandelt und gestritten wurde, so, wie sie wirklich war, nicht nachempfinden kann. Dazwischen liegt ein Graben der Epoche, vielleicht auch der Erlebnisqualität, des geistigen Umfeldes, über den Berichte der Handelnden als Zeitzeugen eine Brücke schlagen. Die kann man nicht ersetzen, weder durch Synthesen, die zu Abstraktionen führen, noch durch statistische Aufrechnungen mit Hilfe von Computern, auch nicht allein durch fleißiges Wühlen in Dokumenten. Wenn also Ihre Frage darauf zielt, ob »Erinnerungen« von Wert oder gar unverzichtbar für die Zusammensetzung eines Gesamtgemäldes geschichtlicher Abläufe sind, dann würde ich das ohne Einschränkung bejahen.

Mit Bruder Mile (li.) 1913

Als Historiker wissen Sie um die Ereignisse der ersten Hälfte unseres Jahrhunderts, die in der Geschichtsschreibung als nachwirkende Zäsuren manifest wurden. Sind es tatsächlich diese als Marksteine gesetzten Begebnisse, die das Erinnerungsbild Ihrer Kindheit prägen?

Ja und nein, aber mehr ja! Bis zum Ersten Weltkrieg haben wir in auskömmlichen »mittelständischen« Verhältnissen gelebt, in »Geborgenheit«. Mein Vater, in Graz kaufmännischer Angestellter des Deutschen Kali-Syndikats, war ein slowenischer Bauernsohn aus der Untersteiermark. Er hatte ein Restgut geerbt, es dann veräußert und in Ljubljana ein Eigenheim gebaut. Darin wohnten wir bis zum Ausbruch des Massenschlachtens. Mein Erzeuger überschätzte die Offensivkraft der Italiener und traute ihnen zu, unsere Stadt zu besetzen. Die (1982 wiederbesichtigte) »Villa Engica« wurde deshalb 1915 leichtsinnig verkauft, und die Familie machte sich wieder auf nach meinem Geburtsort Graz – weiter weg von den Kriegsschauplätzen. Erst 1919 siedelten wir in das nunmehr jugoslawische Ljubljana zurück.

Für ein Kind sind das einschneidende Veränderungen.

Nicht allein der Ortswechsel bot Gründe dafür. Da meine Mutter Wienerin sächsischer Herkunft war, herrschte in der Sippe Zweisprachigkeit vor, deutsch und slowenisch. Das blieb auch so, als die nach dem Krieg wechselnde Berufstätigkeit meinen Vater sowohl nach Belgrad als auch nach Sušak (heute ein Teil von Rijeka) verschlug. Die Folge war, daß ich nach dem Besuch einer deutschen Privatschule in Graz eine slowenische Volksschule in Ljubljana und danach humanistische Gymnasien (mit Latein und Griechisch) zunächst in Ljubljana, später in Kranj und in Sušak besuchte. Im Belgrader Realgymnasium wurde serbo-kroatisch unterrichtet, Französisch als Fremdsprache, in Sušak statt dessen Italienisch. Hand aufs Herz: Kommen Sie in dem Wirrwarr noch mit? Mich kam es sauer genug an.

Herrschte einerseits innerhalb der Familie ein großes Maß an Toleranz, an Kosmopolitismus, so vernahm sie andererseits um sich herum anhaltenden Völkerstreit, zu dem die national zerklüftete Donaumonarchie (wie danach Jugoslawien auch) mit Anlässen nicht kargte. Die nicht komplikationslosen äußeren Bedingungen und Zustände haben meinen weiteren Entwicklungsweg sicherlich mitgeformt. Von überall tönte mir die gleiche widerwärtige Leier entgegen: Wir sind die Besten und die anderen die Verwerflichsten. Bis ich dahinterkam, daß, ähnlich wie in Nathans Ringparabel, vielleicht alle schwindelten. Jede Abart von Nationalismus erschien mir verächtlich. Das förderte Einsicht in die Notwendigkeit internationaler Verständigung und war eine der Ursachen, warum ich später zu »echter Demokratie« tendierte. Einzuflechten wäre noch, daß meine Geburtsstadt Graz nicht in Deutschland lag und wir bis 1919 die österreichische und danach die jugoslawische Staatsbürgerschaft besaßen.

Und wohin fühlten Sie sich nun wirklich zugehörig?

Entscheidende Entwicklungsjahre habe ich in der schönen slowenischen »Hauptstadt« Ljubljana, »Perle des Herzogtums Krain«, verlebt und die dortigen Klimaschwankungen einer national umstrittenen Grenzlandschaft erfahren. Dies mag ein Auslöser dafür gewesen sein, daß ich, weltan-

Mutter: Isabella Markov, geb. Beuermann

schaulich einem liberal gestimmten Elternhaus entstammend, einen gewissen inneren Linksschwenk vollzog. In der evangelischen Grazer Privatschule hatte ich zu hören bekommen, daß »Deutschland, Deutschland über alles« zu siegen hätte. In Ljubljana vernahm ich nun das genaue Gegenteil: daß die schlimmsten Unterdrücker auf Gottes Erdboden die Deutschen wären. Womit in diesem Falle allerdings die eher »schlampigen« schwarzgelben (kaiserlichen) Österreicher vor 1918 gemeint waren. Als wir nach Belgrad verzogen, erfuhr ich, schon nicht mehr erstaunt, daß dieselbe Schandrolle in der Geschichte von den Türken gespielt worden sei. Während meiner Abiturzeit in Sušak, der Grenzstadt zwischen Jugoslawien und Italien, haben wir uns schließlich bei mancherlei Zusammenstößen »handgreiflich« von den Segnungen eines faschistischen Polizeistaates jenseits der Flußbrücke, die uns vom damaligen italienischen Teil der Stadt (Fiume) trennte, überzeugen können. (Ein Schuß Operette war auch dabei.)

Als ein weiteres prägendes Motiv wäre anzuführen, daß ich an den verschiedenen Schulen oftmals der einzige Protestant unter lauter »verstockten« Katholiken war, eine Pagenfrisur und kurze Hosen trug. Das trieb den zum weißen Raben gestempelten Naseweis in eine Abwehrhaltung, die auch eine Präfiguration des späteren Jünglings abgab. Fügen wir hinzu, daß sich ein so frühes Grunderlebnis wie der Krieg – als er ausbrach, war ich noch keine fünf Jahre alt, aber ich verfolgte ihn mit wachem Interesse – der kindlichen Psyche in einer fast mystischen Dimension einbrannte. Ich entsinne mich heute noch, welchen Eindruck im Jahr 1914 das Attentat auf den Thronfolger Franz Ferdinand in Sarajevo auf mich machte. Wobei ich aufschnappte, daß das Wort Attentat, das ich aus diesem Anlaß zum ersten Mal – dafür aber gleich aus mehreren Mündern – hörte, mit vier t geschrieben wird, die mir womöglich noch unauslöschlicher imponierten als Princips zwei Revolverschüsse ins Pulverfaß.

Haben Sie damals Angst empfunden, zum Beispiel vor Kampfhandlungen? Welche Personen gaben Ihnen das Gefühl der Geborgenheit und des Schutzes?

Die Kampfhandlungen spielten sich so weit weg ab, daß sie eher große Neugier als Angstgefühle hervorriefen. Jahrelang spielten wir Kinder Krieg, oft nichts als Krieg, und das mit allen Schikanen. Der ferne Krieg war Alltag, unser Alltag

Mit Geschwistern 1921

geworden. Ich könnte nicht sagen, daß ich seinethalben irgendein Schutzbedürfnis empfand oder Geborgenheit vermißte. Zumal Vater nicht eingezogen wurde. Insgesamt spürte das Hinterland den Ersten Weltkrieg, solange er dauerte und im Gegensatz zum Zweiten, nur mittelbar: über Gefallenen- und Gefangenenlisten, Warenknappheit, Verpflegungslücken und Lebensmittelkarten, Währungsverfall, eine weltweite Epidemie, die man »Spanische Grippe« nannte. Feindliche Luftangriffe hatten noch Seltenheitswert. Viel einschneidender im familiären Bereich waren die Folgewirkungen des Krieges.

Welchen Widerhall fand der Krieg als politisches Ereignis innerhalb der Familie?

Die Realität dieses Krieges brachte es mit sich, daß Partei ergriffen werden mußte. Innerhalb der Großfamilie setzten die meisten auf einen Sieg Deutschlands, die wenigsten glaubten an einen möglichen Sieg Österreichs, etliche an einen Sieg der Westmächte. Mit meinem Vater an der Spitze, der panslawistische Neigungen hegte, plädierten einige wenige für den unwahrscheinlichen Sieg Rußlands. Meine Voraussage zielte auf England, nachdem ich in Großpapas Atlas entdeckt hatte, wieviel »Rot« diese Weltmacht mitsamt ihrem Kolonialbesitz ausmachte. Ich forschte diesen Atlas aus, wieviel Einwohner es dort gäbe. Danach stand für mich fest, daß England den Krieg gewinnen wird. Damit habe ich weder bei Vater noch bei Mutter Billigung gefunden.

Generell trug die Situation zur Politisierung der Atmosphäre, also zum Nachdenken über geschehende Geschichte bei. Wenngleich das soziale Element, gar die soziale Revolution, gegenüber dem nationalen Faktor und den staatlichen Veränderungen zurücktrat, belehrten mich erste Blicke in die Zeitung darüber, daß in Rußland 1917 der Zar gestürzt und später erschossen wurde, daß, wie es hieß, »Lenin und Trotzki« mit »uns« Frieden schlossen. Das Wie und Warum mir einleuchtend zu erklären, zeigten sich Eltern wie Großeltern jedoch außerstande. Ebensowenig erhellend war Vaters abschätziger Kommentar zur Novemberrevolution 1918: »In Deutschland regiert jetzt ein Sattler« (womit Ebert gemeint war). Mir einen eigenen Vers darauf zu machen wäre wohl zu viel verlangt gewesen. Direkt betroffen fühlte ich mich nicht einmal von unserer kleinen »Hausrevolution« in Rest-Österreich, die den Kaiser Karl sanfthändig aus der Wiener Hofburg vertrieb. Allenfalls gruselte mir einmal vor einem Menschenauflauf, der eine Elektrische zum Halten zwang – vielleicht fuhr sie ein Streikbrecher. Mir behagte solche Ordnungswidrigkeit nicht, und ihr tieferer Sinn wurde mir auch durch die »Massenszene« nicht klarer. Das jetzt allerseits so hektisch umlaufende Wort Revolution schien etwas zu verhüllen, das man ungern vor unbewaffnetem Auge entschleiern wollte. So begriff ich auch nie ganz, was meinen Großvater – mütterlicherseits – am Jahresende 1918 in den Freitod trieb: persönliche Depression im allgemeinen Zusammenbruch?

Als wir nach Ljubljana zurückkehrten, hatte ich von der – wie mir immerhin schien – in Unordnung geratenen Welt den Eindruck, daß »richtiger« Frieden, wie ich ihn bis 1914 gekannt hatte, trotz Kriegsende so nicht ausschaut. Und ich bin dieses Gefühl leichten Unbehagens nicht mehr losgeworden, so »friedensmäßig« es in Ljubljana – im Vergleich zu Graz – auch zuging.

Änderten sich nach Kriegsende und dem damit einhergehenden Zerfall der Österreichisch-Ungarischen Monarchie Ihre Lebensverhältnisse?

Gewiß. Nach Kriegsende fühlte mein Vater das Bedürfnis, sich als Kleinunternehmer zu versuchen. Er gründete, wenn ich recht unterrichtet bin, die erste jugoslawische »Fabrik« zum Bedrucken von Briefumschlägen und nachher, als der »Pionierladen« nicht mehr lief, einen kurzlebigen Betrieb zur Herstellung von Druckerschwärze. Auch auf eine von einem Schwindler »gespickte« Kohlengrube fiel er prompt herein. Meinem herzensguten Erzeuger fehlten, um unter dem Wolfsgesetz zu bestehen, die nötigen Ellenbogen, und ein Mißerfolg löste den anderen ab, so daß er reumütig an Büropulte zurückkehren mußte; selbst die waren nicht einmal mehr leicht zu finden. Das Schwergewicht beim Erwerb für den Unterhalt der kopfstarken Familie verlagerte sich auf meine höchst energische Frau Mama. Sie sattelte von Hausfrau auf Sprachlehrerin um und verschaffte sich in Belgrad auf Grund ihrer ungewöhnlichen pädagogischen Fähigkeiten (als ein Objekt ihres Naturtalents vermag ich das zu bezeugen) einen unzweideutigen Ruf unter den mit lebhaften Kindern geplagten Bürgerfamilien der Hauptstadt. Dadurch ging auch das Gesetz des Handelns im eigenen Domizil unverrückbar auf sie über.

Fällt in diese Nachkriegszeit Ihre Entscheidung für das Studium der Geschichte? Gab es dazu Vorläufer innerhalb der Familie?

Wie ich zur Geschichte kam? Mit dem Elternhaus hat das wenig oder nichts zu tun; akademische Traditionen lagen in unserem Milieu nicht vor, und mit einer Ahnengalerie konnten wir nicht aufwarten. Ein erstes Signal, an das ich mich erinnere, setzte – noch während des Krieges in einem Grazer Bioscop – ein italienischer Film über Hannibal; wonach ich beim Vater Erkundigung einzog, ob der 2. Punische Krieg bloß eine von diesen Kinogeschichten sei oder ob es den einäugigen Elefantenreiter wirklich gegeben habe. Nachdem ich eine positive Auskunft dahingehend erhielt, daß über den

Vater: Franz Markov

karthagischen Feldherrn im Brockhaus nachzulesen sei, blieb Hannibal eine meiner Lieblingsfiguren bis ins hohe Alter.

Als Neun- bis Zehnjähriger habe ich mich mit einiger Hartnäckigkeit darauf versteift, sobald ich erwachsen bin, nichts anderes zu betreiben als »Geschichte und Geographie«. So nannte ich es damals. Am Gymnasium war ich in diesen Fächern meinen Lehrern dann bisweilen, zu deren Mißvergnügen, eine Nasenlänge voraus. Wie das für ein so kleines Kerlchen ungewöhnlich konzentrierte Interesse für Geschichte psychologisch oder soziologisch zu ergründen ist, weiß ich nicht. Auf jeden Fall eine einseitige Begabung, denn in Mathe zum Beispiel stellte ich mich bemerkenswert blöd an.

Als werdender Jüngling geriet ich – gleich anderen Verliebten – in Versuchung, zur Literatur umzuschwenken, Poet, Schriftsteller zu werden. Entsprechende Ergüsse des Dreizehn- bis Vierzehnjährigen haben beide großen Kriege überstanden und existieren teilweise noch. Von solchen vorübergehenden atmosphärischen Störungen abgesehen (zu welchen zeitweilig auch eine Verführung durch das Schachspiel zählte), lag meine Orientierung auf die Spur der Geschichte fest. Sie schien mir aufregender als jeder Krimi – wobei ich nie etwas gegen dieses Genre hatte, es im Gegenteil bis heute noch schätze. Die Historie aber hat mich nicht mehr losgelassen, und ich habe, auch gegen Widerstände, die aus ökonomischen Gründen in der Familie laut wurden, auf geraden – und bisweilen auch auf krummen – Wegen mein Wunschziel bis zum Ende verfolgt.

Was meinen Sie mit krummen Wegen?

Unter leicht verständlichem Verzicht auf Vollständigkeit ein Beispiel: Der Herr Vater hatte andere Vorstellungen von meiner beruflichen Zukunft. Ich sollte eine Belgrader Verkehrshochschule absolvieren, und er war, verständlich, ungehalten, als ich deren Stipendium ausschlug, um mich in die Ungewißheit eines nicht abgesicherten Universitätsstudiums nach Deutschland zu werfen. Mutter, deren Zukunftsträume immer schon etwas höher flogen, wollte mich zwar sehr gern als Professor erleben, doch nutzte das in der gegebenen Situation reinweg gar nichts. Denn als ich den Paß – zuständigkeitshalber in Sušak – beantragte, stolperte der Beamte über mein jugendliches Alter. Ich war zu jener Zeit, im September 1927, nach abgelegtem Abitur, noch immer keine achtzehn. Demzufolge unleugbar minderjährig, brauchte ich die durch

Unterschrift beglaubigte Einwilligung meines (nicht *meiner*!) Erziehungsberechtigten, um ins Ausland reisen zu können. Nach den vorangegangenen Auseinandersetzungen wollte ich Vater keinen Gewissensqualen aussetzen, schickte ihm also das Formular gar nicht erst nach Belgrad, sondern setzte seinen Friedrich Wilhelm kurz entschlossen selbst unter den Antrag und bin so mit ureigentlich erschlichenem Reisedokument in »beschleunigten Personenzügen« zum Studium nach Leipzig gerattert.

Sie haben ja nicht – wie das heute üblich ist – nur an einem Ort, an einer Universität studiert.

In Leipzig habe ich angefangen, bin also »alter Leipziger«. Dort trug ich mich mit großen Krakeln erstmalig in eine Matrikel ein. Zunächst verblieb ich drei Semester an der Pleiße und versäumte nicht, die Attraktion unter den Schaustellern des Augustusplatzes zu beaugenscheinigen: Seiferts Oskar. Sodann habe ich mich, um über die Runden zu kommen, zwei Semester lang in der Eifel als Hauslehrer verdingt. Immatrikuliert war ich zu dieser Zeit an der Universität Köln. Das erfolgte mehr oder weniger pro forma, denn die Stadt lag fast 60 km von meinem Roggendorf bei Mechernich entfernt. 1930 kehrte ich noch einmal nach Leipzig zurück und ging von hier aus nach Berlin, wo ich bis Anfang 1933 studierte. Von Berlin wechselte ich nach Hamburg, in der Absicht, dort bei Professor Salomon zu promovieren. Dabei kamen mir jedoch die Nazis mit ihrem Rassenwahn in die Quere. Salomon büßte seinen Lehrstuhl ein und konnte deshalb keine Doktoranden mehr annehmen. So zog ich nach Bonn weiter, wo sich nach dem Urteil Salomons ein unter anderem auch in osteuropäischer Thematik bewanderter Universalhistoriker und ergo potentieller Doktorvater befand. Das war Fritz Kern.

Die Reihenfolge ist also: Leipzig, Köln, nochmals Leipzig, Berlin, Hamburg, Bonn. Schade, daß unsere Studenten solche Freizügigkeit des mittelalterlichen Scholaren nicht kennen, die Ungezwungenheit des civis academicus, der sich seine fesselndsten Lehrer, später auch Doktorväter, aussuchen konnte. Immer unter der Voraussetzung, daß er gewillt

Abiturient in Sušak 1926

war, notfalls auch dreckige Arbeit zu leisten, um sein tägliches beißbares wie geistiges Brot berappen zu können. Von Zuhause konnte ich nichts erhalten, da die mit sechs Kindern gesegneten Eltern selber nur mit Mühe ihre Existenz bestritten. Die Leipziger Semester deckte ein Stipendium des evangelischen Gustav-Adolf-Vereins ab. Danach hieß es auf eigenen Füßen stehen. Doch wenn man bereit war, richtig zuzupakken, und obendrein ansprechende Studienergebnisse nachwies, ging es schon.

Nichts vermag die Weite des Horizonts, die man durch Wechsel der Tapete gewinnt, zu ersetzen. Das Leben ist von vielerlei Gestalt, und Wanderjahre voller Überraschungen dienen der inneren Bereicherung: andere Städtchen, hin und wieder andere Mädchen und letzten Endes auch andere Weisheitsapostel. Wobei allerdings manche Berühmtheit enttäuschte. Vermutlich lag es an mir. Es gab Lehrer, die keine Gloriole schmückte und die ich vorzüglich fand, wie zum Beispiel Hedwig Hintze, die aber auf dem Katheder so vorsichtig operieren zu müssen glaubte, daß ich nicht einmal dahintergekommen bin, daß sie – seltene Ausnahme in der Weimarer Republik – Sozialdemokratin war. Ich jedenfalls habe »auf der Walz« von den damals etwas mehr als zwanzig deutschen Universitäten fast ein Viertel zu Gesicht bekommen und mit lohnenden Vertretern des Faches gewinnreich parlieren können: zweifelsohne ein Kapital, das Zinsen getragen hat.

Behinderte das ständige Ausschauhalten nach finanzieller Absicherung die Studien eines Werkstudenten?

Im allgemeinen besaßen die Universitäten studentische Sozialämter oder Arbeitsvermittlungen. In der Hochkonjunktur der späten zwanziger Jahre gab es keinen Mangel an Angeboten. Wer wollte und konnte, der mauerte für rund anderthalb gute Reichsmark pro Stunde. Das hielt einen logischerweise vom Vorlesungsbesuch ab. Mancher hat mehr oder weniger illegal ein »Pausensemester« eingeschoben, konnte sich indessen auch laut Vorschrift beurlauben lassen. Voraussetzung für die Zulassung zu den Prüfungen war der Nachweis von mindestens acht anerkannten Semestern. Im Rigorosum mußte man dann alles das wissen, wonach man gefragt wurde. Wie einer zu diesem Wissen kam, spielte keine Rolle: Das war die sogenannte akademische Freiheit. Auch ich habe mein Studium zweimal, als Hauslehrer, unterbrochen.

Als Student in Leipzig (l. v. l.), 1928

Hauslehrer mit neunzehn Jahren?

Eltern durften ihre Kinderchen (aus welchen Gründen immer) auch zu Hause von Personen ihrer Wahl unterrichten lassen, zum Beispiel, um ein durch Krankheiten eingebüßtes Schuljahr aufzuholen. Professionelle Erzieher oder »Haushofmeister«, wie man sie aus der Literatur kennt, waren inzwischen sogar im postfeudalen Ostelbien zur Ausnahme geworden. Immerhin hielt sich ein abgebrannter Graf Zichy, der in Berlin teils studierte und meistenteils bummelte, an die zehn Jahre lang hauptsächlich auf diese Weise über Wasser, wobei die Zöglinge natürlich wechselten.

Die Erziehungsberechtigten heuerten einen hinreichend vielseitigen, möglichst von irgendwoher empfohlenen Studiosus an, mit dessen Hilfe der Sprößling in einer bestimmten Zeit seine Kenntnislücken stopfen und das Lernziel der Schule erreichen sollte. Die Zustimmung des Schuldirektors und sogar des Herrn Kreisschulrates mußte vorliegen, die zuvor den Kandidaten vorluden, das heißt, sich von seinen pädagogischen Fähigkeiten überzeugten. Vermutlich waren ihnen diese jedoch letzten Endes ziemlich gleichgültig: Das Risiko eines Fehlgriffs trugen ja die Eltern. Das Alter spielte keine Rolle. Ein paar Semester Universität legitimierten den Hauslehrer »ohne Diplom«. Reich wurde man dabei nicht: 1929 erhielt ich außer Kost und Logie fünfzig Reichsmark monatlich, 1933 waren es (kurzfristig) 150 Mark.

Zurück zum Alltag des Werkstudenten.

Nun, ich erinnere mich eines Monats im Jahr 1932, in dem ich mit vierzig Mark – das war mein absoluter Sparsamkeitsrekord – auszukommen hatte. Im allgemeinen waren es siebzig bis achtzig Mark, die man – selbst als Lebenskünstler – unbedingt brauchte. Ich mußte u. a. mit einem kleinen Berliner Jungen, der gesundheitlich etwas anfällig war, zweimal wöchentlich im Zoo spazierengehen. Dafür bekam ich ganze zwei Märker, dazu aber hervorragendes Mittagessen und einen exquisiten Nachmittagskaffee en famille. Die Mutter hätte ja selber ihr Einzelkind (das ich durchaus mochte) begleiten können, aber das war ihr schon zuviel. Dieser Job zog sich zeitlich etwas länger hin, ansonsten waren es kurzfristige Arbeiten, die einmal mehr und einmal weniger einbrachten. Lukrativ war beispielsweise stoßweises Adressenschreiben zum Jahreswechsel: Kathreiners gute Wünsche an seine große Muckefuck-Kundschaft. Man konnte sich auch um Beihilfen bewerben. Da gab es verschiedene, die meist am schwarzen Brett der Universität angeschlagen waren, so in Berlin eine Ehrenbaum-Degele-Stiftung. Ich weiß bis heute nicht, wer die beiden wohltätigen Herren gewesen sind, dachte aber, Frechheit siegt, und beantragte dieses Stipendium. Und erhielt es! Das waren immerhin Zweihundertfünfzig Mark, und damit konnte man fast ein Semester lang auskommen.

Manche Studenten sicherten sich auch feste Jobs in den Ferien, die ja viel länger dauerten als heute, zwei Monate im Frühjahr und drei im Sommer. Einige gingen in dieser Zeit auf den Bau, legten ein kleines Kapital beiseite und studierten davon bis zum nächsten Sommer. Als die Weltwirtschaftskrise hereinbrach, wurden die Arbeitsmöglichkeiten knapp. Man mußte auch schlechter entlohnte und anstrengendere Arbeiten übernehmen. Das Austragen von Prospekten und ähnlichem Papierkram brachte in zehn Stunden vier Mark unversteuert ein; dafür wurde man treppauf, treppab gescheucht. Man tat es, weil Bargeld lachte. Flott Aussehende wurden als Eintänzer engagiert: für eine Mark und zwei Glas Freibier. Es lag bei ihnen, mehr daraus zu machen . . .

Einmal suchte der »Stahlhelm« dreißig Studenten, die hinter einem Vorhang zu einer Fridericus-Rex-Feier »Wohl auf Kameraden, auf's Pferd, auf's Pferd« zu singen hatten. Da habe auch ich mitgesungen.Es gab zwei Mark pro Nase, und selbst die hätte man uns nicht ausgezahlt, wenn nicht unser Obmann gedrängelt hätte: »Wir kassieren jetzt ab, sonst sehen wir die Brüder nie wieder!« Tatsächlich, der Kassierer wollte gerade entfleuchen. Unter Brüdern: wert war unser Chor selbst die zwei mal dreißig Reichsmark nicht. Wir waren keine ausgebildeten Sänger, und jeder grölte, wie er konnte.

Die Palette an Tätigkeiten, die angeboten wurden: Teppichklopfen des öfteren, Aushilfe in der Mensa und an Garderoben, Statistenrollen an kleinen Bühnen, Vertretungen gegen Provision. Es gab auch Studenten , die sich von Frau Wirtin freihalten ließen. Einmal bin ich mit der sehr kräftigen Gattin eines sehr schmächtigen Arztes in die Lauben gefahren. Dort sollten wir vor dem Einbruch des Winters Veilchen ausstechen. Mir kam hinterher der Verdacht, die Dame habe bei Aufgabe ihrer Annonce etwas ganz anderes im Sinne gehabt und eventuell gehofft, sich einen siegfriedhaften Muskelprotz zu angeln. Und dann kam so ein mickriges Männlein! Da blieb es halt bei den Veilchen. Davon gab es gerade so viele, daß sie die in einer Stunde hätte allein bewältigen können.

Als junger Mensch hat man das Sich-Durchschlagen nicht nur als Härte empfunden, es war zuweilen auch eine ganz lustige Herausforderung. Völlig ohne Geld war ich nie – eine Rücklagennatur, die immer etwas auf der hohen Kante hatte, und wenn es nur ein Fünfer war. Ich habe es mal so definiert: ein verhältnismäßig schwacher Angreifer, in der Defensive fast unschlagbar.

Kamen Sie in Berührung mit linken, fortschrittlichen Kräften? Aus heutiger Sicht scheint es folgerichtig gewesen zu sein, sich marxistisch orientierten Gruppierungen zuzuwenden. Wie stand es um die politische Polarisierung der Studentenschaft in der pluralistischen Weimarer Republik?

Die große Mehrheit der deutschen Studenten – gleich welchen Fachs und insbesondere die der Geschichte – hatte einen Horror vor dem Kommunismus. Es war eine zahlenmäßig unbeträchtliche Minderheit, die auf dem höchsten Krisenpunkt der Weimarer Republik 1932 zur KPD und/oder methodologisch zum Marxismus/Leninismus gefunden hat. Noch sehe ich ihr lebendes Bild vor mir: ein tapferes kleines Häuflein auf dem Berliner Universitätshof, aus dem der dürre lange Kurt Stern gleich einem Turm herausragt und das mehr trutzig als melodisch die Internationale singt. Da war kein genereller Trend, vergleichbar dem marxistischen Wellengang der sechziger Jahre. Verunsicherte Kleinbürgersöhne warfen sich en masse der revanchistisch tönenden äußersten Rechten in die Arme und an die Brust.

Als ich mein Studium in Deutschland aufnahm, war ich hingegen für das Gedankengut des Kommunismus bereits aufgeschlossen. Geistige Prädisposition lag in der Balkanluft sozusagen vor. Wenn die Frage „links oder rechts" hieß, konnte die Antwort nur „links" lauten. In zunehmendem Maße habe ich sodann in einschlägige Schriften hineingeschaut. Sie schienen meine Auffassung zu bestätigen, daß der Kommunismus prinzipiell, als Idee, eine wichtige Stufe der historischen Weltentwicklung darstellte. Ob aber die einzige, die einzig denkbare? Soweit man das in Deutschland tun konnte, sammelte ich Auskünfte über die Entwicklung in China, weil meine Vorstellung in dieser Zeit dahin ging, daß der Kommunismus in der Form, wie er sich seit den zwanziger Jahren in der Sowjetunion zu verwirklichen begann, wohl in die richtige Richtung weise, aber für eine höher entwickelte Kulturgesellschaft als die russische noch nicht die maximale Alternative anbieten könne. Die Chance Nummer eins, die ich dem Kommunismus einräumte, war Asien, voran China nach dem revolutionären Schicksalsjahr 1927. Einmal bin ich zufällig mit dem Sinologen Wittfogel zusammengetroffen, der damals als etwas übergeschwappter, aber doch Intimkenner der asiatischen Verhältnisse galt. Vom Ex-Missionar Witte, an dessen religionsgeschichtlichem Seminar ich teilnahm, war über das Land der Mitte weit weniger zu lernen.

Trotz linkslastiger Sympathien bin ich jedoch in den Jahren der Weimarer Republik politisch nicht unmittelbar tätig geworden, obwohl ich bei den ersten Studentenwahlen, die ich im Leipziger Sommersemester 1928 erlebte, die kommunistische Liste gewählt habe. Wir bekamen damals, glaube ich, insgesamt 35 Stimmen, das reichte nicht für ein Mandat; nur um ein weniges besser schnitt die SPD ab. Ich war (vielleicht zur Selbstberuhigung) der Auffassung, daß ich zunächst einmal an der Universität sei, um Wissen zu erwerben, und erst, wenn ich über wirkliche Kenntnisse verfügte, wollte ich mich politisch – dann aber mit Verve – ins Gefecht stürzen. Das änderte sich, als der Faschismus über uns hereinbrach. Bis 1933 empfand ich hingegen nicht die Notwendigkeit – es war auch nicht ohne weiteres möglich –, mich einer politischen Organisation anzuschließen, da ich ja kein »Reichsdeutscher« war und die Parteien normalerweise Ausländer in ihre Reihen nicht aufnahmen.

Noch einmal zu Berlin: Kamen Sie mit anarchosyndikalistischen Strömungen in Berührung?

Man hat von Anarchisten gehört, und ich bin zeitweise in den Verdacht geraten, selber einer zu sein, weil ich mir ein schütteres Kinnbärtchen wachsen ließ. Zudem lief ich mit einem kragenlosen Hemd herum. Den einknöpfbaren Kragen sparte ich ein, so daß ich zweimal beim Betreten des Universitätsgebäudes Unter den Linden nach meinen Papieren gefragt wurde. Man hielt mich offenkundig für einen Stromer oder Agitator, der auf dem Gelände der Hohen Schule nichts zu suchen hatte. Im Seminar von Professor Haake, der kein großes Licht war, aber mich recht gut leiden konnte, wurde ich von den Kommilitonen »der bärtige Anarchist« genannt. Man hörte, wie gesagt, von echten Anarchisten, doch in meinen Gesichtskreis getreten sind sie nie. An einer so großen Universität, wie es die Berliner war, und bei ihrer internationalen Studentenschaft hat es zweifelsohne außer den Genossen der KPD auch ein paar »ganz« Linke gegeben.

Einmal wurde der Vortrag des sowjetischen Professors Samojlovič, eines Polarforschers, angekündigt. Er hatte den Flug von Eckeners populärem Zeppelin über die Arktis mitgemacht und gab auf der Rückreise in Berlin an der Universität einen Bericht darüber. Der Hörsaal war zum Bersten überfüllt. Samojlovič sprach zwar kein gutes Deutsch, aber immerhin deutsch. Da konnte man in den ersten, reservierten Reihen Leute sehen, die man sonst als simpler Werkstudent nicht zu Gesicht bekam. Waren das vielleicht jene sogenannten Salon- und Edelkommunisten, die man damals in der bürgerlichen Presse reichlich strapazierte: Damen von Theater und Film, möchte ich meinen, vielleicht auch vom diplomatischen Korps, merklich geschminkt und zum Teil in kostbarer Garderobe, obwohl es Nachmittag war. Ich fragte mich, was die mit dem Nordpol im Sinne haben mochten und was mit dem alten Samojlovič. Das war weiß Gott nicht die gewohnte KPD, aber auch nicht »die« Bourgeoisie. Eher eine literarische, künstlerische oder sonstige Elite mit einem Schuß Bohème. Sie applaudierte demonstrativ.

Erst viele Dekaden später, bei irgendeiner Fernsehsendung über die zwanziger Jahre in Berlin, ist mir aufgegangen, wie wenig ich kleiner Student doch von dieser riesigen Metropole wirklich habe wahrnehmen können. Es gab sehr unterschiedliche Berlins. Einerseits den Reichtum von »WW«, Amüsements rund um den Kudamm, andererseits das Zille-Berlin oder das der Käthe Kollwitz, das wir flüchtig streiften, wenn wir unsere Reklametexte austrugen und dabei über die Hinterhöfe bis in ein viertes oder fünftes Stockwerk klettern mußten. Diese beiden, sozusagen das gehobene Berlin und das ganz untere im Scheunenviertel, kannte ein durchschnittlicher Studiosus nur vom Vorbeigehen. Das eine nicht, weil ihm das Geld, das andere nicht, weil ihm das Interesse fehlte. Niemand hätte mir verboten, bei Kranzler zu frühstücken oder in die Skala zu gehen, aber von den Unkosten konnte ich zwei Wochen leben... Da lobte ich mir Aschinger, bei dem ich ein Semester lang einen Freitisch genoß.

Aschingers »Bierquellen« zählten in Berlin zu den nobleren Restaurantketten. Wie kam man dort zu einem Freitisch?

Gutbetuchte studierten oder faulenzten, wie es ihnen Spaß machte. Studenten, die keinen »Wechsel« bezogen, also auf Stipendien, Freitische, Gebührenerlaß angewiesen waren, mußten hinter Fleißzeugnissen her sein. Die erhielt man, wenn man bei einem Professor (notfalls auch bei einem Privatdozenten) über dessen Vorlesung eine freiwillige Prüfung ablegte oder im Seminar so angenehm auffiel, daß man einen Schein darüber erhielt. Ich konnte davon mehrere vorweisen, so daß ich einen guten Leumund genoß. Als ich einmal besonders günstig abgeschnitten hatte, wurde ich im Sozialamt gefragt, ob ich in der Mensa oder bei Aschinger, der einigen Studenten schmackhafte Mittagskost gewährte, essen wolle. Selbstredend wählte ich Aschinger, wo man sich zum warmen Essen noch gratis mit Brötchen bedienen konnte. Auf jedem Tisch stand ein Körbchen davon. Daraus habe ich mich gleich noch für mein Vesperbrot eingedeckt. Das Frühstück hingegen überschlug ich.

Ein amerikanischer Kommilitone, den ich aus Leipzig kannte und der im Begriff stand, in die USA zurückzukehren, machte in Berlin Station und bat mich, ihm eine Opernkarte zu besorgen. Der Heinrich Schlusnus sang, und die Karte kostete sieben Mark. Der Kommilitone meinte: »Sieben Mark sind 1,75 Dollar, das ist für mich sehr billig. Dafür bekäme ich in Amerika Schlusnus nicht zu hören.« Recht hatte er, ich selber wäre jedoch nie auf die Idee gekommen, für eine Opernkarte soviel Geld locker zu machen. Zu Thalias Genüssen kam ich, wenn von der Direktion Freikarten vergeben wurden, damit das Haus nicht halb leer ausschaute (so in Leipzig bei Shaws

»Kaiser von Amerika«); oder als sich ein edler Spender fand, der mich zu Piscator mitnahm, um über Max Pallenberg als »Schwejk« – für mich unvergeßlich – zu lachen. Eine ganze Menge von dem, was Berlin an Sensationen zu bieten hatte, entging mir leider. Ich habe sogar meine vorhandenen Möglichkeiten an der Spree nur sträflich sparsam genutzt.

Wie war Ihr Verhältnis zum Lehrkörper, zu welchen Persönlichkeiten des Fachs fühlten Sie sich hingezogen?

Als ich nach Leipzig kam, war der bedeutende Karl Lamprecht schon lange tot. (Er starb 1915.) Seine Nachfolge hatte Walter Goetz angetreten, den ich dann auch gehört habe. Er lehrte Römische Geschichte und war im »Nebenfach« um Zeitgeschichte bemüht: Politische und soziale Probleme der Gegenwart, so etwa nannte sich sein offenes Seminar für jedermann, ausgezeichnet als »publice et gratis«. Hier erlebte ich zum ersten Mal, wie an einer Universität einmal ein Kommunist und ein andermal ein Nazi referierte, wie Goetz als Patentliberaler den Studenten demokratisches Diskutieren beizubringen suchte. Vom übergreifenden Geist des Lamprecht-Instituts war in diesen zwanziger Jahren in Leipzig ansonsten nichts mehr zu spüren; zumindest habe ich es so empfunden. Die Geschichte als Fach wurde stärker durch Erich Brandenburg repräsentiert, den ich ebenfalls hörte und bei dem ich erst recht nicht warm wurde. Von meinen Leipziger Professoren könnte ich keinen nennen, als dessen Schüler ich mich bezeichnen würde. Ich war zwar Hans Dampf in allen Gassen, habe außer Geschichte Philosophie und Geographie gehört, Slawistik, Religions- und Kirchengeschichte, sogar etwas Orientalistik, aber da gab es entweder zweite bis dritte Besetzung oder der Gegenstand lag mir nicht.

Auch in Köln wuchs ich nicht fest. Ich will Nicolai von Hartmann beileibe nichts anhängen. Mit Philosophen tat ich mich zeitlebens schwer, und Hartmanns papstgleiche baltische Art lag mir schon gar nicht. Als ich Bekannten erzählte, daß ich demnächst nach Köln ginge, dessen Universität eine Nachkriegsgründung war, bekam ich von mehreren Seiten zu hören: Na, dann aber auf jeden Fall zu Nicolai von Hartmann! Entsprechend fiel meine Ernüchterung aus. Wenngleich weit weniger berühmt, zog ich den Wirtschaftswissenschaftler Kuske vor, der die Courage besaß, den Erfolg des ersten sowjetischen Fünfjahrplanes öffentlich vorauszusagen; oder den Neuzeithistoriker Ziekursch, der den üblichen professoralen Kotau vor Friedrich Zwo verweigerte – als standhafter schlesischer Katholik, wie ich damals vermeinte, um viel später von einem meiner Schüler zu erfahren, daß Ziekursch zwar Demokrat, jedoch Protestant gewesen ist. Die Fakultät im hilligen Köln stand in ihrer Berufungspraxis auf Blau, nicht auf Schwarz.

Sich einer Wissenschaftsschule anzuschließen, waren Sie nicht gewillt?

Erstmals in den Bannkreis einer Schule geriet ich, als ich mich in Berlin auf osteuropäische Geschichte zu spezialisieren begann. Das lag nahe, da ich slawische Sprachen von Haus aus beherrschte. So gelangte ich zu Otto Hoetzsch, der, innenpolitisch gesehen, relativ weit rechts stand, Deutschnationaler gewesen, allerdings nicht geblieben war, aber andererseits für eine Interessengemeinschaft zwischen der Weimarer Republik und der Sowjetunion eintrat. Er edierte gemeinsam mit dem damals führenden sowjetischen Historiker Pokrovskij, war ein Mann der Bismarckischen Traditionen verpflichteten Ostpolitik. Otto Hoetzsch, der viel von soliden Kenntnissen hielt, fiel ich gleich zu Beginn seines Hauptseminars durch munteres Mit- und Eingehen auf seine Testfragen auf. Er hat die Art meiner wissenschaftlichen Arbeit – inzwischen war ich kein Grünling mehr – schon beeinflußt. Ich lernte hinzu, Quellen – insbesondere zum Ersten Weltkrieg – nicht nur zu lesen, sondern ihre Schwindeleien und deren System zu durchschauen. Ein richtiggehender „Hoetzschianer" wurde ich nicht, aber einen Anflug bekam ich mit, zumal recht interessante Leute, zum Teil aus den verschiedensten osteuropäischen Ländern, in seinem Osteuropa-Institut anzutreffen waren: Irene Grüning, Leopold Silberstein, Erik Amburger, Walter Frank, Robert Stupperich ... Einmal gab auch ein blasser, schmächtiger und dunkelhaariger junger Mann aus dem Badischen im Seminar eine Gastrolle. Was ich damals nicht wußte: er war aus Haslach und hieß Ernst Engelberg.

In der Umgebung Otto Hoetzschs müßten Sie doch Einblicke in Prognosen bürgerlich-nationaler Kreise zur Entwicklung Deutschlands nach einem eventuellen Machtwechsel zugunsten Hitlers erhalten haben? Welche Meinung vertrat Ihr Lehrer selbst?

Hoetzsch, Rußlandkenner von Ruf, war ein vermögender Mann und entsprechend behaust. Nie erlebte ich ihn erregt, stets beherrscht und im verbindlichen Umgangston der Upper Ten. Als apoplektischer Herz- und Zuckerleidender mußte er sich vieler Genüsse enthalten. Dennoch ließ er es sich nicht nehmen, sein Hauptseminar gegen Semesterende zu Kaffee und Kuchen zu laden. Unter echte Wandgemälde plaziert, wühlten wir in der quasi vom Himmel gefallenen Schlagsahne. Hinterher bildete sich eine erste Gesprächsrunde um den großen und schweren, jedoch Anekdoten mit Leichtigkeit streuenden Lehrmeister und eine andere, mit der eine recht energische Frau Professor Cercle hielt. In diese zweite geriet ich, als man das Jahr 1932 schrieb und die Meinungen geteilt waren, ob die Nazis demnächst an die Regierung kämen. Die wenigsten zeigten sich von der Aussicht entzückt, doch schwang sich keiner zur Einforderung von Kampfmaßnahmen angesichts einer eventuellen Machtergreifung auf. Unsere beiden Hoetzschs hinterließen eher den Eindruck, als steckten sie ihre Köpfe bedachtsam in den Sand: So schlimm, wie mancherorts befürchtet, müsse es ja nicht gleich kommen, wenn es sich schon nicht vermeiden lassen sollte. Später sehe man dann weiter ...

Dem mit allen Wassern gewaschenen Politprofessor in seine eigenen Karten zu gucken, brachten wir nicht zuwege. Obwohl er sich 1933 nicht »gleichschaltete«, aber doch weithin der neuen Lage anpaßte, hörten die braunen Tausendjährigen nicht auf die Ratschläge der erfahrenen »Ostorientierer« und booteten sie der Reihe nach aus. 1939 kurzfristig aus der Versenkung geholt, erging es nach 1941 den meisten von ihnen übel. Über meine Beinahe-Wiederbegegnung mit dem ausgebombten und schon todkranken, von der Sowjetischen Militäradministration aber hochgeschätzten Otto Hoetzsch anno 1946 später!

Der zweite Berliner Professor, der einen starken Eindruck auf mich machte, war nicht Oncken (den zu zitieren bzw. zu

Otto Hoetzsch

kritisieren ein Lenin für wert befunden hatte), sondern Arthur Rosenberg, der zeitweilig in der III. Internationale mitgearbeitet hatte, nachher Krach bekam und aus der KPD ausschied, an der Universität zu Berlin aber einen äußersten, linken Pfeiler bildete. Er war Extraordinarius für Alte Geschichte und leitete daneben ein Seminar über Historischen Materialismus – wohl das einzige an einer deutschen Universität. Hier kam ich – 1932 – zum ersten Mal mit dem theoretischen Spiegelbild der äußersten Linken in direkte Berührung.

Ich habe bei Rosenberg ein Referat gehalten, das er ganz schön zerpflückte, weil ich kein Ende fand, und ich habe ihn in seiner Wohnung besucht, die nach Junggesellenwirtschaft aussah, wobei er mich mit der herzerfrischenden Frage begrüßte: »Na, wann hängt ihr (König) Alexander?« Sodann wollte er wissen: »Sind Sie Parteikommunist?« Nein, organisiert sei ich in keiner Partei. Sein Fazit (abermals wörtlich!): »Ist auch besser so.«

Er war unter den ersten, die 1933 zur Emigration gezwungen wurden, wo er vorzeitig verstarb. Ein sehr witziger und geistreicher Kopf, hat Rosenberg mir als erster einen Schlüssel zur Marxschen Methode in die Hand gedrückt, wobei seine Taktik darin bestand, den Studenten möglichst viel selbst sagen zu lassen und dann als »Jupiter« nur seine Hand darüber zu halten. Mit den aufgeregten und nicht immer höflichen jungen Leutchen im Hörsaal wurde er so am besten fertig.

1938, im englischen Exil, bemerkte Arthur Rosenberg, die Weimarer Republik sei »ein unwillkommenes Geschenk, das dem Bürgertum von der Arbeiterklasse aufgedrängt wurde«. Wie offen diskutierten Sie über die Krise der Weimarer Republik? Behandelten Sie Rosenbergs aus marxistischer Sicht kritisches Buch »Die Geschichte des Bolschewismus« im Seminar? Hat Sie die undogmatische Sicht dieses Lehrers beeinflußt?

Ich war damals der festen Meinung, Arthur Rosenberg habe sich nach seinem Bruch mit der KPD der SPD angeschlossen, was nicht zutraf. Die Berichtigung des Fehlurteils erfolgte erst rund vierzig Jahre später durch den jungen japanischen Kollegen Yukio Tominaga! Organisatorisch gehörte Rosenberg wohl nur der Liga für Menschenrechte an, in der er gelegentlich auch sprach (einmal schenkte er mir dafür eine Eintrittskarte). So wenig wie seinen politischen Lebenslauf kannte ich seine »Geschichte des Bolschewismus«. Mit seiner Hauptthese, aus der er im Seminar kein Hehl machte, war ich indessen nicht einverstanden, und sie erscheint mir bis heute nicht überzeugend. Rosenberg bestritt den proletarisch-sozialistischen Charakter des Roten Oktober mit der Begründung, daß der Boden (bekanntlich nach dem Programm der Sozialrevolutionäre, nicht dem der Bolschewiki) unter die

Bauern aufgeteilt worden sei – ein typisches Kennzeichen kleinbürgerlicher Revolution. Aber was würde daraus folgen? Daß Lenin eine kleinbürgerliche und erst Stalin mit der Zwangskollektivierung die sozialistische Revolution (von oben?) über den Zielstreifen geführt habe: sicher das letzte, worauf Rosenberg hinaus wollte.

Daß 1932 in Deutschland Hitler ante portas stand und sich der alte Hindenburg irgendwann einseifen lassen würde, stellte Rosenberg in Rechnung. Dazu brauchte man in jener Zeit weder Marxist noch überhaupt Geschichtsforscher zu sein. Rezepte, dagegen eine linke Einheitsfront aufzubauen, beurteilte er mit Skepsis, riet mir von der »Antifa« aber nicht ab. Ob ihm der drohende Untergang der Weimarer Republik weh tat, weiß ich nicht. Ich möchte es, trotz seiner kritischen Position ihr gegenüber, fast annehmen. Die Weimarer sich zerreiben lassen, damit sich dem Kommunismus eine Chance biete, als »Übernächste«, nach einem schnell abwirtschaftenden Nationalsozialismus zum Zuge zu kommen: dieser Gedanke, der mich – vorerst als Beobachter der Szene – zeitweilig verfolgte, spielte in der sonst völlig offenen Diskussion um den Tod der Alles-ist-relativ-Republik so gut wie gar keine Rolle. Obwohl diese Möglichkeit doch vorstellbar war. Oder etwa nicht?

Wirkte Rankes Forderung nach einer Verbindung zwischen Geschichte und Politik ein Jahrhundert später noch nach?

Ranke war ein zwar ehrwürdiger, aber für Studenten »alter Hut«. 1945 wurde er das nochmals und noch potenzierter (bis in die siebziger Jahre). Ich schätzte ihn als Schriftsteller hoch (»Geschichte der Päpste«), als Historiker erschien er mir »nicht aktuell«, d. h. anzufangen war mit ihm vorläufig nichts. Ranke ist deshalb auch hier schwerlich ein Gegenstand. Die Verbindung zwischen Geschichte und Politik war für jeden Linken eine Selbstverständlichkeit, die keiner Aufforderung durch Ranke bedurfte. Auch für mich war – ohne dazu einen Schutzgeist anrufen zu müssen – Geschichte von Anfang an Politwissenschaft.

Fritz Kern

Promoviert haben Sie dann – zu Fragen der Balkandiplomatie – in Bonn bei Fritz Kern.

Ja, zu Hoetzsch und Rosenberg, diesen, wenn Sie so wollen, Schulhäuptern – im eingeschränkten Sinn –, käme Fritz Kern hinzu, von dem Salomon auf Befragen, »wie er denn sei«, gesagt hatte, er »schillere in allen Farben«. Er wurde mein dritter richtiger Lehrer, und zwar mehr genereller Art als durch seine von der Wiener Graebner-Schule beeinflußte Geschichtsdarstellung: eine Narration, die strichweise ins

Wunderliche abglitt. Daß er uns das Funktionieren des diplomatischen Spiels durch Vergleich mit einem orientalischen Teppichkauf verdeutlichte, mochte noch angehen. Er glaubte aber beispielsweise an die Ernsthaftigkeit der Heiligen Bluterin Therese von Konnersreuth, wohingegen er von »Materie« wenig hielt. Zu uns sagte er: «Sie meinen, auf einem Stuhl zu sitzen. Kurzschluß: Sie sitzen auf einem Haufen von Differentialgleichungen.« Andererseits war Kern – für Bonner Verhältnisse – ungemein liberal, gehörte dem Fichte-Bund an und sonnte sich, wenn er nach Berlin reiste, in dessen Nacktbädern, damals unter gesellschaftsfähigen Ordinarien nicht unbedingt der Usus.

Ein klassischer Manchesterman, suchte er auch mich für die rechte Version des Bilderbuchliberalismus zu erwärmen. Er kaufte mir sogar eigens ein Buch von einem gewissen Leopold von Mieses, in dem seiner Meinung nach die Vorzüge dieser Denkrichtung schlüssig und einleuchtend dargelegt würden. Als sie dennoch bei mir nicht verfing und ich ihm offenbarte, daß ich mich lieber an die KPD halten wolle (der ich zu diesem Zeitpunkt noch nicht angehörte), fügte er sich seufzend in sein Mißgeschick und bemerkte nur am Rande, es ergehe ihm wie dem schwäbischen Landsmann, der auf seinen Streich einen halben Türken zur Rechten und den anderen zu seiner Linken herniedersinken sah. (Der andere »Musterschüler« – Dr. Anrich – wurde nämlich NS-Dozentenführer an der Bonner Universität.)

Ich konnte Kern – bis 1935 – offen auf Probleme unserer Illegalität ansprechen, ohne ihn in Dinge einzuweihen, die sein Gewissen besser nicht zu belasten brauchten. Fachlich lernte ich von ihm, Umgang mit Geschichte auch auf eine – mir sehr entgegenkommende – nonchalante Art zu pflegen und über ganze Zeitalter in Riesensätzen zu hüpfen, vom Australopithecus über Widerstandsrecht im Mittelalter bis hin zum Ersten Weltkrieg.

Folgerichtig, jedoch vergeblich, hatte sich Kern 1915 in Leipzig um die Nachfolge Lamprechts beworben und nach seiner Berufung nach Bonn dort die Gründung eines kleinen, aber ganz auf ihn zugeschnittenen »Instituts für Universalgeschichte« (des einzigen in Deutschland) durchgesetzt. Er kam

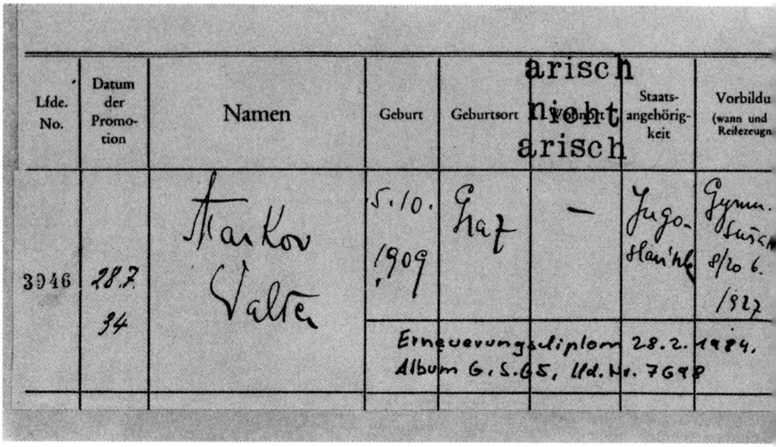

Lfde. No.	Datum der Promotion	Namen	Geburt	Geburtsort	Wohnort (arisch / nicht arisch)	Staatsangehörigkeit	Vorbildu (wann und Reifezeugn
3946	28.7. 34	Markov Walter	5.10. 1909	Graz	–	Jugoslawien	Gymn. Sušak 8/20 6. 1927
			Erneuerungsdiplom 28.2.1984, Album G.S. 65, lfd. Nr. 7698				

Eintragung im Dissertationsnachweis, Bonn 1934

aus vermögendem Hause, kannte Gott und die Welt, war Schwiegersohn des Philosophen (»des Unbewußten«) Eduard von Hartmann und in jüngeren Jahren Privatsekretär von Tirpitz gewesen. Fürst Bülow hatte er 1914 oder 1915 begleitet, um das absprungbereite Italien vom Seitenwechsel abzuhalten, und er hatte dort aus Reichsmitteln eine »neutralistische« Zeitung hochgepumpt, die – wie er (ohne Nennung des Titels) schmunzelnd preisgab – das eigene Laufen lernte und sogar 1934 noch »lief«.

Kerns weitverzweigte Beziehungen reichten später bis in den 20. Juli (1944) hinein, so zum preußischen Finanzminister Johannes Popitz (einem Mitglied der Mittwochsgesellschaft). Und ob mir das alles Eindruck machte! Wie hätte ich widersprechen sollen, als er mir das Thema meiner Dissertation konsignierte? Es war ein Überfall aus dem Hinterhalt, aller guten Absichten voll: Kern lud mich am 3. Januar 1934 – noch waren Weihnachtsferien – zu sich nach Hause ein, und es entspann sich ungefähr folgender Dialog: »Jetzt wollen wir doch promovieren – oder?« – »Ja, schon, aber worüber denn um Gottes Willen?« – »Na, über Ihren Pašić oder so?« – »Wann müßte ich denn einreichen? Ich hätte gedacht, im Laufe des Sommers ...« – »Nein, nein, nur keine unnötige

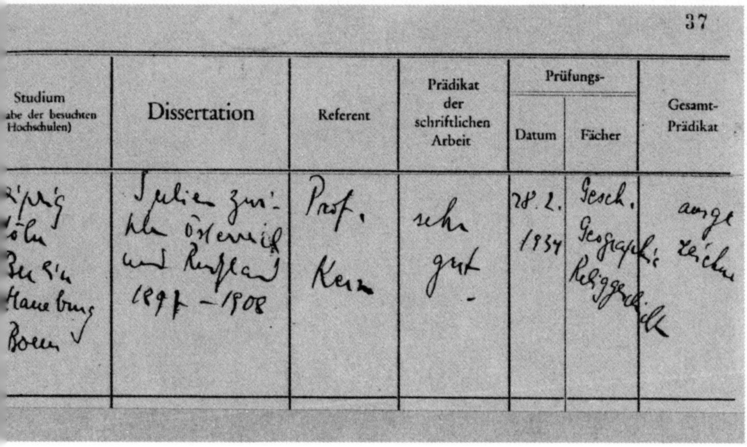

37

Studium (…abe der besuchten Hochschulen)	Dissertation	Referent	Prädikat der schriftlichen Arbeit	Prüfungs- Datum	Prüfungs- Fächer	Gesamt-Prädikat
Leipzig Köln Berlin Hamburg Bonn	Studien zwischen Österreich und Russland 1897–1908	Prof. Kern	sehr gut.	28.2. 1934	Gesch. Geographie Religionsgeschichte	ausgezeichnet

Verzögerung! Das Wintersemester geht noch bis zum 28. Februar, bis dahin können Sie es doch sicher geschafft haben? Wir alle wissen, wie die Zeiten sind – und wer weiß, was sie noch bringen: promoviert ist promoviert!« Die Anspielung war unüberhörbar.

Da habe ich erst dreimal ganz heftig geschluckt. Ich hatte nicht die leiseste Vorstellung vom Rucksack der Prüfungsfächer und der Prüfenden, kein wohlerwogenes Thema, besaß allenfalls einen Spickzettel zu einem gehaltenen – reichlich improvisierten – Antrittsreferat. Die Aufforderung traf mich wie aus heiterem Himmel. Ausweichen konnte ich ihr nicht. So nahm ich sie als Herausforderung. Da mir Bedenkzeit nicht gewährt wurde, begann ich noch in selbiger Nacht zu schreiben.

Ich brachte dann die Dissertation sozusagen mit dem Gongschlag über die Hürden. Die gestrengen mündlichen Prüfer: der Geograph Waibel, der Mediävist Levison und der Religionshistoriker Karl Clemen zeigten sich von der angenehmsten Seite. Und Doktorvater Kern? War sein summa cum laude geschenkt? Im Examen fragte er mich (1934!) – nach Karl Marx.

Widerstand

1933 – 1936

Rheinische Friedrich Wilhelms-Universität, Bonn 1988

Ist Ihnen die Entscheidung für die Illegalität schwergefallen?

Was heißt schwergefallen? Wir »Gründungsväter« der Bonner Antifa von 1934 gingen fröhlichen Herzens an die für notwendig erachtete Arbeit, mit einer gewissen Spitzbüberei, den Nazis eine Nase zu drehen. Im »Kollektiv« wurden von keinem Bedenken hervorgekramt. Jeder für sich mag einmal seine stille Stunde gehabt haben, in der er die möglichen Folgen bedachte. Aber was half's? Erst ein Menschenalter danach (d. h. 1965) versuchte ich mich an einer Antwort an mich selbst, die mir zwar nicht erschöpfend, jedoch ziemlich situationsgerecht scheint: »Die kompakte kleinbürgerliche Mehrheit an den deutschen Universitäten grölte dem Faschismus zu oder schaltete sich jedenfalls gleich. Der fortschrittliche Student mußte sich entscheiden: Wie schwer wog die Fessel der echten Überzeugung? Sollte ich abhauen, den braunen Staub von den Füßen schütteln? Noch war es möglich. Ich hatte einen ausländischen Paß und genügend Einsen in der Tasche, um in Strasbourg oder sonstwo warm empfohlen anzukommen. Oder sollte ich bleiben und abschalten,

Studentenausweis

mich taub stellen für alles, was abseits der Wissenschaft lag, innere Emigration mimen? Durfte ich denn gehen als Historiker, der verpflichtet war zu verstehen oder der kein Historiker war, seine Lebensaufgabe prostituierte – lieber ein lebender Hund als ein toter Held?«

Es war aber viel komplizierter: Es ist meistens alles viel komplizierter. Wir zählten kein Dutzend. Um uns herum war Terror, ein teils verwirrtes, teils verzagtes Volk, seine Besten in Haft, auf der Flucht. Niemanden gab es, den man fragen konnte in dem feuchtfröhlich verschlafenen Eifeldorf Bonn. Wir waren geblieben. Was tun? Wo so viele politisch Fähigere, die an der Spitze des Kampfes gestanden, Freiheit oder gar Leben verloren hatten, wollte die zweite Garnitur einspringen, helfen – jedoch wie? Man war auf sich gestellt, und diese zweite Entscheidung zu treffen, war vielleicht noch ärger, weil mehr als Einzelschicksale daran hingen. Es gab der Einwände viele. Wir sollten uns aufsparen, konnte man vernehmen. Jetzt nütze es nichts, keiner höre auf uns, erwiderte ein aufrechter Sozialdemokrat, das Volk müsse sich von Hit-

Karl Barth

lers Lügen erst selbst überzeugen. Der Einsatz sei unrationell, Verschwörerromantik, wurde uns zugesetzt. Aufwand und Ergebnis stünden in keinem vertretbaren Verhältnis. Schließlich gab's welche, die da dozierten: Wartet doch wenigstens ab, bis man euch etwas befiehlt!

Wir haben nicht auf bessere Zeiten spekuliert, sondern im Mai 1934, als im Hofgarten die Kastanien blühten, im »Keltenturm« der Rheinischen Friedrich-Wilhelms-Universität, in dem ich als noch unbestätigter Lektor gastierte, die Widerstandsgruppe auf feste organisatorische Füße gestellt.

Und wer waren diese »wir«?

Die Studenten der Philosophischen Fakultät Hannes Schmidt aus Hamburg/Altona, Günter Meschke aus Neustettin in Hinterpommern und Anthony Toynbee, ältester Sohn des bekannten englischen Historikers; dazu der evangelische Theologe Harald Schadow aus Niedamowo im »Korridor« und meine Wenigkeit, zu diesem Zeitpunkt – bis zur Ablieferung von 140 (!) Pflichtexemplaren meiner Dissertationsschrift – noch doctor designatus, jedoch ausgestattet mit dem Recht auf Mitbenutzung des kleinen Seminarraumes (nach dem wir unseren Turm benannten).

Ganz unbemerkt vom Lehrkörper konnte diese Konstituierung wahrscheinlich nicht bleiben. Hatten Sie das Gefühl, eine Art geduldeter Komplizenschaft zwischen Studenten und Professoren wäre möglich?

Gewiß hatte ich das, und nicht ohne Grund. Die Arbeit der Gruppe bestand zunächst darin, auf andere Kommilitonen einzuwirken, wenn's ging, auch auf Mitglieder des Lehrkörpers, natürlich in geeigneter Form. Einen weltberühmten Theologen wie Karl Barth konnte man nicht auffordern, in eine weit links stehende illegale Verschwörung einzutreten, aber man konnte bei ihm um Verständnis werben. Karl Barth, einer der Urheber der Barmer Erklärung und der Bekennenden Kirche, hat an seiner Protesthaltung gegenüber dem Nationalsozialismus bis zu seiner Entlassung und Ausweisung festgehalten. In seinem Haus, drei Zimmer zum Zwecke eines öffentlichen Seminars blockierend, saß die halbe studentische Opposition: Marxisten lasen sich in »Theologische Existenz heute« ein, um dahinterzukommen, worum es den antifaschistischen Dialektikern der Konkurrenzfakultät ging. Dialog vor dem »Dialog« auch mit dem Kirchenhistoriker Ernst Wolf, dessen katholischer Kollege Neuss, ein Herr mit Beziehungen, uns zweimal warnende Winke zukommen ließ. Besonders intensiv unser Bemühen um Fritz Kern, der unser Tun und Treiben mit einem lächelnden und einem weinenden Auge verfolgte. Was ihm später einige Schwierigkeiten bereitete, weil es eine undichte Stelle gegeben haben mußte.

Generell war 1934 das politische Klima nicht ungünstig,

Paul Ernst Kahle

nach dem »Röhmputsch«, der Blamage in Österreich, dem Tod von Hindenburg und der Wahl Hitlers zum Reichskanzler, bei der sich die Zahl der Nein-Stimmen gegenüber dem November 1933 fast verdoppelte. Es war eine gewisse »Stimmung« in den liberalen Universitätskreisen zu verspüren, so bei Professor Kahle, dem bedeutenden Orientalisten, und Professor Waibel, dem Geographen. Sie bauten darauf, daß der »braune Wahn« abwirtschaften würde, durch inkompetente Wirtschaftsführung und unter gehörigen Druck gesetzt durch eine Art Boykott von seiten der »anständigen« westlichen Demokratie. Also eine Haltung: »Noch ist nicht alles verloren.« Jedoch ging keine der mir bekannten akademischen Koryphäen so weit, sich mit kommunistischen Kreisen auf direktem Wege einzulassen, um sich die Nazis vom Halse zu schaffen. In seltenen Einzelfällen tolerierte man die Kommunisten als Opposition, weil man doch merkte, da ist eine Mannschaft, die nicht aufsteckt, sondern weitermacht, wenn auch zunächst ohne sichtbaren Erfolg. Es war schon viel, daß wir einiges mit ihnen »durch die Blume« diskutieren konnten. Immerhin hatten sie mehr zu verlieren als ihre akademischen Ketten und Privilegien. Ein Ordentlicher Professor war recht ordentlich bezahlt und sozial weithin als »etwas Besonderes« anerkannt.

Fritz Kern hatte (im Sommer 1934) eine »Propagandareise« durch England unternommen, wo er viele Bekanntschaften pflegte. Er kam geschockt zurück, weil er tauben Ohren gepredigt hatte. Seine britischen Zuhörer meinten, die braune Pest sei zwar geschmacklos wie vieles, was den Deutschen einfällt, aber ob sie so unnütz sei, das müsse sich erst herausstellen. Zu irgendeiner Zeit würde man vermutlich einen Festlandsdegen gegen »die Russen« brauchen, und es gäbe ein englisches Sprichwort: Um einen tollen Hund zu prügeln, ist auch ein dreckiger Stecken gut genug. Auf dieser Basis war schwerlich eine antifaschistische Allianz zu schließen.

Und die Studenten? Ich gab zu dieser Zeit, gedeckt durch Kern und das Wohlwollen seines Freundes Rothacker, der gerade Dekan war, russische Sprachkurse, um ein Aushängeschild zu besitzen, obwohl ich mir selbst erst kurz davor beim Slawisten Tangl in Hamburg Anfängergrundlagen angeeignet hatte. Als »Lektor für Russisch« war ich meinen Hörern demzufolge nur um wenige Lektionen voraus. Trotzdem ist es gut gegangen, und vom Kurator der Universität erhielt ich sogar Honorar für eine – nicht einmal vorher angemeldete – Semesterveranstaltung ausbezahlt. Diese lief auf Veranlassung meines professoralen Schutzengels, also in durchweg zivilen Bahnen, und so kam ich auch mit jungen Lernbeflissenen in

Silvester 1932/33 mit Meschke (li.)

Berührung. Zu erreichen war bei ihnen auf die Schnelle wenig. Man konnte – vielleicht – den einen oder anderen in seinem Glauben an die Unfehlbarkeit der derzeitigen Reichsbehörden durch ein paar »sitzende« Bemerkungen erschüttern; sie aber offen und unbesehen auf unsere Seite zu ziehen, das war leider nicht drin.

Sie gingen unerfahren in den illegalen Widerstand, konnten auf keinerlei organisatorische Strukturen – wie zum Beispiel eine Partei – zurückgreifen. Sie mußten Ziel, Inhalt und Organisationsform selbst bestimmen.

Dabei überwogen sicherlich die Nachteile solcher Unbedarftheit. Man glaubt gar nicht, wieviel »revolutionärer Kleinkram« – Pi mal Daumen – zu bewältigen war, und wir hatten ja wirklich wenig Ahnung. Schmidt war zwar schon vor 1933 der KPD beigetreten und kannte sich insofern »im Betrieb« etwas aus. Jedoch bezog sich seine Erfahrung vornehmlich auf das Schlagzeugspiel in einer roten Studentenkapelle, für die wiederum wir keine Verwendung fanden.

Wir brauchten Informationen, Material und Instruktionen. Da am Orte nicht erhältlich, suchten wir sie aus nah und fern zu beschaffen. Wir reisten zum Fußball-Länderspiel nach Luxemburg, trampten per Drahtesel zu Pfingsten (1934) nach Saarbrücken; im Sommer war ich mit Toynbee in England und zu Silvester mit Meschke in Paris.

In Bonn verteilten wir schon davor von Toynbee auf Oxford-Englisch getrimmte Beiträge über den NS-Staat unter kneipenden und badenden angelsächsischen Touristen, höchstwahrscheinlich ohne nennenswerten Erfolg. Einen Rückschlag verspürten wir durch den Ausgang der Saar-Abstimmung im Januar 1935. Da hatten wir uns von den Genossen in Saarbrücken einwickeln lassen, hatten ihnen ein bißchen zuviel geglaubt und zugetraut. Die hatten zwar nicht behauptet, daß die Saar gegen Deutschland stimmen, aber doch mit einer anständigen Prozentzahl »zur Not untergehen« würde. Als es dann neunzig zu zehn ausging, bekam ich in Bonn einiges zu hören: Na also, mit deiner politischen Prophetie ist es so weit nicht her! Das hast du dir auch nicht vorstellen können! Wenn die Leute nun einmal so blöd sind, sich ein paar Jahre Faschismus anzugucken und gefallen zu lassen, dann laß sie halt, da ist es vielleicht wirklich klüger, sich aufzusparen. – Waren wir Abenteurer?

Sie erwähnten mir gegenüber einmal den Besuch auf dem Familiensitz der Toynbees. Haben Sie ähnliche Erfahrungen machen können wie Fritz Kern bei seiner Inselreise?

Castle Howard in Yorkshire, das man jetzt vom Fernsehen her kennt, war, wie der Name ausweist, Familienbesitz der Howards, deren Vorfahr mit Wilhelm dem Eroberer 1066 auf die Insel gekommen sein soll. Die Frau des Historikers Toynbee stammte von diesen Howards ab, und unser Cottage, eine ehemalige Dependance des Schlosses, brachte sie in die Ehe (die später geschieden wurde) ein. In dieser Sommerfrische 1934 reichte ein Feriengast dem anderen die Klinke. Ich lernte auf diese Weise – unter anderem – die bedeutende türkische Schriftstellerin Chalide Edip und ihren – blasser wirkenden – Gatten Adnan Bei kennen, beides »gemäßigte« Gegner Kemal Atatürks. Nach drei erholsamen Wochen machte ich mich per Fahrrad auf zu einer höchst aufschluß- und regenreichen Englandrundfahrt. Die Leute, denen ich dabei – vorwiegend in Jugendherbergen – begegnete, standen sozial im Schnitt ein bis zwei Stufen tiefer als Kerns Gesprächspartner und Toynbees Gäste. Sie waren (daher?) mehrheitlich antifaschistisch gestimmt, und viele klopften mir moralisch auf die Schulter. Mehr hatte ich davon freilich auch nicht. Eine angestrebte Verbindung mit interessierten Jugendlichen in London, die Anthony Toynbees jüngerer Bruder Philip vermitteln wollte, kam aus Termingründen nicht zustande.

Haben Sie während Ihres Frankreichaufenthaltes Zusammentreffen mit Exilierten organisiert?

In Paris besuchte ich den der Kommunistischen Partei nahestehenden Internationalen Studentenbund (bei dem ich durch Anthony Toynbee »vorangemeldet« war). Wir verabredeten, in regelmäßigem Kontakt zu bleiben, und dementsprechend setzte ich den Genossen »Robert«, der anscheinend für Deutschland zuständig war, auf unsere Postliste der »Sozialistischen Republik«. Daß die hoffnungsvolle Verbindung schon im Februar wieder abbrach, war höherer Gewalt zuzuschreiben. Dasselbe traf auf Fritz Lieb zu, der als religiöser Sozialist in Bonn entlassen worden war und, wiewohl Schweizer, vorerst in Clamart bei Paris sein Quartier aufschlug. Auch er war bereit, mit uns einen haltbaren Faden zu spinnen. Und er hielt mir unwandelbar die Treue weit über meine baldige Verhaftung hinaus.

Sie haben Flugschriften verfaßt. Die Absicht, durch publizistische Wortmeldungen politisch wirksam zu werden, entspricht einer alten Tradition der Arbeiterbewegung. War für diese Entscheidung das Bedürfnis ausschlaggebend, sich und der Umwelt den Beweis der oppositionellen Präsenz zu liefern, bzw. sich gegenseitig in einer gleichgeschalteten Öffentlichkeit auch psychisch zu unterstützen?

Etwas hochgeschraubt, aber in der Sache trifft es zu, ganz gut durchschaut!

Zum internen Gebrauch war ein Monatsbericht vorgesehen, für den Meschke jenseits der Elbe – auf der Durchreise in

Berlin – unauffällig Abziehapparat und Saugpost zu besorgen hatte. Die treue Seele schoß die Kosten vor, stürzte aber mit dem Motorrad in einer Harzkurve und beschädigte dabei die Hartgummiwalze des Apparats. Die entstandene Kerbe wurde von Freunden in Bonn zwar notdürftig geglättet, hinterließ aber ihre Spur, die es bis heute erlaubt, die mit dieser Walze gefertigten Abzüge zu identifizieren. Im September 1934 erschien die erste Nummer mit der schlichten Aufschrift »Septemberbericht«: es war gewissermaßen ein Nachrichten- und Diskussionsblatt für den kleinen Kreis der Sympathisanten.

Über einen Rundfunkapparat verfügten wir nicht. Informationsmaterial holten wir uns, wie gesagt, von jenseits der Grenze. Es war nicht viel, aber einiges schon, von der Basler »Rundschau« bis zu Leopold Silbersteins »Tagebuch«. Ersterer entnahmen wir die nicht mehr ganz frischen »Zehn Punkte« von Wilhelm Pieck, die mit kleinen, von Dr. Walter Bader eingebrachten redaktionellen Änderungen – er liebäugelte mit einer »Deutschen Roten Armee«! – anläßlich meiner »Doktorfeier« auf Schmidt's Bude im Maarflach am 28. Juli 1934 als eine Art direktives Arbeitsdokument bestätigt wurden.

Lag nicht in der Art und Weise der eigenen Propaganda Hinderliches für ein geschlossenes Vorgehen der Hitlergegner? Allein schon der spätere Titel Ihrer Zeitschrift »Sozialistische Republik«, zumal das Rheinland weitgehend katholisch war.

»Von der Einheitsfrontaktion zur Volksfront«: dieses Denken brach sich in der Tat erst allmählich Bahn. Es gab zwar Ansätze dafür kurz vor und gleich nach 1933, aber eben nur Ansätze. Erst vom 7. Weltkongreß der Komintern 1935 an wurde es zur strategischen Leitlinie (der KPD). Wobei anzufügen wäre, daß die vor Ort Kämpfenden nicht immer sogleich tiefe theoretische Analysen vornahmen. Trotzdem, unser unmittelbares Ziel war natürlich nicht – da wären wir blinde Phantasten gewesen –, für »Sowjetdeutschland« zu kämpfen, sondern den Hitler wegzukriegen, mit wem auch immer im Geschirr, und wir wären bereit gewesen, nicht nur den Teufel, sondern sogar eine deutsch-nationale Regierung auf uns zu nehmen, wenn sie das schaffte. Das verpflichtete uns nicht dazu, unser »ideales« Fernziel zu verheimlichen. Wir blieben aber insgesamt auf der richtigen Spurweite, sogar, ohne sie selber genau zu kennen.

Das katholische Element war im Rheinland stark ausgeprägt. Es raffte sich aber selten zu kräftigen Taten auf, zeigte allerdings eine gewisse, eigentlich unübliche Duldsamkeit gegenüber den ansonsten abgelehnten »Roten«. Der rheinländische Katholizismus besaß ein weites Hinterland in der Provinz, wo zwar die Nazis im Dorf gewissermaßen über ihren Ortsbauernführer agierten, aber gegen die geistliche Autorität des Kaplans nicht ankamen. Die katholische Kirche konnte ihre Organisation im wesentlichen intakt halten. Hitler kam nicht mehr dazu, sich diesen Bereich vorzunehmen. Wenn er den Krieg gewonnen hätte, dann vielleicht – sagte später der Gefängnispfarrer.

1934 gab es ein volksfrontähnliches Treffen in Bonn. In diesem Gespräch versicherten Sie sich zwar gegenseitig der Hochachtung, aber mehr ist nicht daraus geworden. Welche Barrieren standen einer konkreten Zusammenarbeit im Wege?

Dr. Bader, Direktorialassistent am Rheinischen Provinzialmuseum, war die damals herausragende Persönlichkeit unter uns als international anerkannter Klassischer Archäologe; er hatte erfolgreich an Ausgrabungen in Xanten teilgenommen und stellte in seiner Disziplin etwas dar. Doch vor allem war Dr. Bader – und das sage ich zu seinem Ruhme – einige Monate lang ein »außerordentlicher«, aber aktiver Mitarbeiter unseres Kreises. Er war mit Fritz Lieb befreundet; dadurch kamen wir mit ihm überhaupt in Berührung. Er lebte in dem Haus, das Fritz Lieb, als er in Bonn lehrte, gekauft und an seine beiden sozialistischen Freunde Bader und Neufer vermietet hatte, bevor er nach Clamart bei Paris exilierte (und 1937 ins heimische Basel zurückkehrte).

Ich suchte Bader auf und nahm von ihm die Frage entgegen, ob es denn nicht an der Tagesordnung wäre, daß Vertreter der christlichen Gewerkschaften mit Sozialdemokraten und Kommunisten hier am Ort so etwas wie die Bildung einer gemeinsamen Front gegen den Nationalsozialismus, unab-

Fritz Lieb

hängig von allen theoretischen und ideologischen Diskussionen, versuchten. Worauf ich ihm sagte, die Idee leuchte nicht nur mir ein, sie entspräche unserem Bestreben schon die ganze Zeit über, denn wir würden wirkliche Veränderungen, wenn jeder in seinem eigenen Saft schmorte, nie bewirken können. Nur traute ich mir nicht zu, die aufgelösten christlichen Gewerkschaften ausfindig zu machen. Bader: Das sei für ihn kein Problem. Er sei Katholik und unterhalte zudem persönliche Verbindungen, das könne er schon verabreden. Ob ich es denn riskieren würde, aus meiner Anonymität als Sprecher für die Belange der KPD (lies einschränkend: für die Universitätsgruppe) herauszutreten?

In der Tat fand diese Begegnung bald darauf in seiner Wohnung statt, etwas, was es damals, 1934 im Frühsommer, so nicht allzu oft gegeben haben wird. Wir hielten also eine als zufälligen Besuch getarnte Besprechung zu dritt ab. Bader als kooperativer Sozialdemokrat leitete das Dreiergespräch und stellte an Herrn Dreesen, den Vertreter der christlichen Gewerkschaften, die Frage: Wenn man wirklich an ernsthafte Dinge denke, dann ginge es wohl schlecht ohne die Kommunisten. Wie er dazu stehe. Darauf Dreesen wörtlich: »Tja, dazu müßte man wissen, wie die KPD selbst darüber denkt.« Bader wies auf mich und sagte: »Hier, bitte!« Dreesen fiel fast vom Stuhl. Als Ergebnis kam »in aller Kollegialität« heraus: Jeder möge seinen Kampf, so anständig er kann, auf seine Weise gegen den Faschismus führen. Wir waren uns einig, daß wir es uns in der illegalen Arbeit gar nicht leisten konnten, uns – wie bisher oft – auch noch gegenseitig zu beschimpfen. Und man hielt sich im wesentlichen daran, das Feuer in eine Richtung zu lenken, nicht aufeinander. Also das schon. Mehr wurde es unter den lokalen Bonner Vorzeichen freilich nicht.

Man hätte eine Flugblattaktion starten können. Dafür wäre erst der ganze illegale Apparat in Bewegung zu setzen gewesen, um dann bei den verbündeten Parteien Meinung einzuholen, ob sie mit den Formulierungen eines solchen Textes einverstanden seien. Das wäre auch dann leicht daneben gegangen, wenn die »Universitätsgruppe« von der Unterbezirksleitung der KPD dazu autorisiert worden wäre. Beweis: Ich habe ein halbes Jahr später in der »Sozialistischen Republik« im Sinne des Zusammengehens eine »Weihnachts-Nummer« (1934) verfaßt. Da zeigte sich sogleich, wie umständlich, ja schwierig das ist. Es gab Genossen, die mich flugs kritisierten: So sei Einheitsfrontaktion nicht aufzufassen, daß man Jesus Christus gleich mit hineinnimmt! Den Christlichen war es wiederum nicht christlich genug. Auch das wollte gelernt sein. Die hohe Wertschätzung, die die Führung der KPD damals gegenüber dem Widerstandskampf von Katholiken und Protestanten zu entwickeln begann, hatte sich so weit unten noch nicht richtig herumgesprochen. Einiges habe ich sogar erst unlängst in der Zeitung gelesen, was uns damals

Hannes Schmidt als Student

gegen die Opponenten eines solchen Kurses der breiten Volksallianz sehr zustatten gekommen wäre.

Im Sommer 1934 hatte die Gruppe noch keinen Kontakt zu anderen Illegalen. Warum suchten Sie die Verbindung gerade zur KPD? Basierte diese Zuwendung auf konkreten Erfahrungen der innerdeutschen Verhältnisse nach gut einem Jahr Hitlerdiktatur, auf persönlichen Beziehungen, oder würfelte der Zufall mit? Vermochte man, ohne einer Partei anzugehören, Widerstandskraft und Widerstandsformen der illegal kämpfenden Parteien einzuschätzen und zu differenzieren?

Markov 1934

Keiner von uns außer Hannes Schmidt war zuvor je politisch organisiert gewesen, doch den universalhistorischen Denkleistungen eines Marx und Lenin fühlten wir uns – in unterschiedlichem Grade – schon verpflichtet, auch ohne Parteibuch. Hinzu kam, daß die KPD eben wirklich kämpfte, mit der notwendigen Härte auch gegen sich selbst. Daß Einzelgängerei im Widerstand auf lange Distanz steril bleiben mußte, war uns bewußt, also war es hoch an der Zeit, sich jetzt auch um das Parteibuch zu kümmern, selbst wenn man dabei ein Stück Unabhängigkeit aufgeben mußte. Wir waren im übrigen seit der Gründung der Uni-Gruppe stets davon ausgegangen, daß wir die KPD am Orte, so es sie noch – oder wieder – gab, unbedingt suchen und finden mußten, um die Verbindung mit ihr aufzunehmen. Welche Endform eine solche annehmen sollte, hing dann weniger von uns ab.

Zum damaligen Zeitpunkt bot sich für Kampfwillige eigentlich kaum eine echte Alternative. Zehn Jahre später und wir zehn Jahre jünger, hätten vielleicht der Versuchung nachgegeben, es mit den »Edelweißpiraten« zu probieren.

Wir fanden die KPD im Oktober 1934 bei einem legendären Reibekuchen-Essen der Frau Limbach. Deren Mann, als Buchhändler mit Hannes Schmidt bekannt, lud dazu seinen Freund Heini Pedersen mit ein, und es stellte sich heraus, daß dieser von der Unterbezirksleitung geschickt worden war, uns auf den Zahn zu fühlen, ob wir eine Studentenblase oder eine Vereinigung mit Hand und Fuß darstellten. Ich, umgekehrt, habe versucht, die Ernsthaftigkeit seiner Absicht, sich mit uns zu liieren, zu prüfen. In diesem Gespräch unter vier Augen kamen wir überein, direkte Beziehungen einzuleiten. Es wurde beschlossen, uns in den kommenden Tagen jemanden von der Unterbezirksleitung zu schicken. Das war dann Pedersens Freund Ferdi Kolb, gleich ihm Dentist und Schüler des fortschrittlichen, ins türkische Exil getriebenen Professors Kantorowicz.

Ferdi verlangte, daß wir einige grundsätzliche Dinge in den Griff bekommen müßten. So erfolgte meine offizielle Einweisung als technischer Leiter (eine Funktion, die es nur in der Illegalität gab) und als Mitglied der Unterbezirksleitung. Außerdem fragte Kolb, ob ich bereit wäre, unseren Monatsbericht, den ich mit dem Pseudonym C. H., der Abkürzung meines zweiten und dritten Vornamens (Carl Hugo) schmückte, als Zeitung der Kölner Bezirksleitung herauszugeben. Worüber ich doppelt stolperte, weil wir nicht die Bezirksleitung, sondern schlicht eine etwas aufgeblähte »Fünfergruppe« darstellten, und wieso sollte diese Schrift ausgerechnet in Bonn erscheinen? Für die Unkosten der Herstellung wollte die Unterbezirksleitung selbst aufkommen. Dafür müßten wir 10 Pfennig je Exemplar kassieren. Dann sagte Kolb noch, damit das Ding nicht so mager aussehe, es habe ja keinen richtigen Kopf, wäre es attraktiver, die Zeitung »Sozialistische Republik« zu nennen. Ich fand, das klinge nicht schlecht, und war einverstanden.

Dabei unterlief beiderseits ein Mißverständnis. Ferdi ging davon aus, daß jeder rheinische KP-Mann den Namen seines ehedem legalen Parteiblattes kennt, und bedachte nicht, daß ich als Zugereister die Zeitungsverhältnisse in Köln nicht überblickte. Deshalb unterließ er die Erklärung, daß meine »Sozialistische Republik« die Fortführung der alten vortäuschen sollte. Ich wiederum habe gedacht, der will einen Titel haben, der »zieht«. Soll er! Diesen Doppelirrtum bemerkten wir erst im Verlauf der gerichtlichen Voruntersuchung. Da hatte der Oktoberbericht 1934 längst den Namen »Sozialistische Republik« erhalten, und so hieß das »Blatt«, bis wir im Februar 1935 hochgingen. Es folgten sogar noch zwei weitere, von anderen Genossen hergestellte Nummern im Frühjahr 1935, als wir bereits einsaßen. Der Name der Flugschrift spielte für den Oberreichsanwalt insofern eine Rolle, als er mir mit einer gewissen Logik unterschob, ich hätte das verbotene ehemalige offizielle Parteiorgan wieder »aufgemacht«, so daß diese Missetat zusätzlich meinen sonstigen hinzugerechnet wurde. In dem Punkt war ich aber tatsächlich unschuldig.

Weiterhin vereinbarte Kolb mit mir, direkte Kontakte zwischen den Mitgliedern unserer Universitätsgruppe und der – wie wir sagten – »großen Partei« peinlichst zu meiden. Diese konspirative Abschirmung hat dazu beigetragen, daß die Ermittlungen gegen unsere Gruppe nicht in Zusammenhang mit der späteren Verhaftung der Unterbezirksleitung gebracht wurden. Weder der Volksgerichtshof noch das Sondertribunal in Hamm sind jemals hinter unsere direkten Verbindungslinien gekommen.

Seit dem Gespräch mit Ferdi Kolb war die Universitätsgruppe einerseits eine Untergliederung der KPD, andererseits eine »Antifa« sui generis. Der innere Kern der Gruppe bestand aus denjenigen, die einen monatlichen Parteibeitrag in angemessener Höhe leisteten, der mit der Unterbezirksleitung abgerechnet wurde. Gleichberechtigt stand neben ihnen eine größere Anzahl von Freunden, die sich auf die eine oder andere Weise mit uns verbunden fühlten und zu keiner Beitragszahlung genötigt wurden. Da gab's wiederum Abstufungen: Hans Conrad Stock aus Bremen beispielsweise, von Hause aus ein verärgerter Liberaler, schloß sich uns an, weil wir »nette Leute« seien, legte aber Wert darauf, daß wir ihm bescheinigten, nicht zahlendes Mitglied der KPD zu sein, wiewohl er durchaus bereit war, monatlich zwei Mark zur allgemeinen Unterstützung unserer antifaschistischen Arbeit beizutragen. Die KPD hätte ihn nur 60 Pfennig gekostet!

Welche Rolle spielten Parteikonferenzen und -beschlüsse (zum Beispiel die Brüsseler und Berner Konferenz der KPD), nach denen heute die Etappen des Widerstandes zäsiert werden, an der Basis?

Sagen wir, sie sprachen sich in der Regel mit Zeitverzögerung und unvollständig bis nach ganz unten durch. Das Bekanntwerden solcher hohen Beschlüsse – das trifft nicht nur auf die beiden Konferenzen zu, es war generell so – blieb oft Glückssache. Als ich beispielsweise eine Basler »Rundschau« erworben hatte – ich weiß nicht mehr, ob schon in Luxemburg oder erst zu Pfingsten in Saarbrücken – war erst unsere Universitätsgruppe begeistert und danach auch die Unterbezirksleitung, an die wir das Exemplar weitergaben: erstklassiges, wiewohl verspätetes Komintern-Material.

Man muß solche Schwierigkeiten in vergleichbaren Situationen stets in Rechnung stellen. Das war kein Einzelpech der KPD oder SPD der dreißiger, vierziger Jahre. Immer, wenn eine Partei- oder Aufstandsleitung notgedrungen vom Ausland her dirigiert, agitiert und theoretisiert, wird es mehr oder weniger Einzelumständen, zum Teil auch Zufälligkeiten, überlassen sein, wieviel davon bis zur kämpfenden Basis dringt und dann konkret in den Kampf einfließt. Manche Genossen haben längst – aus der Situation heraus – danach gehandelt; andere haben davon gehört, betrachteten sie aber als unter ihren Bedingungen nicht anwendbar. Dritten, die auf die Losung warteten und bereit waren, etwas zu tun, aber nicht wußten, was und wie, denen war sie eine ganz unmittelbare Anleitung und Hilfe. Das ist insgesamt sehr unterschiedlich gelaufen.

Natürlich müssen Sie folgendes berücksichtigen: Eine Konferenz oder eine Zusammenkunft des höchsten Gremiums [illegible] ner revolutionären Organisation hat nicht zuletzt di[illegible] gabe, unter den vielen Punkten, die den antifaschistischen Kampf als Ganzes betreffen, auch das Besondere, das engere Eigeninteresse der Partei als Partei herauszustellen. Daß letzten Endes jeder Kommunist – er brauchte deshalb nicht unbedingt eingeschriebenes Mitglied zu sein – eine Endvision hegte und daß diese auf ein sozialistisches Gesellschaftsgebäude hinauslief, das lag auf der Hand. Man muß da schon unterscheiden zwischen Tagesaufgaben und der geschichtlichen Mission, an der eine Partei trägt.

Konzentrierte sich die Partei im Widerstand nicht allzuoft auf die Wiedererrichtung der organisatorischen Strukturen? Wie beurteilen Sie anhand Ihrer Erfahrungen das Verhältnis von spontanem Widerstand und revolutionärer Geduld?

Ich habe beides kennengelernt und die Lehre daraus gezogen, daß solche Geschichten besser von Profis als von Amateuren gemacht werden. Keiner von uns hatte »Verschwörer gelernt«, und die Partei war auf unterer Ebene schauderhaft schlecht auf die Illegalität vorbereitet. Das ZK hatte einige Vorbereitungen getroffen, die Genossen vom Apparat der Internationale, die in Deutschland mithalfen, lebten erst recht nach konspirativen Regeln. Sie sind ja auch meistens den Nazis entwischt. Es gab einige wenige Vorbereitungen auf der Ebene der Bezirksleitungen: wer verschwinden, wer emigrieren und wer umgesetzt werden sollte. Aber was den Basis-Bereich betraf, von den Unterbezirksleitungen abwärts – da war fast nichts auf Illegalität eingestellt. Und es war auch schwer, sich wirksame Gegenmittel auszudenken. Die KPD war eine Massenpartei mit rund 300000 Mitgliedern, die konnte man natürlich, wenn sie arbeiten wollten, nicht alle gleichzeitig verstecken, auch nicht in Fünfer- oder später in Dreiergruppen. In Bonn waren führende Genossen sogleich 1933 festgenommen worden. Später folgte noch eine Verhaftungswelle.

Verrat? Teils, teils. Die Voraussetzungen für die illegale Arbeit waren insofern schlecht, als es Reste der alten legalen Parteiorganisation gab, die sich im Verlauf des Jahres 1934 nach zwei Amnestien und überstandenem ersten Schreck organisatorisch wieder zusammenfanden. Sie bauten den Unterbezirk im Grunde genommen wieder so auf, wie er in der demokratischen Weimarer Republik gewesen war – und das mit fast hundert Mann! Das mußte einfach schiefgehen. Ein Kurier geriet in eine Streifenkontrolle, und man fand bei ihm Nummern unserer Nachfolgezeitung. Wir saßen da ja schon. Von alten Listen her (die schon »unter der Demokratie« einen Karteikasten füllten, der sich weitervererbte) kannte die Politische Polizei einige Genossen, die brauchten sie nur abzuholen, und dann gab es immer einen, der den Mißhandlungen nicht standhielt. So trennte sich das Netz dann auf.

Bei unserer Universitätsgruppe war das anders. Wir hatten für den Fall des Auffliegens verabredet, daß ich alles im Alleingang, allenfalls in Verbindung mit dem einen oder anderen »unbekannten« Kurier besorgt habe. Die sonstigen Mitglieder aus dem akademischen Freundeskreis hätten davon nichts gewußt und nur gedacht, das ist eben so ein leicht bescheuerter, aber amüsanter Ausländer, der nach links spinnt, wie auf dem Balkan halt üblich. Das hat ihnen das Gericht dann sogar weithin abgenommen. Vielleicht, weil es die »ausgerutschten Bürgersöhne« nicht noch tiefer in die KPD hineindrücken, sie lieber noch einmal laufen lassen wollte? Wer weiß.

Wie kam es, daß ihre Gruppe im Frühjahr 1935 verhaftet wurde?

Wie es uns erwischte? Da gab es ein Mädchen, Schreibkraft bei einem Bonner Rechtsanwalt, die ich von meiner Hauslehrertätigkeit in der Eifel her kannte. Sie hatte sich, wie man hörte, zu einer recht ordentlichen Genossin entwickelt. So dachte ich, das »Nest« in der Eifel gäbe notfalls eine passende Relaisstation zur belgischen Grenze her. Da habe ich sie mit einbezogen. Harald Schadow sollte (und wollte...) sich näher mit ihr beschäftigen. Er gelangte zu dem Ergebnis, man könne ihr kleine Aufgaben anvertrauen. Aber irgendwie muß sie kalte Füße bekommen haben. Wir wurden das Opfer eines erbitterten Streites zwischen zwei Männern, mit denen sie zu tun hatte. Beide hatten der KPD angehört, waren aber jetzt verfeindet, und einer glaubte, dem anderen eins auswischen zu können. Wir interessierten ihn dabei gar nicht, als er die Maid Adele drängte, die »Kurierpost« der Polizei auszuhändigen.

Davor schon hatten wir Pech gehabt mit einer Studentin, von der wir annahmen, daß wir von ihr – wenn sie auch eher auf Dostojewski als auf Stalin schwor – keinen Schuß in den Rücken zum höheren Ruhme Adolf Hitlers zu gewärtigen hatten. Auch sie haben wohl Ängste beschlichen. Sie vertraute sich einem Bekannten an, der zu einer polizeilichen Aussage über unser »Geschwätz«, das sie mit angehört hatte, riet. Glücklicherweise sprach sich das nicht bis zur Gestapo in Köln durch (denn Bonn hatte noch keine). Die Politische Polizei, die überwiegend dem alten Zentrumsmilieu entstammte, fing die Tatarennachricht ab und gab Professor Neuss den Wink, er möge diese leichtsinnigen jungen Leute bremsen, sonst würde die Sache ernst.

Nun wußte die Kommilitonin Ruth nicht *mehr* und konnte folglich nicht *mehr* von sich geben, als daß Zusammenkünfte von Studenten in Wohnungen stattfanden und dabei auch mal politisch gemeckert wurde. Da hat man sich wohl gesagt, eine runde Sache ist das nicht, es hängen überdies Ausländer drin, denen man den Mund nicht ganz so einfach stopfen kann. Erst die Geschichte mit dem Kurier Adele bewog sie, zuzugreifen. Insofern war beides drin: Verstöße gegen die Regeln der Konspiration und Verrat.

Ich habe nie verdeckt, daß Vertrauensseligkeit, der Mangel an Erfahrung eine Rolle spielte. Sogar der Gerichtspräsident in Hamm, der mich (im Oktober 1935) als Zeugen über meine »Mitverschworenen« vernahm, hat mich etwas fassungslos gefragt, ob es denn nicht bodenloser Leichtsinn war, vom konspirativen Standpunkt aus gesehen. Ich konnte nicht anders, als ihm in diesem Punkte beizupflichten. Das kommt davon, wenn man Dilettanten (der Not gehorchend als Reservegarnitur) für solche diffizilen Aufgaben einsetzt. Wir selbst konnten schlecht nein sagen, das war dann schon eine Ehrensache, eine Charakterfrage.

Wie erfolgte die Verhaftung?

Das ist eine lange, zu lange Geschichte; ich gebe sie verkürzt wieder.

Wir waren in einer gewissen »Rollkuchendiele« in Bonn zu viert am Abend zum Skat verabredet. Besagter Harald Schadow sollte den Briefumschlag an Adele übergeben. Ich wartete unterdessen mit dem Kommilitonen Stock. Meschke war die Verabredung mit einer Freundin dazwischengekommen. Schadow tauchte aber auch nicht auf, so gingen wir nachzusehen, wo er abgeblieben war. Da sich auf unser Klingeln nichts rührte, die Haustür aber unverschlossen war, ging Stock die Treppe hoch zu Schadows Bude – und kam nicht wieder. Der Groschen fiel nur langsam, doch am Ende begann mir die Sache mulmig vorzukommen, und ich entfernte mich, um zu überlegen.

Nach einiger Zeit bemerkte ich, wie Schadow (mit einem Köfferchen in der Hand) und Stock in Begleitung zweier Herren in Richtung Rathaus eilten (wo sich die Arrestzellen befanden). Zwar dachte ich mir, daß etwas nicht stimme, war aber dumm genug, über die Straße Stock anzurufen. Daraufhin blieb die ganze Korona stehen, und jetzt erst schaltete ich richtig, daß die beiden offenkundig abgeführt wurden, von Beamten in Zivil. Ich bog um eine Ecke und blieb dort im Dunkel stehen, weil es sinnlos war, loszulaufen. Ich zündete eine Zigarette an und bekam auf diese Weise mit, wie die Hüter des Gesetzes einen Mann, der nichts mit uns zu tun hatte, anhielten und fragten, ob er Dr. Markov sei, was der Passant sichtlich erstaunt verneinte. Ob er sich ausweisen könne ... Da erst drehte ich mich langsam um und machte mich auf den Weg in die Nacht.

Ich wußte nun, daß die Sache aufgerollt werden würde. So rief ich von einer Telefonzelle aus Meschke und Hannes Schmidt an, erreichte aber beide nicht. Dann setzte ich mich in die Rheinuferbahn, in Richtung Köln. Da es die letzte Bahn war und sie nur bis Wesseling fuhr, mußte ich die zweite Hälfte der Strecke auf der Autobahn marschieren. Mit lechzender Zunge erreichte ich noch vor dem Morgengrauen das Quartier von Wolfgang Heinze, einem unserer »Komplizen«, in der Domstadt, und gab ein Warntelegramm auf an einen weiteren Freund, mit dem ich für diesen Tag verabredet war.

Wir hatten das Stück für ein solches Szenarium nicht geprobt, so stand zu befürchten, daß trotz vereinbarter Generallinie jeder in den Details etwas anderes sagt und dabei ungewollt Geschichten aufreißt, die besser unerörtert blieben.

Deshalb beschloß ich, umzukehren und in Bonn den Stand der Dinge zu überprüfen, gegebenenfalls etwas zu tun, damit alle auch ja auf Unschuldslamm schalteten und die Erklärungen mir überließen. Am 9. Februar kehrte ich also – per Anhalter – nach Bonn zurück und nahm noch eine Prüfung (in Russisch!) ab. In Professor Kahles Orientalischem Institut (in der Poppelsorfer Allee 25), wo sie stattfand, wurde ich anschließend verhaftet.

In den Arrestzellen hinter dem Rathaus, wo sonst Säufer und Huren ausnüchterten, waren wir über Stunden ganz unter uns und fanden Gelegenheit zur präzisen Absprache, die wir bis dato so schmählich vernachlässigt hatten. Mit dem erfreulichen Ergebnis, daß sämtliche Studenten freigesprochen wurden. Wenn wir Überlebenden viel später, nach den braunen Jahren, als abgeklärte Männer darauf zu sprechen kamen, haben wir nur unsere Köpfe geschüttelt über soviel Fürwitz und über soviel heitere Unverfrorenheit, die wir bis vor die Schranken des Gerichts aufrechterhalten konnten. Es besteht kein Anlaß zu verschweigen, daß wir dort trotz der heiklen Situation zuletzt sogar Lachsalven erzielten und es gelang, einen Senatspräsidenten auf unsere Seite zu ziehen. Ihm ist wohl zu verdanken, daß es für unsere Universitätsgruppe so glimpflich abgelaufen ist.

Beim Volksgerichtshof in Berlin (1936) war es natürlich eine andere Sache. Irgend jemand mußte es letztendlich gewesen sein, denn auf den Heiligen Geist konnte man sich schließlich doch nicht herausreden, im Dritten Reich schon gar nicht.

Zum Prozeß: In der Anklageschrift des »Volksgerichtshofes« wird Ihnen unterstellt, Ihre starke Persönlichkeit habe die Freunde »verführt«. Welche Rolle spielte persönliche Ausstrahlungskraft tatsächlich?

Wissen Sie, das war eigentlich mehr so: Wir waren relativ lustige, lockere Naturen und halt miteinander befreundet. Wir nahmen nicht alles tierisch ernst. Ich hatte insofern die Nase um ein weniges vorn, als ich schon promoviert und in dem Sinne auf dem Sprung zum Dozenten war. Meine Herkunft fiel nicht besonders in Gewicht, aber natürlich galt, wer von »da unten« kam, nicht gerade als Schlappschwanz – siehe

Dimitroff! Möglicherweise (doch wer will das wissen?) hatte ich den stärksten Antrieb.

Die Passagen der Anklageschrift über »Verführung« und »überragende Intelligenz« entsprachen und entsprangen zum Teil der Verabredung zwischen uns Malefikanten. Solange den anderen nichts von Belang nachgewiesen werden konnte, durften sie mit Freispruch rechnen. Deswegen stiegen ihre Anwälte unter dem Motto ein: Die armen, um ein Haar verführten Lämmer ... Ich würde den Teufel tun und sagen: Halt mal, das war anders, so unschuldsvoll waren die Lämmer auch wieder nicht. In Wahrheit hatte Schmidt den ersten Anstoß gegeben: »Mov, wenn Du was machst, ich mache mit!« Meschke druckte die Zeitung, und Schadow legte dabei die Saugpost ein, mit Heinzes Schreibmaschine tippte ich das Manuskript.

Womit versuchten Sie, das Gericht zugunsten der Angeklagten zu beeinflussen? Tabugrenzen aus moralischen Gesichtspunkten gab es wohl kaum, oder?

Die Frage, ob alle Mittel erlaubt sind in einer derartigen Lage, stand für uns eigentlich nicht. Ein faschistisches Gericht konnte doch nicht wirklich Recht über uns sprechen und demzufolge auch keine moralischen Bedenken bei der Verteidigung auslösen. Wir haben schamlos gelogen, daß sich die Balken bogen für unsere guten Zwecke (und ich mutmaße, manches davon, wenn mit Eleganz vorgetragen, amüsierte sogar den Präsidenten). Schutzbehauptungen nannte sich das im Juristendeutsch. So verweigerte ich beispielsweise im Brustton der Überzeugung die Aussage, als mich Schmidts Rechtsanwalt nach dem Intimitätsgrad meiner Beziehungen zu einer Zeugin befragte, deren Glaubwürdigkeit es zu erschüttern galt. Obwohl es weder diese noch jene Beziehungen gegeben hatte und die »Verweigerung« also völlig gegenstandslos war, lockte der improvisierte Ballwechsel zwischen dem Wahlverteidiger und mir mit dem künstlich genährten Verdacht der »Rassenschande« sogar den Staatsanwalt auf eine falsche Fährte. Auf diese Weise schafften wir es, die von ihm für Hannes Schmidt beantragten vier Jahre Zuchthaus auf Null herunterzudrücken.

Im Namen des Deutschen Volkes

Abschrift.

8 J 419 / 35.

1 H 18 / 36 In der Strafsache gegen

1.) den wissenschaftlichen Assistenten Dr.phil.Walter M a r k o v aus Bonn, Koblenzer Straße 25, geboren am 5.Oktober 1909 in Graz, ledig, jugoslawischen Staatsangehörigen, nicht vorbestraft,

2.) den Studenten Harold S c h a d o w aus Bonn, Meckenheimer Straße 1a, geboren am 22. Juli 1908 in Niedamowo Kreis Koscierzyna (Polen), ledig, polnischen Staatsangehörigen, nicht vorbestraft,

3.) den Studenten Günther M e s c h k e aus Neustettin, Preußische Straße 23, geboren am 6. April 1907 in Riesenburg, Kreis Rosenberg, ledig, nicht vorbestraft,

wegen Vorbereitung eines hochverräterischen Unternehmens,

hat der Volksgerichtshof, 1. Senat, in der öffentlichen Sitzung vom 4. Mai 1936, nach mündlicher Verhandlung, an welcher teilgenommen haben

als Richter:

Landgerichtsdirektor Schauwecker als Vorsitzender,
Landgerichtsdirektor Dr. Löhmann,
SS-Standartenführer Tscharmann,
Gruppenführer Heß,
Oberstleutnant Stutzer,

als Beamter der Reichsanwaltschaft:

Staatsanwalt Dr. Kaven,

als Urkundsbeamter der Geschäftsstelle:

Justizbüroassistent Juhle,

für Recht erkannt:

Es werden verurteilt:

1. wegen Vorbereitung eines hochverräterischen Unternehmens Dr. M a r k o v zu 12 - zwölf - Jahren Zuchthaus und zum

Verlust

Herrn Oberstaatsanwalt [illegible]

Letztendlich ging der Plan auf: Ihre Freunde kamen frei, Sie traf die volle Wucht des faschistischen Strafmaßes. Noch war das Naziregime nicht vollständig gefestigt, aber auch die These des »Abwirtschaftens« und die des erfolgreichen Widerstandes aus eigener Kraft waren von der Realität weit entfernt. Wohin neigte sich im Augenblick des Urteils die Waage zwischen Wissen und Fühlen?

Letzteres ist so einfach nicht zu beantworten, weil zum Messen des Verhältnisses von Wissen und Fühlen keine objektiven Skalen möglich sind und weil sich (damals wie heute) die Geister eben doch auch schieden; je nachdem, ob der Betreffende/Betroffene von Natur aus mehr Optimist oder mehr Pessimist war. Die Meinung: Das sitzt du im Leben nicht ab, also die Überzeugung, daß die Nazis nicht bleiben werden, nicht bleiben können, die bestand fast durchgängig. Es gab kaum einen unter uns, der glaubte, es bricht ein neues – bösartiges – Zeitalter der Weltgeschichte an, das unter dem – barbarischen – Zeichen des Hakenkreuzes steht. Die engagierte politische Linke ging generell davon aus, daß dieses Dritte Reich so oder so zusammenbricht.

Der Irrtum bestand eben darin, daß man meinte (ich kann nicht ohne weiteres sagen, worauf sich das stützte), es ginge damit relativ schnell. Am Anfang hieß es: Die machen es kein Jahr! Später wurden es vier bis fünf und mehr. Die Sterngukkerei spielte für die Haltung vor Gericht im Grunde keine Rolle: Eine hohe Zuchthausstrafe mußte herauskommen, das war nach Lage der Dinge unvermeidlich, ob acht oder zehn oder zwölf oder fünfzehn Jahre, lief im Endeffekt auf dasselbe hinaus. In Rücksicht auf die Höhe der Strafe ein Blatt vor den Mund zu nehmen war aus dieser Perspektive ganz einfach sinnlos. Diejenigen mit den kürzeren Strafen, die also zwei, drei, vier Jahre »abfaßten«, die mußten damit rechnen, daß sie sie absaßen. Da spielte der Zeitfaktor dann schon eine Rolle; und was für eine für Verheiratete, für Familienväter!

Erich Jungmann, damals Mitglied der Auslandsleitung des KJVD, erzählte mir, daß er auf einer Spendensammlungsreise durch die USA Einstein in Princeton besuchte und ihm vom illegalen Kampf der Partei berichtete. Einstein hörte aufmerksam zu und sprach anschließend anerkennende Worte, schloß jedoch mit der Bemerkung: »Das deutsche

Volk wird sich nicht aus eigener Kraft befreien.« Worauf Jungmann natürlich entschieden widersprach.
Wie waren in Ihrer Umgebung die Stimmen zur inneren bzw. äußeren Befreiung?

In den Arbeiterparteien wie auch außerhalb ihrer Reihen – soweit es Antifaschisten betraf – waren die Meinungen über die Implantierung der Nazis in Deutschland, also über die politische und ökonomische Festigkeit, 1936 auch schon über die militärische Situation des Regimes, unterschiedlich. Für mich stand fast hundertprozentig fest, daß Hitlerdeutschland nur von außen geschlagen werden konnte und dann wahrscheinlich auch als Staat vernichtet werden würde. Eine ganz entfernte Chance räumte ich allenfalls einem Putsch der preußischen Generäle ein. Ein »20. Juli« schien mir über Jahre in der Luft zu liegen, und ich war bisweilen recht wütend, daß die »Waschlappen«, die als einzige fast jederzeit dazu in der Lage waren, es nicht wenigstens versuchten. Von ihren verschiedenen – geheimgehaltenen – Ansätzen dazu erfuhr ich bis 1944 nichts.

Ich ging davon aus, daß Hitlers Strategie so oder so die Herbeiführung eines zweiten Weltkrieges erzwingen, d. h. unvermeidlich machen würde. (Expandieren oder Explodieren ... frei nach Mussolini.) Es gab aber bis weit in die Kriegsjahre hinein noch erfahrene und grundehrliche Politiker der KPD, so etwa das ehemalige Mitglied des Reichstages Walter Frank, die im Vertrauen auf die Kraft der Massen nach wie vor an der Variante des erfolgreichen inneren Umsturzes als realer Möglichkeit festhielten. Ich war schon – also während unserer illegalen Tätigkeit – der Auffassung gewesen, daß zwar alles getan werden muß, um die Fahne hochzuhalten, und man nicht warten durfte, bis andere kamen, die einem die Arbeit abnahmen, daß aber praktisch schon in dieser Zeit mit einer militärischen Zäsur gerechnet werden muß.

Woraus leiteten Sie diese Auffassung ab? Aus der Tatsache, wie sehr sich der Faschismus im Bewußtsein der Massen verankert hatte, oder aus der Enttäuschung über das Nicht-Zustandekommen einer antifaschistischen Einheitsfront in Deutschland?

Beides waren ja nur Kehrseiten ein und derselben Medaille. Eine Einheitsfront von Thälmann bis von Hammerstein, von der KPD bis Reichswehr also, war illusorisch, und die Krise des Regimes Mitte 1934 – Röhm-Putsch, Ermordung von Dollfuß in Österreich, Tod Hindenburgs – verstrich ungenutzt. Danach bahnte sich – mit der Saar-Abstimmung und dem ungestraften Bruch des Versailler Vertrages – eine unzweideutige Stabilisierung der Machtverhältnisse an, gegen die auch die unermüdlich kämpfende Opposition der KPD (wie jede andere!) vergebens anrannte. Wir konnten es in den Folgejahren ablesen an der Zahl der Zugänge aus politischen Prozessen. 1935/36 war es noch ein beträchtliches »Aufgebot« von Kameraden, die abgeurteilt und eingeliefert wurden. 1937/38 kippte die Statistik ab, nahm dann noch einmal etwas zu. Ihr war zu entnehmen, daß die Flügel der vorher im großen Maßstab wirksamen Opposition beschnitten waren; daß sie einerseits auf einzelne, meist auf sich gestellte Gruppen und andererseits auf die politischen Zentren des Exils zurückgeworfen worden war. Bei einer solchen Sachlage war vorauszusehen, daß die Nazis die Mehrzahl ihrer Gegner mehr oder weniger isolieren und ein Terrorregime von durchtriebener Perfektion errichten würden. Keineswegs vergleichbar mit italienischen Verhältnissen, wo es eine, ich würde sagen, raunzende Opposition eigentlich immer gegeben hat, die aus der Welt zu bringen sich der »Duce« kaum bemühte, weil er das von vornherein für aussichtslos hielt.

Es ist den Nazis nicht gelungen, die Majorität des Volkes von ihrem komisch-kindischen, pseudoromantischen Ideologiekitsch zu überzeugen, wohl aber, sie gründlich ins Bockshorn zu jagen. So daß das fatalistische Gefühl von einem Point of no return eintrat, in dem ein leider ziemlich großer Teil des deutschen Volkes sich sagte: Dagegen ist nichts zu machen, das ist also jetzt die Form, in der man sich einrichten muß. Diese, später Mitläufertum genannte Erscheinung, war vorerst überwiegend.

Zu einem weiteren Grad der massiven Annäherung an das herrschende Regime kam es, als der Hitlerfaschismus mit einem Argument aufwartete, das für den Augenblick schwer zu widerlegen war, nämlich mit seinen außenpolitische »Erfolgen«. Damit trat ein über das Mitläufertum hinausgehendes

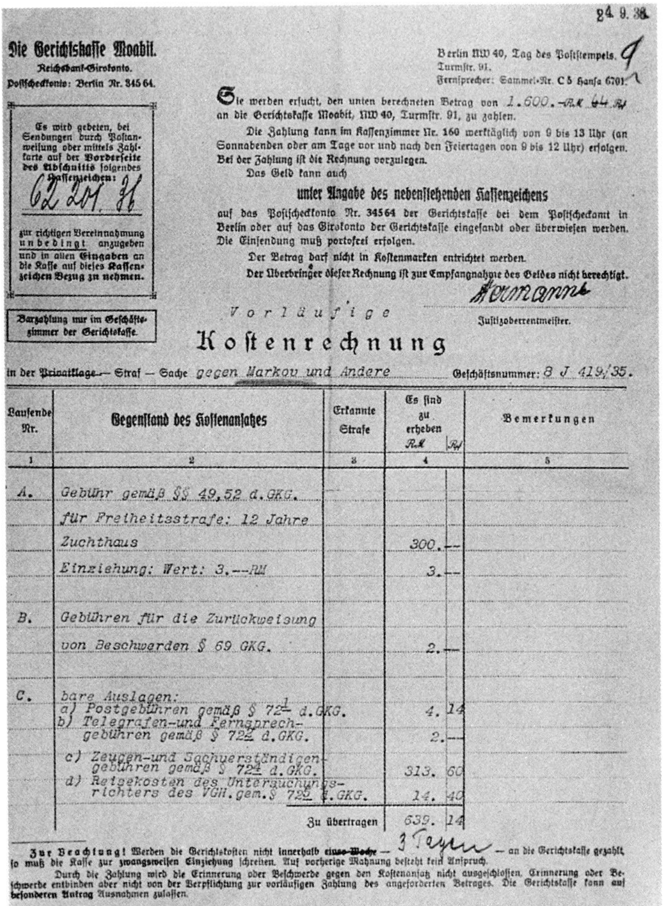
24. 9. 38.

Die Gerichtskasse Moabit.
Reichsbank-Girokonto.
Postscheckkonto: Berlin Nr. 345 64.

Berlin NW 40, Tag des Poststempels. 9
Turmstr. 91.
Fernsprecher: Sammel-Nr. C 5 Hansa 6701.

Es wird gebeten, bei Sendungen durch Postanweisung oder mittels Zahlkarte auf der **Vorderseite des Abschnitts** folgendes **Kassenzeichen:** 62 201. 38 zur richtigen Vereinnahmung unbedingt anzugeben und in allen **Eingaben** an die Kasse auf dieses **Kassenzeichen Bezug zu nehmen.**

Sie werden ersucht, den unten berechneten Betrag von 1.600.- RM 64 Rpf an die Gerichtskasse Moabit, NW 40, Turmstr. 91, zu zahlen.

Die Zahlung kann im Kassenzimmer Nr. 160 werktäglich von 9 bis 13 Uhr (an Sonnabenden oder am Tage vor und nach den Feiertagen von 9 bis 12 Uhr) erfolgen. Bei der Zahlung ist die Rechnung vorzulegen.

Das Geld kann auch

unter Angabe des nebenstehenden Kassenzeichens

auf das Postscheckkonto Nr. 34564 der Gerichtskasse bei dem Postscheckamt in Berlin oder auf das Girokonto der Gerichtskasse eingesandt oder überwiesen werden. Die Einsendung muß portofrei erfolgen.

Der Betrag darf nicht in Kostenmarken entrichtet werden.

Der Überbringer dieser Rechnung ist zur Empfangnahme des Geldes nicht berechtigt.

Hermann
Justizoberrentmeister.

Barzahlung nur im Geschäftszimmer der Gerichtskasse.

Vorläufige

Kostenrechnung

in der ~~Privatklage~~ — Straf — Sache gegen Markov und Andere Geschäftsnummer: 8 J 419/35.

Laufende Nr.	Gegenstand des Kostenansatzes	Erkannte Strafe	Es sind zu erheben RM	Rpf	Bemerkungen
1	2	3	4		5
A.	Gebühr gemäß §§ 49,52 d. GKG.				
	für Freiheitsstrafe: 12 Jahre				
	Zuchthaus		300.	--	
	Einziehung: Wert: 3.--RM		3.	--	
B.	Gebühren für die Zurückweisung				
	von Beschwerden § 69 GKG.		2.	--	
C.	bare Auslagen:				
	a) Postgebühren gemäß § 72[1] d. GKG.		4.	14	
	b) Telegrafen-und Fernsprechgebühren gemäß § 72[2] d. GKG.		2.	--	
	c) Zeugen-und Sachverständigengebühren gemäß § 72[4] d. GKG.		313.	60	
	d) Reisekosten des Untersuchungsrichters des VGH. gem. § 72[5] d. GKG.		14.	40	
		Zu übertragen	639.	14	

Zur Beachtung! Werden die Gerichtskosten nicht innerhalb ~~einer Woche~~ — 3 Tagen — an die Gerichtskasse gezahlt, so muß die Kasse zur zwangsweisen Einziehung schreiten. Auf vorherige Mahnung besteht kein Anspruch.

Durch die Zahlung wird die Erinnerung oder Beschwerde gegen den Kostenansatz nicht ausgeschlossen. Erinnerung oder Beschwerde entbinden aber nicht von der Verpflichtung zur vorläufigen Zahlung des angeforderten Betrages. Die Gerichtskasse kann auf besonderen Antrag Ausnahmen zulassen.

Identifikationsmoment hinzu. Daß an diesen Erfolgen das Ausland mit seiner Politik des Kurztretens, des Entgegenkommens, der Beschwichtigung, ja selbst des Kollaborierens mit der faschistischen Führung nicht unbeteiligt war, ist ein Fakt. Und als man dann sah, wie die Westmächte die Besetzung des Rheinlandes hinnahmen, wie sie die Wiederaufrüstung en gros schluckten, wie sie schließlich 1938 die Okkupation Österreichs, den Einfall in die Tschechoslowakei und

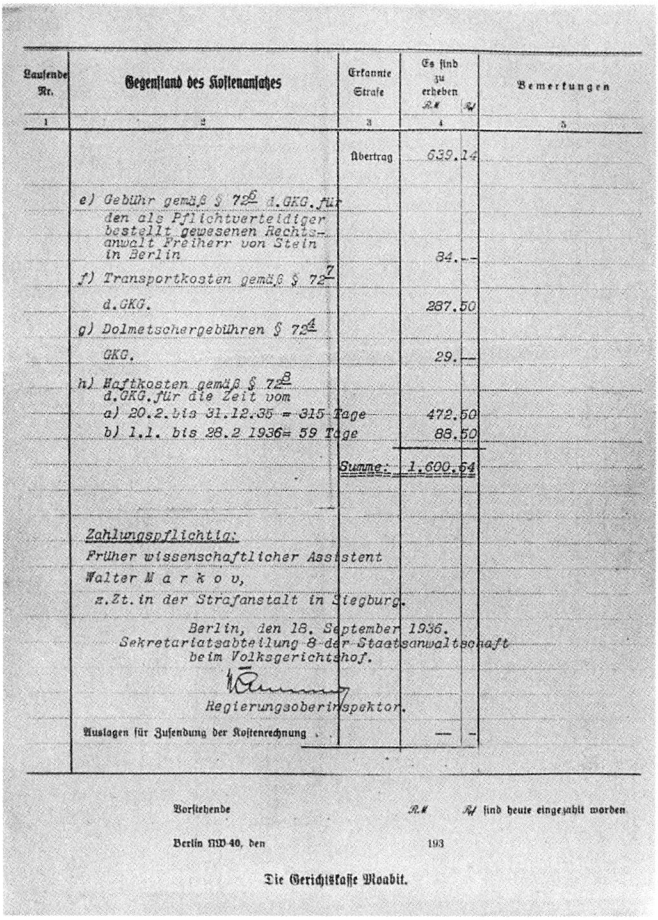

Laufende Nr.	Gegenstand des Kostenansatzes	Erkannte Strafe	Es sind zu erheben RM	Rpf	Bemerkungen
1	2	3	4		5
		Übertrag	639.	14	
	e) Gebühr gemäß § 72^{6} d.GKG.für den als Pflichtverteidiger bestellt gewesenen Rechtsanwalt Freiherr von Stein in Berlin		84.	--	
	f) Transportkosten gemäß § 72^{7} d.GKG.		287.	50	
	g) Dolmetschergebühren § 72^{4} GKG.		29.	--	
	h) Haftkosten gemäß § 72^{8} d.GKG.für die Zeit vom				
	a) 20.2.bis 31.12.35 = 315 Tage		472.	50	
	b) 1.1. bis 28.2 1936= 59 Tage		88.	50	
		Summe:	1.600.	64	
	Zahlungspflichtig: Früher wissenschaftlicher Assistent Walter M a r k o v, z.Zt. in der Strafanstalt in Siegburg. Berlin, den 18. September 1936. Sekretariatsabteilung 8 der Staatsanwaltschaft beim Volksgerichtshof. Regierungsoberinspektor.				
	Auslagen für Zusendung der Kostenrechnung . .		—	-	

Vorstehende RM Rpf sind heute eingezahlt worden

Berlin NW 40, den 193

Die Gerichtskasse Moabit.

1939 dann sogar den Überfall auf Prag duldeten, von Memel nicht zu reden – da wurde eine Menge von Leuten konfus. Und in manches bis dahin antifaschistische Hirn schlängelte sich wohl auch die Versuchung: Also, wenn das alles so läuft, dann muß an diesen Nazis vielleicht doch irgend etwas dran sein!

Man muß ja auch in Betracht ziehen, daß sie mit einigen Propagandaparolen hausieren gehen konnten, gegen die als solche wenig einzuwenden war. Der Versailler Vertrag, um nur ein Beispiel zu nehmen, wurde bis in die Reihen der KPD – wenn auch aus anderen, ja, gegensätzlichen Beweggründen – als ein imperialistischer Schand- und Schmachvertrag an den Pranger gestellt. Solange die Nazis dem deutschen Volk zugefügtes Unrecht wiedergutzumachen vorgaben, fanden sie vorbereiteten Boden auch bei solchen, die in anderen Dingen mit der »Bewegung« nicht übereinstimmten. Sie sagten: Na ja, die haben den Fimmel mit der nordischen Rasse und dem Antisemitismus, aber andererseits ...

Unter Ausnutzung des Umstandes, daß die Weltwirtschaftskrise abklang und sich infolgedessen die Arbeitslosenzahlen in den Industrieländern wieder normalisierten, banden die Nationalsozialisten ein Großteil des kleinbürgerlich-nationalistischen Potentials an sich. Die mit einer aggressiven Fraktion des Monopolkapitals aufs engste liierte nazistische Führung steuerte ganz bewußt einen Kurs, nach dem nur ein totaler militärischer Erfolg einem totalen Staatsbankrott zuvorkommen konnte.

Um aber auf Ihre Frage zurückzukommen: Die Ideologie – besser Phraseologie – des Faschismus hatte sich meines Dafürhaltens zur Zeit unserer Prozesse noch nicht tiefgehend in den Köpfen der Mehrzahl der Deutschen festgesetzt. Wobei man sicher vorsichtig einschränken muß: Es ist immer schwer festzustellen, ob denn eine »Ideologie an der Macht« jemals wirklich ein ganzes Volk ergreift oder ob das mehr oder weniger, solange alles glatt geht, eben doch auf eine Art Gewährenlassen in verschiedenen Kadenzen hinausläuft. 99prozentige Wahlerfolge hatte schon Napoleon erzielt – solange es mit ihm bergauf ging!

An einen inneren Aufstand war also überhaupt nicht zu denken?

An einen erfolgreichen zu der Zeit nicht mehr. Es gab keine »revolutionäre Situation«. Gleich 1933 wäre er möglich gewesen, wenn sich alle Hitlergegner zusammengeschlossen hätten. Doch da war niemand bereit, zusammen mit der KPD die schwarzrotgoldene Republik notfalls mit Gewalt zu verteidigen. Man stelle sich aber einmal vor, die KPD hätte 1934 oder 1935 die Absicht gehegt – mit den paar Schießeisen, die vielleicht irgendwo eingegraben waren –, den bewaffneten Aufstand zu versuchen. Und sie hätte dann die SPD und die Gewerkschaften, die Bekennende Kirche und die katholische Bischofskonferenz plus Reichswehr aufgefordert, sich diesem Aufstand anzuschließen. Schon allein der Gedanke bewegt sich außerhalb jeglicher Realität.

Eine andere Frage in diesem Zusammenhang wäre das generelle Abwägen des Sinnes militanter Gegengewalt. In einer solchen Situation hatte ich mich 1934 einmal befunden. Der Röhm-Putsch gab Anlaß, daß wir den mächtigen Bau des Alexander-König-Museums aufsuchten, weil wir erfuhren, daß Göring Bonn einen offiziellen Besuch abstatten und über die Koblenzer Straße einfahren würde. Er kam dann zwar nicht, aber das hinderte uns nicht, über Gewaltanwendung nachzudenken – irgendwann würde einer wie Göring ja doch einmal des Weges vorbei kommen. Unsere Gruppe ging davon aus, daß es sich bei den Faschisten nicht einfach um einen Klassenfeind, sondern um eine Menschheitsgefahr handelt, und daß deshalb im Prinzip auch gewaltsamer Widerstand gerechtfertigt ist. Vorausgesetzt, die äußeren und die inneren Bedingungen stimmen überein, und es gibt nicht nur eine dumme Knallerei. Soweit ich das überschaue (ins Innere blikken kann man niemandem), waren meine engeren Freunde mit mir so gut wie alle dafür, und das dürfte ihre ehrliche Überzeugung gewesen sein.

Wieso dann in einer Ihrer illegalen Schriften die Forderung: »Revolution oder Krieg«?

Das haben wir wohl irgendwoher abgekupfert; gemeint sein konnte damit Verschiedenes. Ich erinnere mich nicht. Sicherlich wäre das heutzutage eine schlechte Losung. Hier müssen Sie vielleicht auch noch eines berücksichtigen: Es gab Dinge, die die Parteipropaganda – und damit die Partei als solche – aus wohlerwogenen Gründen nicht in den Vordergrund rückte. Beispielsweise hätte man vom rein rechnerischen Standpunkt her davon ausgehen können – der Gedanke ist tatsächlich aufgekommen – daß den Kommunisten eigentlich nichts besseres widerfahren könne, als daß solche tobsuchtsanfällige Figuren wie die Faschisten erst einmal an die

Macht kämen, bürgerliche Demokratie und ihre Basis zerstörten und sich in einem Amoklauf auf den Rest der Welt stürzten, um dann von alliierten Armeen zerschmettert zu werden. So gesehen, würde der Faschismus die schmutzige Aufräumarbeit, die Trümmer der alten Gesellschaft wegzuschaffen, weithin schon selbst besorgt haben, bevor als Erbauer und Vollstrecker der neuen Zeit solidarische Kommunisten das befreite Deutschland und vielleicht ganz Europa »dem Kreml« zum Geschenk brächten. Solche Phantastereien diskutierte man nicht. Sie konnten ganz falsch ankommen. Zudem hätte es zu Passivität verleiten können, wenn sich die Leute dahinter verschanzten, abzuwarten bis die Braunen ihren Amoklauf hinter sich hatten, um dann erst selber zur Stelle zu sein. Schon aus dem Grunde konnte so nicht argumentiert werden. Als denksportliche Überlegung im Hinterkopf, Abschnitt Strategie und Taktik, kann man dergleichen aber mit in Betracht ziehen.

Ich habe an irgendeiner Stelle mal darüber meditiert: über die Umkehrung einer faschistischen Bürgerschreckparole ins Positive: »Nach uns, liebe Volksgenossen, kann nur noch der Bolschewismus kommen!« So hatte in Bonn ein brauner Jungmann gerufen, und ich hatte ihm im Schutze der abendlichen Dunkelheit Beifall geklatscht...

Im Zuchthaus Siegburg

1936–1945

Bis zum Ende der Naziherrschaft 1945 vergehen zehn Jahre.

Von der Festnahme ab gerechnet: zehn Jahre und zwei Monate.

Wenn ich mir vorstelle, vom 25. bis 35. Lebensjahr von einem Unrechtsstaat hinter Mauern gehalten, war das nicht wie lebendig begraben? Der Hunger nach Informationen von »draußen«, nach geistigen Kontakten muß doch groß gewesen sein?

Man war nicht restlos von der Welt abgeschnitten, es gab eine »Zeitung für Strafgefangene« – man konnte sie abonnieren, die hieß »Der Leuchtturm« und erschien wöchentlich. Es stand natürlich das drin, was den Faschisten in den Kram paßte, aber immerhin: Bestimmte Kalendertatsachen waren nicht wegzuzaubern. An Hand der Orte, zum Beispiel, wo in Spanien gekämpft wurde, versuchten wir herauszubekommen, wie die Dinge dort liefen, nur liefen sie leider nicht gut... Erst recht, als 1939 der große Krieg begann und es dann 1941 an der Ostfront erst einmal für die Sowjetunion sehr schlecht aussah. Da schlußfolgerte man eben aus den geographischen Eckpunkten der Berichterstattung, wann und wo der erste Umschlag einsetzte.

Ferner gab es Gefangene, die in technischen Abteilungen zu tun und dort Gelegenheit hatten, Rundfunk zu hören. Andere, die in Kommandos außerhalb der Mauern in der Landwirtschaft arbeiteten, brachten vereinzelt Zeitungsausschnitte mit herein. Bei mir fielen Verwandtschaftsbesuche solange flach, wie meine Angehörigen im Ausland lebten, aber die einheimischen Häftlinge aus der näheren Umgebung der rheinischen Strafanstalt Siegburg hatten alle paar Wochen eine Begegnung, bei der sie sich über die Lage austauschen konnten. Man wußte schon ungefähr, wie sich die Weltkugel inzwischen weiterdrehte. Doch wenn Sie unter geistigen Kontakten verstehen, was man zumindest für die Bewahrung, wenn nicht die Erweiterung seiner Bildung tun konnte, dann gähnte freilich ein schwarzes Loch, und zwar eines, das für den Wissenschaftler besonders schmerzlich war. Zehn Jahre Bibliographie fehlten. Was sich in der Zwischenzeit auf dem Feld meines Faches getan, wer worüber geschrieben hatte, was inzwischen eventuell widerlegt oder was neu hinzuge-

Zuchthaus Siegburg 1988

kommen war: das konnte auch im Trubel der ersten Nachkriegsjahre nie ganz aufgeholt werden. Es blieben bestimmte Defizite, die ich in Kauf nehmen mußte.

Das Alleinsein – wie steht man das durch?

Stimmt, ich war (die Untersuchungshaft eingerechnet) über acht Jahre allein in einer Zelle. Rückschauend muß ich sagen, daß es auch von Vorteil war. Zumeist bevölkerte man einen Raum zu dritt – aus naheliegenden Gründen (des »Pärchenbetriebes«) sollte man nicht zu zweit liegen –, und da gab es dann und wann auch unter den besten Kameraden erbitterte Streitigkeiten, einfach, weil man sich gegenseitig auf die Nerven ging, sich nicht ausweichen konnte. Außerdem war Siegburg ein zwar nicht schlecht gebautes, aber doch recht altertümliches Zuchthaus, wo noch der Kübel, der jeden Morgen geleert wurde, in der Ecke stand (und stank): kein Klosett mit Wasserspülung, wie ich es in Hamm und Moabit bereits kennengelernt hatte. Und wenn einer sein »großes Geschäft«

verrichtete, mußten die anderen solange weggucken (und wegriechen). Kumpel hin, Kumpel her. In Einzelhaft ist mir das lange erspart geblieben.

Wie sah Ihr Tagesablauf aus, zu welchen Tätigkeiten waren Sie verpflichtet?

Man erhielt eine manuelle Arbeit zugewiesen. Da gab es die verschiedensten Tätigkeiten: Staniolpapier abwickeln, Flachs zupfen, Taschen nähen, Militärsocken stricken... Der »Strafvollzug« ernährte mich nicht dafür, daß ich den ganzen Tag zum Fenster schaute oder Daumen drehte. Man hatte sich seinen Lebensunterhalt zu verdienen. Als der Krieg kam, verlängerte sich der Arbeitstag sogar um zwei Stunden. Die Arbeit war indessen nicht so, daß man an Erschöpfung eingegangen wäre. Die Werkmeister steckten mir gelegentlich: »Also wissen Sie, wenn Sie in der Freiheit auch so arbeiten würden, wären Sie schon verhungert!« Ich hielt dawider: »In der Freiheit würde ich wahrscheinlich etwas anderes tun und nicht Flachskordel auseinanderpulen.« Zumal es nicht in meiner Absicht lag, Normen zu erfüllen.

Von den weniger fluchtgefährlichen Kameraden gingen manche auf Außenkommando. Andere meldeten sich, was zeitweilig möglich war, in Arbeitslager im Moor, weil man dort rauchen und Pakete empfangen, dazu in Barackengemeinschaften leben durfte. Später, als der Krieg seinen Fortgang nahm,wurden auch in Siegburg größere Reparaturwerkstätten, zum Aufmöbeln von LKW's und dergleichen mehr, durch Privatfirmen eingerichtet.

Es gab einmal, in der zweiten Hälfte des Krieges, als manche Nazis schon merkten, daß es mit ihnen bergab ging, eine Inspektion der Strafanstalt durch einen Herrn Generalstaatsanwalt. Meine Zelle gehörte zu den für die Besichtigung auserkorenen, und ich mußte strammstehend Meldung machen. Er fragte zwei, drei belanglose Dinge und kam dann auf Politisches. Als ihm eine meiner Antworten (worauf, ist mir entfallen) nicht gefiel, sagte er: »Sie sind doch ein gebildeter Mensch. Was sie hier sagen, klingt aber einfach dumm.« Worauf ich in etwa entgegnete, es sei schon möglich, daß nach längerer Haftzeit die Manifestationen des Geistes nachlassen oder abstumpfen. Immerhin gäbe ich zu bedenken, daß ich seinerzeit summa cum promoviert habe. Daraufhin blickte er hoch und sagte: »Ho, ho, wo denn?« – »In Bonn!« – »Worin?« – »In Geschichte.« Da wurde er unerwartet kleinlaut und bemerkte: »Na, das ist offenbar ein heißes Eisen«, drehte sich auf dem Absatz um und verließ die Zelle.

Ich habe ja später meine »Personalakte« lesen können. Sie wurde von mir am Ort belassen, damit sie der Dokumentation zugänglich blieb und nicht in private Regionen entschwand. Darin stand: Ausländer (zwei Ausrufezeichen). Besonders gefährlich (drei Ausrufezeichen). Wegen dieser meiner »Gefährlichkeit« mußte ich in Zellen bewahrt werden, die ein Doppelgitter hatten, was mich aber nicht weiter störte, weil man durch das doppelte Gitter genausoviel oder wenig sah wie durch ein einfaches: den nicht sonderlich reizvollen Gefängnishof, auf dessen Anblick man auch verzichten und sich die Mühe schenken konnte, extra zum Fenster hochzuklettern. Wie auch immer – extremer Stumpfsinn scheint mich nicht befallen zu haben.

»Abstumpfen in Langzeithaft«, ist das nicht gerade für den Intellektuellen ein existentielles Problem? Sie selbst äußerten einmal, daß Sein und Bewußtsein der Menschen wohl nirgendwo so verschmelzen wie in der Illegalität. Gilt das nicht erst recht für die Zeit im faschistischen Kerker?

Langzeithaft würde ich von fünf oder sechs Jahren an rechnen. Darunter galt als – na ja, halt eine Betriebspanne... Die Schließer pflegten dann zu sagen: »Das sitzen Sie auf einer Arschbacke ab!«

Bisweilen, wenn auch nicht als die Regel, war zu beobachten, daß unter den »Langzeithäftlingen« die Intellektuellen – oder sagen wir einfach die von Haus aus oder aus Gewohnheit geistig Betriebsamen (wie das »Theaterkind« Peter Meter, der stenographierende Journalist Heinrich Kierzek) – wider Erwarten besser mit den Problemen des Abstumpfens fertig geworden sind als mancher Handarbeiter. Diese kam es noch härter an, herumzusitzen, getrennt von Frau und Kind. Aus ihrer Sicht untätig oder fürwahr sinnlos beschäftigt. Sie waren nicht darauf trainiert, sich – etwa am arbeitsfreien Sonntag –

III,1 3 E 100 Ellern

Absender Markovič Walter

Briefbuch Nr.: 251

Siegburg, den 26. Mai 1936
Luisenstraße 90

Mein Muschimädele,

dieser diskrete Briefbogen zeigt Dir also mein nunmehriges Domizil an. Daß ich so lange „faul" war und nicht schrieb, hat weiter nichts auf sich, nur fuhr ich eben in der Welt herum. Eure Briefe und Gelder sind mir brav nachgepilgert, nach Moabit, Charlottenburg und Hamm, nur der löbliche Engelbert ließ von sich weder was hören noch melden. – Nun wäre also allerhand aus Euren, insonderheit Mamis Briefen, zu beantworten, aber so einfach ist das jetzt nicht, schon, weil ich die Post nicht mehr bei mir habe. Wenn Du was wichtiges auf dem Herzen oder Kerbholz (?) hast, frag' halt nochmal. Oder soll ich lieber was von mir erzählen? Aber weißt, da setzt es auch diverse Verlegenheiten, da Ihr ja z. B. durch Freiherrn v. Stein schon so viel erfahren habt. Also von Schadows und Meschkes Entlassung wißt Ihr; ich bin dann unerwartet noch zum 2. Hammer Prozess geladen worden, aber nur zu 2 Stunden (als Zeuge), worin ein Freispruch und eine kleine Gefängnisstrafe. Im großen und ganzen bin ich also ganz zufrieden, denn schließlich Liebling, man soll nicht unbescheiden sein, gelt? – und hexen kann leider sogar ich nicht, obwohl manche Leute dieser irrigen Meinung sind.

Dieses Siegburg ist ein kleines Städtchen in der Nähe von Bonn, aber rechtsrheinisch, berühmt durch den Putsch der Bonner Studenten von 1848/49 mit Prof. Kinkel (die Carl Schurz-Geschichte, lies sie mal nach!)

einfach mal hinzusetzen und sich ein paar Stunden in einen (notfalls selbstgebastelten) Roman oder in irgendein Problem einzuspinnen. Ich konstruierte damals ganze Geschichten. Eine habe ich später, als das möglich wurde, angefangen niederzuschreiben, geworden ist daraus nichts.

Wir »Spinner« hatten immerhin auf solche Weise unsere gedankliche Ablenkung. Ein Beispiel auch dazu: Als ich noch in Hamburg studierte, baute ich einmal einen kleinen Unfall. Auf dem Fahrrad vom Mittagessen in der Mensa nach Hause radelnd, sann ich darüber nach, was sich wohl ereignet hätte, wenn es Napoleon gelungen wäre, auf der Insel England zu landen. Meine Überlegung gedieh bis zu dem Punkt, an dem ich mir sagte: Dann wäre er dort glatt in Gefangenschaft marschiert, denn die britische Navy hätte hinterher den Channel wieder dichtgemacht, und der Kaiser wäre mit seiner ganzen schönen Armee dagesessen und nicht wieder weggekommen! Genau da riß bei mir der Film, und als ich wieder zu Bewußtsein kam, lag ich mit dem Bauch platt auf dem Dach eines parkenden Autos, und hinter dem Auto lag mein Rad mit gebrochenem Lenker. Da bin ich – darüber nachdenkend, wie es dem Napoleon ergangen wäre – auf das vor mir haltende, nicht wahrgenommene Auto aufgefahren. Ich weiß nicht, wie lange ich ohnmächtig gewesen bin. Wundersamerweise war nichts passiert, die fünf Friedensmark für die Lenkerreparatur waren das Schmerzlichste. Aber die gleiche historische Rekonstruktion, am Sonntag hinter Gittern durchkalkuliert, wurde direkt spannend. Und so habe ich das mit vielen anderen Dingen, zum Beispiel mit schöner Literatur, auch gemacht.

Außerdem bekam man jede Woche ein Buch, das der Bibliothekar auswählte. Diese Lektüre war großenteils ungenießbar. Hin und wieder besaß die Anstaltsbücherei jedoch auch etwas, womit »normale« Gefangene nichts anzufangen wußten, einen dicken Wälzer mit Shakespeares Dramen in Englisch zum Beispiel. Nun konnte ich zwar damals sehr schlecht Englisch, aber ich biß mich durch. Auf derlei Anstöße zum Mit- und Weiterdenken mußten unsere werktäti-

Brief an die Schwester, Siegburg 1936

gen Genossen zumeist verzichten. Das betraf indessen nicht alle. Der spätere Kreissekretär von Siegburg, Jean Kachel, bekam, nachdem er sich lange Zeit mit Schund hatte begnügen müssen, eines Tages eine zwar bürgerliche, jedoch faktenreiche »Weltgeschichte« zugeteilt. Die gab er nicht wieder zurück mit der vernünftigen Begründung, er verzichte auf andere Bücher und studiere nach dieser Geschichte. Auf solche Weise eignete er sich ein Geschichtsbild an, in das er sein revolutionäres Verständnis einbrachte.

Noch ein Kamerad fällt mir ein: Adam Erbach, urspünglich ein Bergmann, von der SPD zur KPD gestoßen. Auf Weisung der Partei war er emigriert und über Moskau nach Spanien gegangen, wo er bei Flix im Ebrobogen 1938 als »Leutnant Fritz« kämpfte und in Gefangenschaft geriet. Der Gestapo überstellt, war er genötigt, sein Pseudonym zu lüften, weil sein falscher Paß auf den Namen eines gesuchten (»unpolitischen«) Mörders ausgestellt war. Der hätte ihm mehr als seine zehn Jahre eingebracht. Auf seinen »Wanderwegen« hatte er sich Weltsicht erworben. Er behielt den Kopf immer oben, voller Problemreserven für Diskussionen mit anderen wie mit sich selbst. Etliche freilich saßen trübe auf ihrem Schemel und machten weder sich noch ihre Mitinsassen damit glücklicher.

Zuchthauslektüre entwickelt auf die Dauer womöglich auch ein anderes Rezeptionsverhalten, ein »Anderslesen«? Haben Sie von der Möglichkeit Gebrauch gemacht, sich mit faschistischen Autoren wie Hitler und Rosenberg auseinanderzusetzen?

Andere Kameraden lehnten voller Entrüstung ab, auch nur eine Zeile faschistischen Unrats unter die Lupe zu nehmen. Ich fand es vernünftig, das wenige mir zugängliche Quellenmaterial zu lesen, das meine politischen Gegner in ihren unbedarften Federgeburten zur Schau stellen. In der Freiheit hatte ich es verschmäht (ohne durch solche totale Enthaltsamkeit etwas versäumt zu haben). Jetzt unterzog ich mich mit Nutzen einer Art freiwilliger Schulung zur Innenansicht führender Figuren der hochgekommenen braunen Schiete. Neben irrationalem und verworrenem, überkompensierte Minderwertigkeit und Minderwertigkeitskomplexe spiegelndem Gedankengut blitzten hin und wieder – zum Beispiel in Hitlers »Mein Kampf« – Stellen auf, die psychologische (oder pathologische) Aufschlüsse vermittelten.

Dieses Buch war schon vor 1933 Freund wie Feind bekannt. Ich erinnere mich, daß einige die darin üppig wuchernden Weltherrschaftspläne für infantiles Gequassel eines wildgewordenen Kleinbürgers hielten, um das man sich nicht weiter zu scheren brauche. Andere hingegen meinten, es könnte doch ein Kern vom Gernegroß ausgeplauderter Wahrheit darin stecken – so das Verlangen nach der Ukraine als Kornkammer für »Großdeutschland« oder nach der Abrechnung mit Frankreich – und zogen daraus ihre Schlüsse, oder zogen sie auch nicht, beziehungsweise falsche, noch über München 1938 hinaus. Das Buch ließ eindeutige Auslegungen selten zu und erlaubte, mit ihnen von Auflage zu Auflage zu pokern, um hinters Licht zu führen. Vielleicht war es beides zugleich: eine verrückte Version der Verkennung tatsächlicher Gewichtungen in der Welt und eine Art politisch-geistiger Selbstbefriedigung, die als messianische Botschaft zur Bibel des Nationalsozialismus hochstilisiert wurde. Vielleicht begann nach der anfänglichen »Erfolgskette« der Verfasser an seinen eigenen Schwindel zu glauben: ein abgewandelter (aber in Blut gebadeter) »Graf Bobby«?

Ganz anders verhielt es sich mit der Belletristik. Beginnend mit dem einfachen Umstand, daß ich schon als Werkstudent oft viel am Halse hatte und die Zeit zum Lesen eines anspruchsvollen Buches (außerhalb der Fachlektüre) nicht immer ausreichte. Solcher Mangel an Zeitpolstern entfiel nun in den Sommermonaten, in denen es lange hell blieb und man nach Arbeitsschluß in seinem Buch schmökerte. Ich wäre »draußen« vermutlich nicht auf die Idee gekommen, Eichendorff zu lesen oder Otto Ludwig, Chamisso, eher schon Wilhelm Raabe. Ich nenne hier »Perlen«. Viel Lyrik war darunter, und ich las nicht »aus Verlegenheit«, sondern mit Freude und Genuß. Überwogen hat natürlich Leichtgewichtiges, »Erbauliches«. Man durfte die Kapazität einer preußischen Bücherei für straffällig Gewordene, die ein etatmäßiger Lehrer hütete, auch nicht überfordern.

Dostojewski habe ich in vier Runden gelesen: als Gymnasiast, als Student und – gleich zweimal – im Zuchthaus. Hier faßt sich ein solcher Stoff natürlich existentieller, mehrdimensional an. Was sagt einem Mittelschüler Raskolnikow, abgesehen von der kriminalistischen Spannung und einer zu Herzen gehenden Sonja? Oder ein Iwan Karamasow, der Großinquisitor? So gesehen, sollte ich für diesen Aspekt meines damaligen Daseins eher Dankbarkeit fühlen, denn als es vorbei war, stürmte soviel auf mich ein, daß ich es kaum noch zu geruhsamem, nachdenklichem, auch luftlassendem Lesen brachte.

Haben Sie eventuell auch »Aufzeichnungen aus einem Totenhaus«, also Dostojewskis eigene Gefängnis- und Verbannungserfahrungen gelesen?

Habe ich, doch nicht in Siegburg, sondern schon davor, als mir die »Vergleichsmaßstäbe« noch ebenso fehlten wie für Silvio Pellico, Oscar Wilde und Vera Figner. Tief berührt hat mich in Siegburg Fritz Reuters »Festungstid«.

Zehn Jahre Zuchthaus, davon rund dreitausend Tage in Einzelhaft. War diese Zeit ohne depressive Zustände zu überstehen?

Das eine oder andere Formtief erfährt wohl jeder und an jedem möglichen Ort, mit und ohne konkreten Anlaß. Doch eine anhaltende Depression? Meine Mutter hat sich in dieser Zeit große Sorgen gemacht, daß mich das Erleiden der Haft seelisch niederdrücken könnte. Doch dafür brachte ich vielleicht ganz einfach zu wenig Vitalität mit, aus einer Familie kommend, in der es verhältnismäßig viele »Selbstmörder« gegeben hat, die das Leben als »höchstes Gut« nicht so schrecklich wichtig genommen haben. Mehr von der Art: Na schön, wenn du wirklich keinen Ausweg mehr weißt, bleibt dir der Freitod immer noch. Ich führe das auf einen gewissen Mangel an animalischer Kraft zurück, kann mich aber auch irren. Nein, mein »Geschick« hat mich tatsächlich relativ wenig gerührt. Wie es Kommilitone Stock in Bonn vorausgesagt hatte: »Der Markov mit seinem Phlegma – Pech, wird er einfach sagen, wenn sie ihn schnappen.« Was dahingehend zu ergänzen wäre, daß ich nach allgemeinem Urteil ein munterer, auch gern schwatzender »Phlegmatiker« war, nur eben ein nicht leicht aus dem Gleichgewicht zu bringender.

Die Zeit im Knast war freilich lang. Ich habe mit mir selbst ein wenig gepokert und mir gesagt: Wahrscheinlich ist es nicht, daß nach zwölf Jahren der Hitler immer noch an der Macht ist, es ist sogar recht unwahrscheinlich. Aber sicher wissen kannst du es nicht, ob du deine Zeit absitzen mußt. Und außerdem weißt du nicht, wie der Übergang vor sich gehen wird. Das kommt darauf an, wie es mit den braunen Tausendjährigen zu Ende geht. Ich war im ganzen fast etwas zu gelassen, stoisch oder wie man es nennen will. Es fehlte der natürliche Trieb, um jeden Preis zu überleben. Überhaupt kein Vergleich zu einer anderen Situation, in der es auch um Leben ging. Eins meiner Kinder lief, als es noch klein war, einmal auf einen tiefen Abgrund zu und versetzte mir damit einen derartigen Schreck oder Schock, daß ich kein Glied rühren konnte. Ich habe meine Frau anschreien müssen: »Lauf hin, halte das Kind! Noch ein Schritt...« Da meinte ich wirklich, es bleibt mir das Herz stehen. Dergleichen habe ich in der Gefängniszeit nie empfunden.

Daß Sie noch keine eigene Familie hatten, erleichterte vielleicht die Gefangenschaft?

Daß ich ledig, ungebunden war, spielte eine immense Rolle. Ich habe immer die Meinung vertreten: Wo ernsthafte illegale Arbeit oder ähnliches mit höchstem Einsatz gefordert ist, soll man, wenn man irgend auf sie verzichten kann, keine Familienväter nehmen. Das geht auf die Dauer nicht und ist auch ungerecht gegenüber den Kindern. Man muß sich entscheiden: Fühlt man sich zu Höherem und Härterem berufen und getraut sich, einer entsprechenden Aufforderung nachzukommen, dann aber ohne Familienbürde. Es gab den einen oder anderen Kameraden, der in Gedanken an die Seinen wieder aufs längst abgewöhnte Beten verfiel. Nun ist das ja keine politische Todsünde, aber seltsam mutete diese Form der Zuflucht schon an, den soeben noch beurlaubten lieben Gott um alles Gute für Frau, Bub und Mädel zu bitten. Während ich mir sagen konnte: Wenn du vor der Zeit hopsgehst, im Grunde genommen – wen stört es? Für die Mutter, ja, für die ist es schwer. Aber mein Junggesellentum machte mir die Sache alles in allem um vieles leichter.

Daraus erklärt sich sicherlich unter anderem Ihre psychische Stabilität. Doch es gab eine Fülle von politischen Ereignissen, die auch Sie zu Befürchtungen veranlaßt haben werden? Ich denke zum Beispiel an die Niederlage der Volksfront in Spanien oder an den Abschluß des Nichtangriffsvertrages zwischen Deutschland und der Sowjetunion.

Auch bei mir ging es nicht ohne »Bauchschmerzen« ab. Während der Untersuchungshaft bis 1936 schien es in der Welt aufwärts zu gehen. Siege der Volksfront in Spanien und in Frankreich, der »lange Marsch« in China, eine neue Verfassung der Sowjetunion und deren angesehene Rolle im Völkerbund, die weitgehende Isolierung des italienischen Aggressors nach seinem Überfall auf Äthiopien – dies alles klang verheißungsvoll. Dann aber kippte das politische Klima um. Es kamen die ungestrafte Remilitarisierung des Rheinlandes, die ersten Erfolge der spanischen Putschisten. Die Westmächte sahen ungerührt zu, mogelten unter dem Tisch. Gleichzeitig ein Alarmsignal: die großen Säuberungen in der UdSSR. Gegen die ersten Prozesse wandte man noch nicht viel ein: Sicher, man müßte sie – ehemals führende Widersacher Stalins – dafür nicht gleich hinrichten. Aber dann folgten andere: Namen, die man seit dem Roten Oktober 1917 zumeist rühmlich kannte, alte Bolschewiki, Marschall Blücher sogar. Die Kommandostäbe der Roten Armee lichteten sich, und die Säuberungen griffen weiter und weiter, während es am anderen Ende Europas, in Spanien, zu schwersten Rückschlägen kam. Man sah, daß es dort mit der Republik zu Ende ging, und keiner kam, um den deutschen Faschisten in den Arm zu fallen. Erst überfielen sie Österreich, dann – in zwei Etappen, 1938 und 1939 – die Tschechoslowakei. Die Japaner stießen in China immer weiter vor, seit 1937 wurde ein regelrechter Krieg daraus. So ging das von einem Schreck zum anderen. Nicht zuerst unsere eigenen Niederlagen, sondern die Gewinnbilanz des Faschismus und seiner Kumpane – das zehrte an uns.

Dann kam der »Pakt«. Einige ältere Kameraden schnappten im ersten Augenblick nach Luft und verstanden die Welt nicht mehr. Uns, die wir »politische Neulinge« waren, erst in der Illegalität zur KPD gestoßen, beunruhigte er weniger. In den Diskussionen knisterte es. Ob nach den strengen Kriterien marxistischer Ethik alles in Ordnung war, mochte zweifelhaft sein. Aber heiligt der Zweck nicht eben doch manchmal die Mittel? Ich habe den Pakt (dessen geheimes Zusatzprotokoll wir allerdings nicht kannten) als realpolitisch richtig anerkannt (und tue das in der neuentfachten Diskussion noch heute). Es existierte ein Dreieck in der Welt: die saturierten westlichen bürgerlichen Demokratien, die sozialistische Sowjetunion und die faschistischen Neuaufteiler. Nun kommt es bei einem solchen Dreiecksspiel für jede der untereinander verfeindeten Seiten darauf an, daß sich die beiden anderen in die Wolle geraten – die Staatskunst besteht darin, zu erreichen, daß sie aufeinander losprügeln und du dich, solange es geht, heraushältst. Genau das ist Stalin zu einem erheblichen Teil gelungen. Man kann das beliebig apostrophieren, strategisch funktionierte es und gehört folglich nicht in sein ansonsten ausgedehntes Sündenregister. Ungewiß blieb, ob die Hitlerdeutschen, wenn sie gegen Frankreich marschierten, an der Marne oder der Seine zum Stehen gebracht würden. Wenn ja, hätte dann seine Stunde geschlagen. Das freilich ging so nicht auf.

Ein anderer Aspekt war wesentlich fataler: daß sich ein sozialistisches Land ausgerechnet mit Hitler, wenn auch nicht wirklich verbündete, so doch arrangierte und dafür einen gewissen Preis entrichtete: mit dem Rummel, der darum gemacht wurde; mit der Sprache, die dabei gebraucht wurde und als »pakttreue« Liebedienerei gegenüber dem jetzt mit Samthandschuhen angefaßten Faschismus gedeutet werden konnte; mit dem Austausch von Gefangenen – darunter auch politischen. Das und anderes waren schon arge Schönheitsfehler. Und die Nazis säumten nicht, dafür Sorge zu tragen, daß sie sich auch bei uns in der Anstalt gebührend herumsprachen.

Nur Schönheitsfehler?

Es passierten – vor allem im Umgang mit der »Alten Garde« – schandbare Dinge, die man keineswegs einfach wegstecken soll. Aber die außenpolitische Konzeption, um die es hier geht, war am Vorabend des Kriegsausbruchs die historisch einzig mögliche, selbst wenn man dabei notfalls auf

Reinheit der Ideologie pfiff und sich sagte: Jetzt geht es ums nackte Überleben! Genau das ist gelungen. Die »Westkapitalisten« und die Faschisten haben gegeneinander losgeschlagen und zogen 1939 nicht gemeinsam gegen die Sowjetunion.

En passant: Ich bin der letzte, Stalin Elogen zu singen. Aber warum erhob sich keine gouvernantenhafte Kritik an seinem Pakt mit Japan (im April 1941)? Waren dessen Militaristen soviel besser als die braunen Kohorten? Allerdings: die Niederlagen 1941, die Stalin zu verantworten hat, als sich die Faschisten gen Osten aufmachten, sind darauf zurückzuführen, daß er vermutlich auf eine Westfront baute, die irgendwo noch eine Weile standhielt, und daß er darin irrte. Ähnlich wie er haben ja die Amerikaner ihr Spiel gereizt, nur saßen die am längeren Hebel und konnten als letzte einsteigen. So haben sie auf ihrer Seite den Krieg gewinnen können, ohne daß bei ihnen die berühmte »eine Fensterscheibe« entzweiging. Die Sowjetunion mußte mit unzähligen Opfern bezahlen.

Für manchen alten Genossen gab es (im Prinzip richtig) bestimmte Dinge, die ein Kommunist nicht tut. Schon allein der Umstand, daß sich Stalin zusammen mit dem Erzklassenfeind Ribbentrop fotografieren ließ, hat einige auf die Palme gebracht. Einen Historiker konnte das nicht umwerfen, denn solche Situationen kehren in der Geschichte wieder. Aber es ist richtig: Die Abschiebung von mißliebig gewordenen Antifaschisten nach Hitlerdeutschland ist mehr als ein Schönheitsfehler.

Nimmt man all die Aktivitäten und Taktiken (einschließlich des »geheimen Zusatzprotokolls«) Stalins als geschickte Vorwärtsverteidigung, bleibt trotzdem die Frage offen: Warum dann 1941 diese Überraschung durch Hitlers Vertragsbruch?

Hier unterlief Hitler eine so enorme Fehlkalkulation, daß Stalin sie als undenkbar ansah. Dieser ging davon aus, daß sich Hitler (den er wohl überschätzte) nie freiwillig in einen großen Zweifrontenkrieg stürzen würde, die Sowjetunion also solange Zeit für ihre Nachrüstung habe, bis die Faschisten England niedergekämpft (oder beinahe...) hätten, eventuell 1942. Wider alle Vernunft und guten Rat traute sich der Gröfaz (nach Goebbels' Diktion: »Größter Führer aller Zeiten«) das aber doch zu.

In Siegburg war es der ungläubige Klaus Thielen (ehemals Mitglied des Reichstages), der das auf den knappsten Nenner brachte: »Niemand kann mir weismachen, daß Hitler aus Angst vor dem eigenen Tod Selbstmord begeht.« Er beging ihn aber eben doch, so unwahrscheinlich es klang. 1941 zog Klaus, der in Haft etwas durchdrehte, daraus den ebenfalls falschen Schluß, den »Ostfeldzug« gäbe es gar nicht, der sei eine neue Goebbelssche Propaganda-Ente. Kamerad Thielen, der von mutigster Resistenz war – er weigerte sich zum Beispiel einmal in der Zelle vor dem schon erwähnten inspizierenden Generalstaatsanwalt aufzustehen, und begründete das: »Ich dachte, Sie sind der Jude Cohn aus Koblenz« –, wurde ins Hunger-Zuchthaus Waldheim verschickt und kam dort um.

Im Zuchthaus wurde Ihre Situation von den unterschiedlichen Gruppierungen der Gefangenen mitgeprägt. Wie war das Verhältnis zwischen Kriminellen und Gewaltverbrechern, den »normalen« Strafgefangenen auf der einen und den vom Regime verfolgten Politischen, Juden, Sintis und Homosexuellen auf der anderen Seite?

So eine Einteilung, wie Sie sie jetzt vornehmen, kannten wir nicht. Einem Zigeuner bin ich wissentlich nicht begegnet, und jüdische Mitgefangene bildeten für uns keine eigene Kategorie. Man konnte Katholik, Protestant, Dissident (»Gottgläubiger«, »Gottloser«) oder Jude sein und wurde (wegen des sonntäglichen Kirchganges) an der Zellen-Tür auch so ausgeschildert, aber das wirkte nicht gruppenbildend. Auch die anderen Unterscheidungen haben wir nicht so feingliedrig vorgenommen: Für uns spielte eigentlich nur die Unterteilung in Politische und Kriminelle eine Rolle. Gegen letztere grenzten wir uns manchmal (nicht immer und nicht in jedem Fall) etwas hartherzig ab. Sie zu katalogisieren war diffizil. Auf jeden Fall prägten sie als Alteingesessene den »Jargon«: Maschores, Maloche, Ganove, Kalfaktor...

Ganz schwere Kaliber bezogen wir erst nach Kriegsbeginn aus Luxemburg, wo es keine Todesstrafe mehr gab. Da war einer, der sein Opfer zu Fleischwaren verarbeitet hatte (und sich jetzt bei den Nazis anzubiedern suchte), und ein schwachsinniger Sexualverbrecher, der eine junge Mutter ermordet hatte. Solche Monster beherbergten wir davor nicht.

Homosexuelle gab es; sie waren jedoch die Ausnahmen. Außerdem dürften sie in einer Anstalt, die ein reiner Männerbau war, kein sonderliches Aufsehen erregt haben. Solcherlei Vorgeschichten waren uninteressant. Die Scheidungslinie blieb: Politischer oder Krimineller, und die Taktik der Nazis bestand darin, sie in den Zellen durcheinanderzumischen, damit kein homogener politischer Flügel entstand. Andererseits sollten wir die Kriminellen nicht politisch »anstecken« – eine ziemlich weltfremde Befürchtung. Ich teilte bis zu einem gewissen Grade das Vorurteil der meisten Politischen den Kriminellen gegenüber, das seine Gründe hatte. Man konnte bei der Unterwelt nie sicher gehen, ob sie dicht hielt. Im allgemeinen galt die Regel: Vorsicht im Umgang, möglichst nicht streiten, sich nicht miteinander einlassen. Nun muß ich ergänzen: Da die Kriminellen größtenteils die kleinen Funktionen im Bau innehatten wie Kübel leeren und Essen ausgeben, hatte man schon Kontakt zu ihnen. Durchaus patente Leutchen waren darunter, die halt ihre Schwächen hatten...

Zuerst war man ärgerlich, weil man aus der Literatur wußte, daß in früheren Zeiten Politische auf Festung isoliert waren und man uns hier unter Spitzbuben streute. Gleich beim Empfang wurde uns eingeschärft, daß wir mit unserer »Vorbereitung zum Hochverrat« ein schweres Verbrechen begangen hätten und uns ergo am richtigen Orte befänden. Wo es, um es auf einen Nenner zu bringen, auch ein paar weniger sympathische Politische und dafür einige ziemlich sympathische Kriminelle gab.

Hing Ihre unterschiedliche Sympathie für die politschen Häftlinge auch mit deren jeweiliger Parteizugehörigkeit zusammen?

In unterschiedlichem Maße. Bis zur massenhaften Einlieferung von Ausländern in den Kriegsjahren waren die Genossen der KPD in der Überzahl, jedoch deshalb nicht »unter sich«. Es gab Sozialdemokraten, mit denen in der Regel eine gute Zusammenarbeit bestand. Zu Reibereien kam es bisweilen mit Anhängern von Strassers »Schwarzer Front«. Eine

Siegburg: Friedhof 1988 (holländische Gräber)

Fehleinschätzung unterlief uns bei dem »Ernsten Bibelforscher« (Zeugen Jehovas) Bermes, der als Verräter abgestempelt wurde, weil er in der Voruntersuchung hemmungslos die Wahrheit (über die Betätigung der Illegalen) preisgegeben hatte. Dazu verpflichtete ihn aber der Glaube seiner Sekte. Für »seinen« Gott blieb er bockbeinig und standhaft bis zum Tode. Wir prägten uns ein, keines »Ernsten Bibelforschers« Gewissen mehr mit vertraulichen Verschlußsachen zu belasten.

Wie war das Verhältnis zwischen Ausländern und Deutschen? Brachten die ausländischen Häftlinge Nachrichten über die deutschen Verbrechen an den überfallenen Völkern mit?

Auf deutscher Seite war die Haltung (mit wenigen Ausnahmen) durchweg solidarisch. Als schon langjährig mit dem Bau, seinen Mechanismen und Personen Vertraute konnten wir unseren ausländischen Kameraden von vielfachem Nutzen sein. Ab 1943 richteten wir sogar eine Art improvisierte

Rote Hilfe für sie ein. Ihre Berichte rundeten das Bild ab, das wir von den Verbrechen der deutschen Okkupanten gewonnen hatten; in einigen Fällen meldeten sich auch Augenzeugen zu Wort.

Vorbehalten gegenüber deutschen Antifaschisten, weil sie »trotzdem Deutsche« waren, bin ich bei ausländischen Genossen nicht begegnet, obwohl sie denkbar gewesen wären. Unzweideutig traten sie im Lager der bürgerlichen Resistance bei verschiedenen Gelegenheiten zutage, es ging aber nicht so weit, daß solche Vorbehalte den Umgang miteinander ernsthaft behinderten oder dem gemeinsamen Feind Gelegenheit boten, einen Keil zwischen uns zu treiben.

Erreichten Sie Informationen über das Schicksal der Juden, die 1943 aus den Zuchthäusern in die Vernichtungslager deportiert wurden?

Auch aus Siegburg wurden die jüdischen Häftlinge, soweit sie nicht als Ausländer durchschlüpfen konnten, deportiert; angeblich zur Arbeit in Lager des besetzten Ostens. Genaueres wußte niemand, doch genügte schon die Kenntnis der Zustände in den KZs innerhalb Deutschlands, um sich keinen Illusionen hinzugeben. Noch von keinem der auf Transport Gegangenen hatte man je ein Lebenszeichen erhalten. Dennoch erschien die Vorstellung eines totalen Genozids so unvollziehbar, daß sie nicht aufkam, soviel Bestialität man den Faschisten auch zutraute. Sogar unsere jüdischen Kameraden waren nicht völlig ohne Hoffnung auf ein »geringeres Übel«. Mein Zellennachbar Karl Rosenberg (Halbbruder von Hans Rodenberg, der zu jener Zeit in der Sowjetunion lebte), skeptisch, doch nicht verzweifelnd, räumte mir die größere Überlebenschance ein und bat mich beim Abschied, gegebenenfalls seiner nach England geflüchteten Frau eine letzte Botschaft zu übermitteln. Das mußte ich später von Leipzig aus tun, denn Karl kam nicht zurück...

Die entscheidende Wende im Kriegsverlauf begann 1943 in Stalingrad. Ein Jahr später war das Attentat auf Hitler, das den Zerfall des Dritten Reiches auch von innen her anzeigte. Welche Spuren hinterließen diese Ereignisse? Wirkte Stalingrad als Signal?

Ob und wie die Menschen »draußen« die Kriegswende

registrierten, konnte unsereins nicht akkurat nachempfinden. Daß aber in den Gemütern einiges rumorte, war manchen sich mehrenden Anzeichen unschwer abzulesen. Das begann mit einer gewissen Irritation beim Wachpersonal, welches den ersten »russischen Winter« noch zur Not verkraftet hatte, nicht zuletzt dank dem »entlastenden« und optisch ablenkenden japanischen Blitzkrieg zur See. Doch dann wurden 1942 auch die sommerlichen Vormärsche gestoppt, und im Herbst ging die Initiative an allen Fronten an die Alliierten über. Nur ein Blinder hätte das übersehen können. 1943 schon das offene Desaster: In Stalingrad kapituliert zum ersten Mal in der Geschichte ein deutscher Feldmarschall, im Mai Generaloberst von Arnim mit den Resten von Rommels »legendärem« Afrikakorps in Tunis. »Teilbegradigungen« (Besetzung Vichy-Frankreichs, Rückeroberung von Charkow) wirken als Trostpflaster nur noch für den schmilzenden Haufen der Führergläubigen. Die Kriegswogen rollen langsam aber sicher an ihren Ausgangsherd zurück.

Nein, die deutsche »Masse« geht deshalb nicht mit fliegenden Fahnen ins Lager der mutmaßlichen Sieger über (und schon gar nicht der aus dem Osten). Aber Zweifel fressen sich tief ein, Ungewißheit macht sich breit über Kommendes, dessen Feuerstreifen schon ganze Bomberflotten an den nächtlichen Himmel malen und ganze Städte in Schutt und Asche sinken lassen. Ungute Gefühle, schlechte Gewissen, auch ganz ordinäre Angst bei den gewohnheitsmäßig hurraschreienden Spießern, bei hartgesottenen Parteigenossen wie bei Mitläufern. Nicht auszudenken, wenn man alles zurückbezahlt bekäme – Auge um Auge, Zahn um Zahn.

Einige gehen ernsthaft in sich, besinnen sich. Andere versuchen, ganz scharf zu rechnen. Wer davor die Nase sehr hoch hob, beginnt 1943 nicht selten mit ein paar kleinen, unverbindlichen Rückversicherungen. Noch ist es nicht die Regel unter der Wachmannschaft, doch es kommt vor. Der Direktor, der Arbeitsdirektor, der neue Polizeidirektor befleißigen sich eines sachlichen, um nicht zu sagen höflichen Tons. Sie zeigen Verständnis für dieses und jenes... Die atmosphärische Veränderung ergreift nicht nur uns. Auch die draußen bekommen es zu spüren, jeder auf seine Weise. Und auf

Schleichpfaden dringt ihr Anderswerden wiederum zu uns in die Zellen: über die Außenkommandos, über unwillig eingezogen dienstverpflichtete Hilfswachtmeister (deren Kramläden zerbombt oder mangels Ware geschlossen sind); über den Besuch von Angehörigen, über Briefe...

1943 konnte Ihre Mutter Sie erstmals besuchen. Wie ist es in der Zwischenzeit Ihrer Familie ergangen?

In den dazwischenliegenden sieben bzw. acht Jahren bestand meine persönliche Strippe nach draußen hauptsächlich aus der Briefkette in beiderlei Richtung. Sie wurde zu einem wichtigen Lebenselement (ergänzt durch den Buschfunk, zum Teil über den Anstaltsgeistlichen Hennicke und nach ihm Langensiepen, durch hereingeschmuggelte Zeitungen, Flugblätter und gelegentlich Kassiber). So wie man im Knast Bücher anders las als in der Feiheit, schrieb und las man auch Briefe anders, intensiver. Man legte mehr hinein und wollte bisweilen auch zuviel herausholen. Die Briefe wurden – teilweise von beiden Seiten – in der Sklaven- oder Ganoven-Sprache geschrieben, um dem Zensor den wahren Sinn zu verhehlen: Toynbee hieß »Onkel Ganthorpe«, »Onkel Fritz« stand für Lieb, später wohl auch für Kern. Die Alliierten waren die »neue Braut«. Nicht mehr entschlüsseln kann ich »Onkel Hugo« – offenbar bin ich das selbst? Schließlich widerspiegeln die Zuchthausbriefe in etwa auch die herrschende Atmosphäre mit ihren jeweiligen Störungen...

Mitte 1943 muß es gewesen sein, als ich erstmals Besuch erhielt. Ich sah meine Mutter nach elf Jahren wieder. Solange zwischen uns Staatsgrenzen lagen, ging es ja kaum. Und wegen zwanzig Minuten hätte der Aufwand auch wenig Sinn gehabt. Ende 1942 aber ließ sich die Familie um- oder rücksiedeln, ich weiß nicht, unter welchem terminus technicus. Sie verließ Belgrad, das meinen vier kleinen Geschwistern Heimat geworden war, und alle, bis auf Bruder Mile in Zagreb, kehrten als Beutegermanen »heim ins Reich«, wahrscheinlich mit zwiespältigen Empfindungen.

Vom Balkan zurück nach Graz, das seit 1938 zu »Großdeutschland« rechnete, aus einem alten und festen Freundeskreis in ein Unbekanntes – das bedeutete für die Geschwi-

Der Strafanstaltsdirektor Siegburg, den 2. Sept. 1936

Herrn Franz Markov, Belgrad

Auf Ihr Schreiben vom 31. 8. 1936.

Bestimmungsgemäß (vergl. auch den in Ihren Händen befindlichen roten Zettel) dürfen Zuchthausgefangene alle 2 Monate *einen* Brief schreiben und *einen* Brief empfangen, wobei Briefe von Angehörigen in dringenden Angelegenheiten einer zeitlichen Beschränkung nicht unterliegen, wenn sie nicht in so geringen Zwischenräumen und in einem solchen Umfange eingehen, daß die Überwachung dadurch erschwert wird.

Unter »einem Brief« wird ein gewöhnlicher nicht zu klein und gut leserlich geschriebener Brief von 4 Seiten verstanden. Ihr Brief vom 4. 8. 1936 (Briefumschlag) enthielt in Wirklichkeit 5 Briefe mit zusammen etwa 30 Seiten Umfang. 3 dieser Briefe wurden dem Gefangenen Dr. Markov ausgehändigt, zwei dagegen nicht, weil der eine zu $^3/_4$ eine politische Berichterstattung darstellte und der andere nicht, weil darin Beziehungen zu dem Tatgenossen Meschke weitergepflegt wurden. Ebenso ist ein am 14. 8. 1936 eingegangener Brief von 15 Seiten Umfang nicht ausgehändigt worden, weil er zum größten Teil wiederum eine politische Berichterstattung enthielt.

Derartige Berichte sind nicht notwendig, weil die Gefangenen hier ihre eigene Zeitung lesen und über wichtige Vorkommnisse im öffentlichen Leben durch die Anstaltslehrer unterrichtet werden. Zur Aushändigung ungeeignete Briefe werden zu den Personalakten des Gefangenen genommen.

ster (nicht die Eltern) eine neue, ungewohnte Welt. Gerade der Alltag war – und ist – in der Hauptstadt der Steiermark doch anders als im Ambiente der serbischen Metropole. Bisher hatte der Krieg die Meinigen ziemlich verschont. Ungleich anderen Belgradern waren ihnen im April 1941 keine deutschen Bomben auf den Kopf gefallen. Keiner war zum Militärdienst eingezogen worden, weder 1941 für die jugoslawische noch 1942 für die deutsche Seite. Das kam erst später.

Die Familie war von Anfang an mit rührendem Eifer bemüht gewesen, ein weites Hilfsnetz für mich zu spannen, das – wiewohl ohne reale Aussicht auf Erfolg – an Fritz Lieb und an die Familie meines englischen Freundes anknüpfte. Diese trachteten ihrerseits Prominenzen zu bemühen, so Arnold

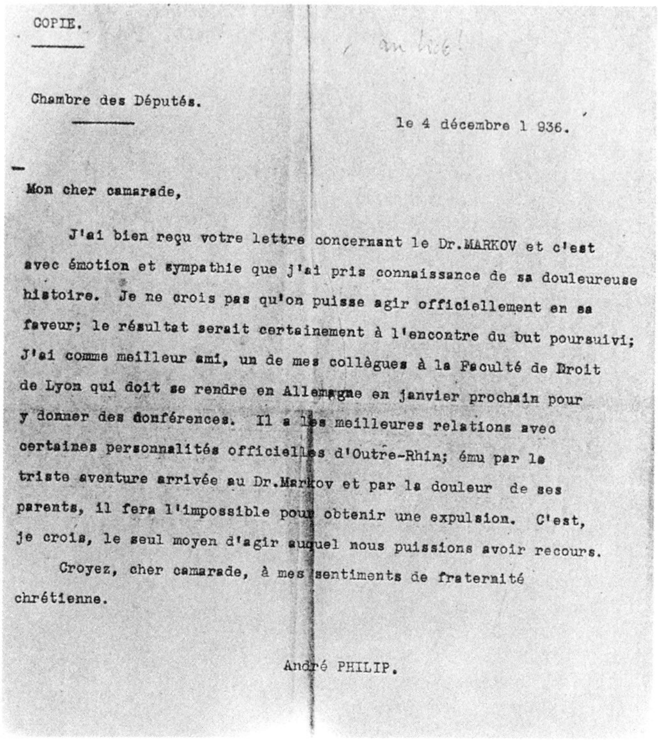
COPIE.

Chambre des Députés.

le 4 décembre 1 936.

Mon cher camarade,

J'ai bien reçu votre lettre concernant le Dr.MARKOV et c'est avec émotion et sympathie que j'ai pris connaissance de sa douleureuse histoire. Je ne crois pas qu'on puisse agir officiellement en sa faveur; le résultat serait certainement à l'encontre du but poursuivi; J'ai comme meilleur ami, un de mes collègues à la Faculté de Droit de Lyon qui doit se rendre en Allemagne en janvier prochain pour y donner des conférences. Il a les meilleures relations avec certaines personnalités officielles d'Outre-Rhin; ému par le triste aventure arrivée au Dr.Markov et par la douleur de ses parents, il fera l'impossible pour obtenir une expulsion. C'est, je crois, le seul moyen d'agir auquel nous puissions avoir recours.

Croyez, cher camarade, à mes sentiments de fraternité chrétienne.

André PHILIP.

Toynbee auf einer Vortragsreise in Berlin – ob deswegen? – sogar den Naziminister Kerrl. Mein Vater blieb mit meinem Offizialverteidiger Freiherr von Stein in Verbindung.

Ich staune noch heute, was alles an kaum verhülltem »Verschwörungszeug«, zuerst in der Korrespondenz, danach aber auch »dinglich« unbeanstandet durchkam. 1943 mußte sich alles erst einspielen, doch 1944 lief es dann, nachdem meine Mutter ein zweites Mal und nunmehr höchst energisch aufgekreuzt war. Ihr Besuch trug mir, zusammen mit einer Intervention von Professor Kern, den Posten eines Bücherkalfaktors ein. Insgesamt konnte man von einem regelrechten Komplott sprechen, an dem außer den beiden auch Peter Meter auf Außenkommando, Heinz Kierzek als Zentralschreiber und Bruder Sascha teilhatten. Ich bestellte in Graz für des Di-

Antwortschreiben von André Philip an Fritz Lieb

Abgeordnetenkammer 4. Dezember 1936

Lieber Genosse,
Ich habe Ihren Dr. Markov betreffenden Brief erhalten und mit Anteilnahme und Sympathie seine schmerzliche Geschichte vernommen. Ich glaube nicht, daß man offiziell etwas für ihn tun kann; das Resultat würde der verfolgten Absicht wahrscheinlich entgegenwirken.

Ein sehr guter Freund von mir, einer meiner Kollegen der Rechtsfakultät von Lyon, wird im kommenden Januar nach Deutschland reisen, um dort Vorlesungen zu halten. Er hat beste Beziehungen zu gewissen offiziellen Personen jenseits des Rheins. Erschüttert von dem traurigen Geschick Dr. Markovs und dem Schmerz der Eltern, wird er alles in Bewegung setzen, um eine Ausweisung zu erreichen. Ich glaube, das ist die einzige uns verbleibende Möglichkeit.

Mit allen Gefühlen christlicher Brüderlichkeit

André Philip

rektors maturierende Tochter eine Einführung in die Kunstgeschichte, und er bewilligte mir dafür im Oktober einen Tagesurlaub nach Bonn, um dort mit einem kleinen Räumkommando Kerns Privatbibliothek aus den Universitätstrümmern zu bergen und anschließend in der Strafanstalt zu deponieren. In der zu diesem Zweck vorgesehenen Leerzelle trank ich mit meinem alten Lehrer eine Flasche Wein, wovon mir – dem Genuß entwöhnt – speiübel wurde. Pakete liefen jetzt teils auf legalem Wege ein (mit warmer Winterweste etc.), teils schwarz über den mutigen Herrn Pfarrer, der Kopf und Kragen riskierte. Ich beriet meinen Bruder Sascha, der inzwischen gleich Mitja in die Uniform (eines Dolmetschers der Wehrmacht) hatte schlüpfen müssen, über seinen beabsichtigten (leider tragisch endenden) Frontenwechsel, und er antwortete mir darauf.

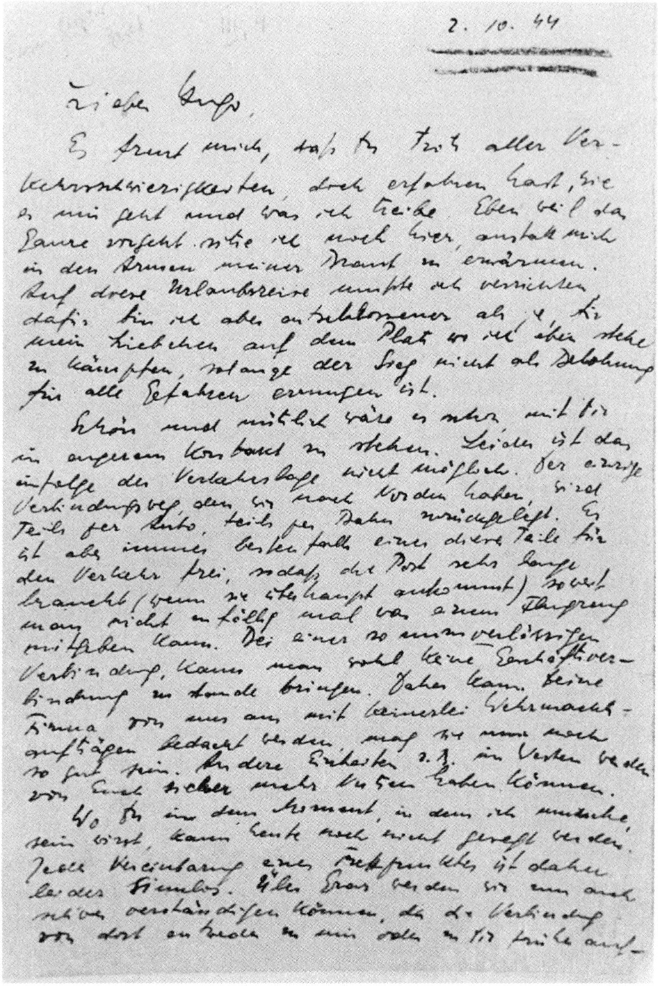
2. 10. 44

Lieber [illegible],

Es freut mich, daß Du trotz aller Ver-
kehrsschwierigkeiten, doch erfahren hast, wie
es mir geht und was ich treibe. Eben weil das
Ganze vorgeht, bin ich noch hier, anstatt mich
in den Armen meiner Braut zu erwärmen.
Auf diese Urlaubsreise musste ich verzichten
dafür bin ich aber entschlossener als je, für
mein Liebchen auf dem Platz wo ich eben stehe
zu kämpfen, solange der Sieg nicht als Belohnung
für alle Gefahren errungen ist.

Schön und nützlich wäre es aber mit Dir
in engerem Kontakt zu stehen. Leider ist das
infolge der Verkehrslage nicht möglich. Der einzige
Verbindungsweg, den wir noch [illegible] haben, wird
teils per Auto, teils per Bahn zurückgelegt. Es
ist aber immer bestenfalls einer dieser Teile für
den Verkehr frei, sodaß die Post sehr lange
braucht (wenn sie überhaupt ankommt) soweit
man nicht zufällig mal von einem Flugzeug
mitgeben kann. Bei einer so unzuverlässigen
Verbindung kann man wohl keine Geschäftsver-
bindung zustande bringen. Daher kann deine
Firma von uns aus mit keinerlei Wehrmachts-
aufträgen bedacht werden, mag sie nun noch
so gut sein. Andere Einheiten z.Z. im Westen werden
von Euch sicher mehr Nutzen haben können.

Wo Du in dem Moment, in dem ich [illegible],
sein wirst, kann heute noch nicht gesagt werden.
Jede Vereinbarung eines Treffpunktes ist daher
leider sinnlos. [illegible] werden wir uns auch
schon verständigen können, da die Verbindung
von dort entweder zu mir oder zu Dir [illegible] auf-

Demnach hat Ihnen Fritz Kern in den letzten beiden Haftjahren geholfen. Worauf stützte sich dieses Lehrer-Schüler Verhältnis?

Ich hatte und habe den Eindruck, daß Fritz Kern sein Interesse an einer Auswertung der alten Zeitschrift »Gartenlaube« durch mich in der Hauptsache vorschob, um beim Di-

Saschas letzter, eingeschmuggelter Brief
(vor seinem Frontwechsel)

Lieber Hugo, 2. 10. 44

Es freut mich, daß Du trotz aller Verkehrsschwierigkeiten doch erfahren hast, wie es mir geht und was ich treibe. Eben weil das Ganze vorgeht, sitze ich noch hier, anstatt mich in den Armen meiner Braut zu erwärmen. Auf diese Urlaubsreise mußte ich verzichten, dafür bin ich aber entschlossener als je, für mein Liebchen auf dem Platz, wo ich eben stehe, zu kämpfen, solange der Sieg nicht als Belohnung für alle Gefahren errungen ist.

Schön und nützlich wäre es schon, mit Dir in engerem Kontakt zu stehen. Leider ist das infolge der Verkehrslage nicht möglich. Der einzige Verbindungsweg, den wir nach Norden haben, wird teils per Auto, teils per Bahn zurückgelegt. Es ist aber immer bestenfalls einer dieser Teile für den Verkehr frei, so daß die Post sehr lange braucht (wenn sie überhaupt ankommt), soweit man nicht zufällig mal was einem Flugzeug mitgeben kann. Bei einer so unzuverlässigen Verbindung kann man wohl keine Geschäftsverbindung zustandebringen. Daher kann Deine Firma von uns mit keinerlei Wehrmachtsaufträgen bedacht werden, mag sie auch noch so gut sein. Andere Einheiten z. B. im Westen werden von Euch sicher mehr Nutzen haben können.

Wo Du in dem Moment, in dem ich umziehe, sein wirst, kann heute noch nicht gesagt werden. Jede Vereinbarung eines Treffpunktes ist daher leider sinnlos. Über Graz werden wir uns auch schwer verständigen können, da die Verbindung dort entweder zu mir oder zu Dir früher aufhören wird. Ich möchte Dir aber doch einen Anhaltspunkt geben. Sobald Du auf der autre part bist, schreibe an Drniš, Hotel.

Mir sind bisher schon allerhand Schwierigkeiten in den Weg gelegt worden. Bisher konnten noch alle gemeistert werden. Du machst Dir ja gar keinen Begriff, wie verwirrt hier alle Dinge sind. Richtige Scheidungslinien gibt es kaum, alles ist untereinander verästet und verschlungen. Man kommt sich oft vor wie in einem Urwald, wo aus dem Pflanzengewirr plötzlich eine Schlange der Harmlosigkeit ein Ende macht.

Der in Aussicht gestellte Winterfeldzug bedrückt die »Eingeborenen« sehr. Infolge Fliegerangriffe regnet es auch bei den ganz gebliebenen Häusern meistens durchs Dach. Ganze Fenster sind ein unersetzlicher Wert, und die italienischen Lebensmittelvorräte gehen auch dem Ende zu!

rektor der Strafanstalt einzuhaken. Der, zwar Pg, aber sonst ein ordentlicher Verwaltungsmensch, fing an, seine Zukunft zu bedenken. Eventuell schwebte Kern vor, mögliche Ergebnisse meiner Fleißarbeit später für eine Kulturgeschichte des Alltags zu verwenden. Ein vages Projekt, das jedoch unmittelbar zur Folge hatte, daß ich von der Bonner Universitätsbibliothek mehrere Jahrgänge entleihen konnte, um sie zu exzerpieren: Wie hat die »Gartenlaube« zum Beispiel über Garibaldi geschrieben zu der Zeit, als er Italien einigte? Wie lautete ihr Kommentar, als er den Kirchenstaat überfiel und der Papst in Rom ihm deshalb grollte? Es war eine Vorstufe quantitativer Geschichte.

Diese Arbeit verschaffte mir gleichzeitig das Recht auf Papier, Bleistift und Tinte. Ich konnte also schreiben. Das wiederum zog nach sich, daß ich 1944 aus dem Schneidersaal, wo ich ein Jahr lang Hosen von Kriegsgefangenen geflickt und Hemden geschneidert hatte, in die Bücherei versetzt wurde. Ein Drittel meiner Zeit habe ich wirklich für die »Gartenlaube« verwendet, die anderen beiden jedoch für Tagebuchaufzeichnungen und ein »Romanfragment« über unsere Illegalität: »Die Republik der roten Strolche«.

Auch in anderer Weise blieben mir die verbesserten Haftbedingungen der »Endzeit« in Erinnerung. Es war üblich, daß zwei Mann die wöchentlich auszutauschenden Bücher zusammenstellten und austrugen. Mein Gegenüber in der Bücherei war ein alter Luxemburger Jesuit, der einen abgeschossenen englischen Flieger verborgen und dafür vier Jahre kassiert hatte. Weil er Geistlicher war, hatte sich der katholische Anstaltspfarrer dafür verwendet, daß sein Amtsbruder nicht den üblichen Strohsack, sondern eine Bettunterlage aus edlerem Stoff mit einer relativ weichen, dabei knusprigen Füllung erhielt. Einer der Kameraden hatte mir bereits 1944 in der Schlosserei einen Nachschlüssel zu den für den geplanten Aufstand relevanten Zellen angefertigt. Wenn ich unbeobachtet mit meiner Bücherkiepe durch Gänge und Stationen lief, konnte ich dabei, wenn ich wollte, auch Türen aufschließen. – In der Anstaltsbibiliothek war es nicht erlaubt, aber auch nicht direkt verboten, Pfeife zu rauchen. Vorausgesetzt, man hatte etwas zu qualmen. Darüber kam ich mit meinem

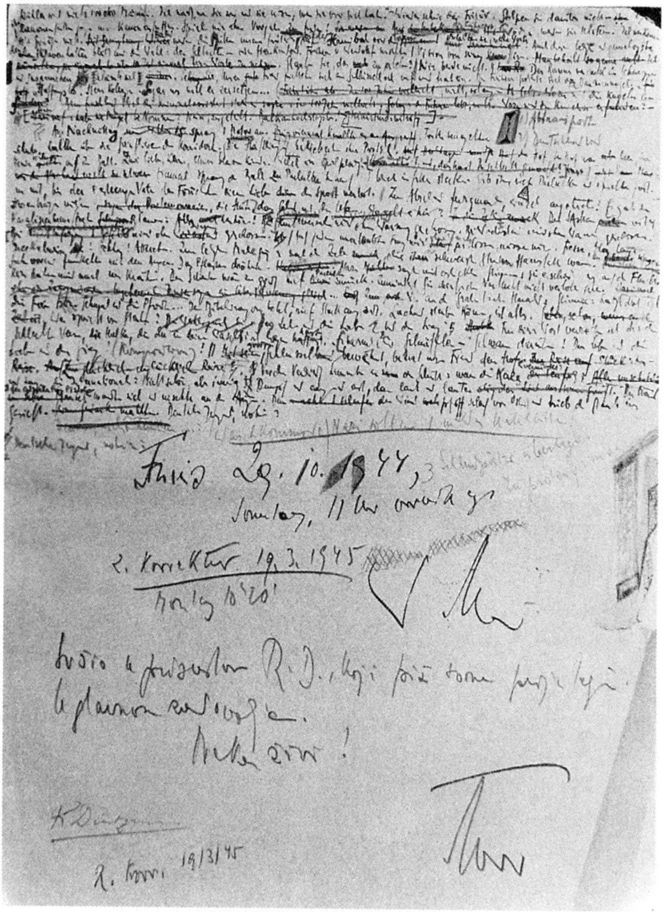

Konspekt zur »Gartenlaube« mit Tagebucheintragungen

Geistlichen ins Gespräch. Ja, meinte er, eigentlich würde er auch ganz gerne, aber weil alles nichts taugte, lasse er es lieber. Da gab mir ein Kalfaktor den Tip: Das knusprige Zeug in der Matratze des Jesuiten sei Seegras. Das rauche sich gar nicht schlecht. Daraufhin habe ich die Zelle aufgeschlossen, etwas Seegras entnommen und in der Tat: es ließ sich rauchen. Als mir der Pater am anderen Schreibtisch dann wieder

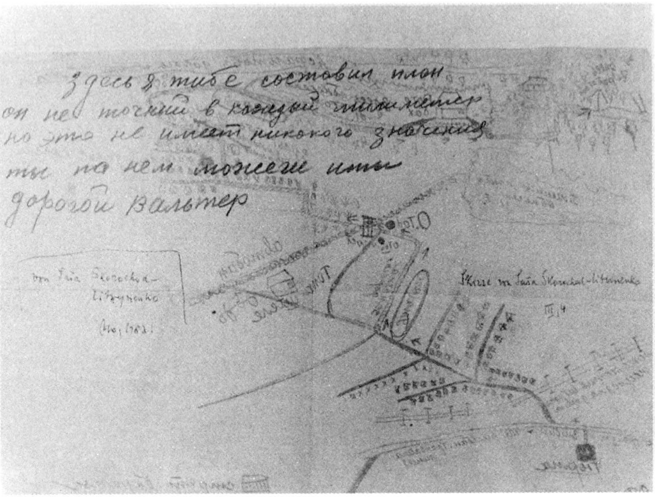

Lageskizzen für den Aufstandsplan von S. Skorochod-Litrusenko, Siegburg, 1944

gegenübersaß, schnupperte er und sagte: Eigentlich riecht das nicht übel. Darauf ich: Herr Pfarrer, darf ich Ihnen etwas davon anbieten? Er stopfte sich seinen Rotzkolben und war ebenfalls der Meinung, es ginge mit dem Kraut. Über all die Monate wurde er nicht gewahr, daß seine Matratze für unser beider Wohlbefinden sorgte.

Für mich hat das Ende Ihrer Haft einen fast tragikomischen Schlußpunkt. Sie werden das im Moment der Aktion wahrscheinlich anders empfunden haben. Wie kam es dazu, daß Sie kurz vor der endgültigen Niederlage des Hitlerregimes in der Siegburger Haftanstalt einen Aufstand leiteten? War zu diesem Zeitpunkt noch ein so großes persönliches Risiko zu rechtfertigen?

Freilich. Ich war fürchterlich aufgeregt, weil alles so schnell vor sich gehen mußte. Allerdings, das Sauersüße bezieht sich nicht auf den Aufstand selber, wohl aber auf den letztlichen Ausgang unserer Mühen: Waren wir nicht die Düpierten? Oder sollen wir uns hinterher aufplustern, welch (unblutige) Helden wir doch waren? Ich kam mir schon ein wenig komisch vor: Was spielst du da für eine fehlbesetzte Rolle als

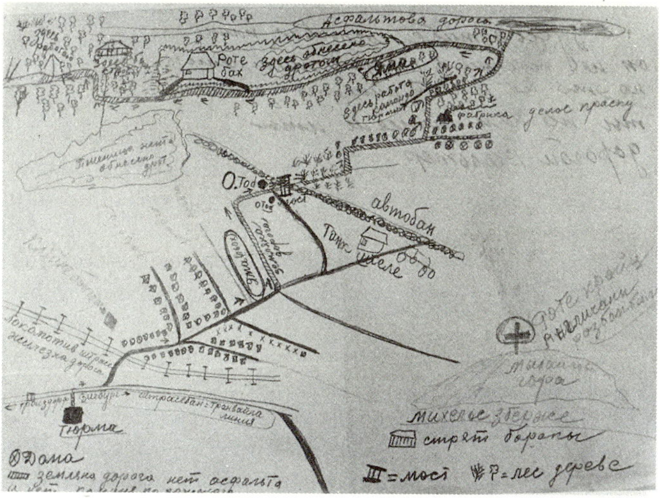

Kommandeur, hast nie ein Gewehr in der Hand gehabt – das mußte noch kommen, daß du »Jungakademiker« in deiner Zuchthauslaufbahn den Räuberhauptmann mimst!

Der Plan war relativ gut durchdacht. Nach dem V-Day, der Landung der Anglo-Amerikaner in der Normandie am 6. Juni 1944, wurde es ernst damit. Überlegungen hatte es vorher schon gegeben, seit der Krieg Perpektiven aufzeigte. Sie konkretisierten sich nach Eröffnung der Zweiten Front aus Gründen der geographischen Logik: Siegburg lag im Westbereich.

Eines Tages trat ein belgischer Mitgefangener, Hauptmann Kloock, an mich heran: Es würde Zeit, einen Ausbruch zu bedenken. Daraufhin nahm ich den Mund etwas voll: Ja, wir hätten schon gewisse Vorüberlegungen angestellt. (Klar: die Partei schläft nicht.) Ich war indessen einverstanden, diese Aktion auf eine breitere Basis zu stellen, da sich mittlerweile im Zuchthaus eine große Mehrheit aus Ausländern befand, die die Nazis auf ihrem Rückzug aus Westeuropa mitbrachten: Franzosen, Belgier, Niederländer, Luxemburger. Ich hatte auch einen Kameraden parat, der einen ersten Aktionsplan entwerfen würde: den ehemaligen Fremdenlegionär Armin Günther.

Sein Entwurf sah zehn Kommandos zu je etwa zwanzig

Mann vor, auf dem Papier wohlgemerkt und ohne deren Wissen. Das schwierigste war die Festlegung des Zeitpunktes für den Aufstand. Siegburg liegt nur zwölf Kilometer vom Rhein entfernt, und die unaufhaltsame Absetzbewegung der Wehrmacht blieb uns nicht verborgen. Sobald die Amerikaner den Fluß erreichten und überschritten, wollten wir losschlagen. Die erste Variante sah vor, bei entsprechender Jahreszeit in den Lohmarer Wald auszubrechen und dort die US-Army zu erwarten. Einen »Winterfeldzug« hätten wir in unseren dünnen Klamotten nicht länger als einige Stunden durchgehalten.

Unserer größten Respektsperson, dem ehemaligen Reichstagsabgeordneten und Betriebsratsvorsitzenden der LEUNA-Werke im Märzaufstand 1921, Heinrich Schmitt, unterbreitete ich den Ablaufplan. Ihm gefiel das ganze Vorhaben überhaupt nicht. Er schimpfte über unsere romantischen Vorstellungen. Seiner Meinung nach sollte die Partei einen solchen Plan entwickeln, der das Leben der wertvollsten Genossen zu schützen erlaubte, damit das zukünftige neue Deutschland eine Führung hätte. Dazu haben wir Jüngeren geschmunzelt und uns gedacht: Na, der Alte ist in der Haft doch ein bißchen verkümmert. Darin irrten wir, war er nicht, aber auch Schmitt verkannte die Realitäten. Denn erstens, wer bestimmt, wer ein »wertvollster« Genosse ist – zumal es im Siegburger Zellenbau eine konstituierte Parteiorganisation nicht gab. Und zweitens, wie überzeugen wir die große Ausländermehrheit, ausgerechnet den wertvollsten *deutschen* Kommunisten aus der Bredouille zu helfen? Ich dachte: Lassen wir den guten Schmitt ganz heraus, schaffen wir vollendete Tatsachen, beginnen wir den Aufstand ohne ihn! Bevor der Ernstfall eintrat, löste sich die Frage von selbst: Schmitt ging auf Transport in eine andere Anstalt (er überlebte und wurde anschließend in Bayern Minister).

Mein belgischer Hauptmann, dem die militärische Führung anvertraut werden sollte, begrüßte hingegen den Entwurf, mit einigen kritischen Randbemerkungen »über Kommunisten, die alles alleine machen wollen«. Das Malheur wollte es aber, daß er und weitere zweihundert Mann im September/Oktober 1944 in frontfernere Anstalten oder Lager verschickt wurden und folglich ausfielen. So blieb das Ding auf mir sitzen. Meine letzte Hoffnung und stille Reserve, der polnische Leutnant Jasinski, erkrankte.

Dreitausend Gefangene befanden sich nach den Neuzugängen im Bau, das entsprach einer dreifachen Überbelegung. Dann kam, erst für Grippe gehalten, der Flecktyphus, eingeschleppt durch die zerschlissene Kriegsgefangenenkleidung, die im Schneidersaal zu flicken war. Das Elektrizitätswerk, das die Wäscherei mit Strom versorgte, wurde durch eine Bombe getroffen. Danach wurde man des Ungeziefers nicht mehr Herr, und eine Massenepidemie brach aus. Die den Typhus übertragenden Läuse fraßen uns regelrecht auf. Die »Kommandeursreihen« für den Aufstand lichteten sich gleichermaßen wie die Wachmannschaften. Ob Arzt oder Pfarrer, die Laus machte keinen Unterschied. Es starben in einigen Nächten zwischen dreißig und vierzig Menschen.

Inzwischen rückten die Yankees im März 1945 von zwei Seiten tatsächlich an Rhein und Sieg. Ich strich unsere Mannschaft auf eine einzige Kampfgruppe zusammen und gab zu bedenken: Den Ausbruch in den Lohmarer Wald halten wir nicht durch. Wir müssen die Aktion einschränken und zeitlich so legen, daß wir sehen, wie die Wehrmacht auf der Straße zurückgeht. Wenn die sichernden Nachhuten vorbei sind, können wir die Anstalt besetzen, bevor die Amerikaner eintreffen. – Da hatte ich noch die Vorstellung, die rote Fahne hochzuziehen. Zum Glück ist mir dann eingefallen: Wir sind nicht allein, wir sind nur ein Häuflein, das zwar viel bewegte, aber eben doch entschieden in der Minderheit blieb. So galt dann die bescheidene Losung: Den Augenblick abpassen, die Anstalt besetzen und warten, bis die Verbündeten kommen, um sie am Tor zu begrüßen. So ungefähr lief es dann auch ab.

Die Anstaltsleitung merkte, daß etwas vor sich ging, und beriet, was tun. Da preschten am 11. April von den Unseren zwei vor und kamen dem Direktor mit einem selbsterstellten Katalog von Forderungen, die der zurückwies. Sie hatten mich vorher nicht gefragt, so daß ich unvorbereitet war. Ich hatte aber inzwischen von den 2000 Reichsmark, die mir Professor Kern in Siegburg hinterließ, bevor er in die Schweiz floh, zwei Pistolen mit Munition von einem diebischen Hausbäcker erwerben können, der sie wiederum einem geldbedürftigen, in der Waffenkammer beschäftigten Hilfswachtmeister abgekauft hatte. Daraus bestand unsere Artillerie.

Es geschah jedoch etwas, weswegen der Aufstand seine »militärische« Note verlor. Am Abend, als man im Süden an der Sieg Vorhuten der Amerikaner sichtete und hörte, fiel Direktor Heider das Herz in die Hosen, und er befahl die Entwaffnung der Wachmannschaften. Als es am Morgen des 12. April zu einem erneuten Streit zwischen unseren beiden Ungeduldigen vom Vortage und dem Anstaltsleiter kam, erging der Appell an mich, die Aktion nun sofort auszulösen. Dafür brauchte ich etwa eine Viertelstunde. Als es dann losging, bekam ich es indessen mit einem praktisch passiven Gegner zu tun, bis auf zwei im Dienst ergraute Männer, die erklärten, als preußische Beamte uns die Schlüssel nicht freiwillig aushändigen zu können. Wir mußten sie ihnen mit gespielter Gewalt entwinden.

Im Grunde genommen kapitulierte die Wachmannschaft ohne Widerworte. Einige sind übers Feld geflüchtet, doch konnten wir alles ohne Schießerei abwickeln, mit einigen vorläufigen Festnahmen. Wir brauchten unsere zwei Pistolen nicht, und auch nicht das von einem Außenposten »erbeutete« Gewehr. Eine halbe Stunde später waren die Amerikaner tatsächlich zur Stelle, trauten sich tapfer bei uns herein und hörten, daß wir inzwischen die Anstalt besetzt und eine revolutionäre Leitung gewählt hatten. Sie schwankten, ob sie das bestätigen oder sich einmischen sollten, bis ein holländischer Gefangener, der Arzt war, sagte: »Ich mache Sie noch auf eines aufmerksam, hier geht eine Epidemie um, die nicht richtig diagnostiziert ist.« Unsere Zweitbefreier suchten daraufhin beinahe fluchtartig das Weite und ließen uns wissen: Sie könnten, was wir so brauchten, bereitstellen, handelten das aber besser in ihrer Kommandantur in der Stadt Siegburg aus. Wir möchten eine Delegation entsenden, mit der alles geregelt würde. Sie zogen vorerst ab und überließen uns unserem Schicksal.

Mit zwei Mann Begleitung – ich kannte ja die Stadt Siegburg nicht – wurde die Kommandantur aufgesucht, die sich im Rathaus befand, um dort zu rapportieren, daß die befreiten Häftlinge noch in der Anstalt säßen und es so und so mit der Epidemie ausschaue. Da wurden die plötzlich hellwach. Einer vom medizinischen Personal sagte »that's typhus«, und daraufhin befahlen sie: Jedermann verbleibt hinter den Mauern der Strafanstalt wegen Ansteckungsgefahr für die amerikanischen GIs. Wer sich nicht daran hält, wird erschossen, egal, ob Faschist oder Antifaschist.

So kamen wir in Quarantäne, wir waren befreit, eine halbrote Zwergrepublik, abgeschnitten von der Welt, versorgt und verpflegt von den Amerikanern. Die Kehrseite: Unser »Revolutionskomitee« wurde von ihnen aufgelöst. Ich landete zusammen mit den anderen »Kommissaren« für einige Tage im Arrest wegen Amtsanmaßung, weil wir hätten »regieren« wollen, statt das ihnen zu überlassen (was wir in Wahrheit gerne taten...). Dann zogen die Amis weiter, den Bogen um die deutschen Haupttruppen im Westen zu schließen, Engländer rückten nach, die uns zuerst auch nicht besonders mochten. Ein Papier wurde unterzeichnet, wonach wir uns bis zur Aufhebung der Quarantäne durch ein unparteiisches Ärztegremium als »Gäste« betrachten sollten. Infolgedessen bräuchten wir weder ein Revolutionskomitee, noch Abzeichen zu tragen. Das sei unter Gästen nicht die feine englische Art. So schloß das Ganze in einem etwas zwielichtigen Intermezzo.

Doch auch mich erwischte der Typhus noch. Ich wurde, nachdem ich die kritischen drei Hochfiebertage überwunden hatte, mit einem Krankenwagen von Siegburg abtransportiert und fand mich halb bewußtlos in einem amerikanischen Militärlazarett unter den Patienten als displaced person, als Heimatloser sozusagen, wieder. Bis mich ein ehemaliger Mitgefangener fand, der sich in ein »Bewährungsbataillon 999« gemeldet hatte und zu den Amerikanern übergegangen war, sich dort als Neffe eines Bischofs und Sohn des ehemaligen Zentrums-Bürgermeisters von Gladbeck auswies und daraufhin in amerikanischer Uniform in Köln einmarschierte. Es war Michel Jovy, führender »Edelweißpirat«. Zum Welthistorikerkongreß 1980 habe ich ihn in Bukarest wiedergesehen, als Botschafter der Bundesrepublik Deutschland in Rumänien. Er ist inzwischen als Erster Gesandter seiner Botschaft in Rom einsam und vorzeitig verstorben.

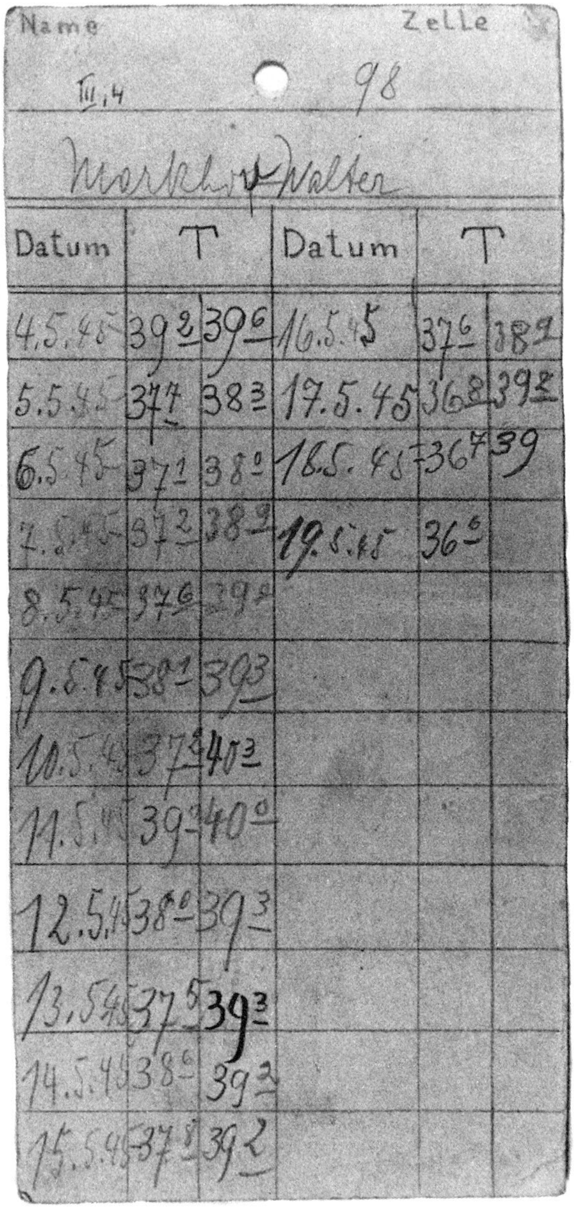

Name Zelle

III,4 98

Markhof Walter

Datum	T	T	Datum	T	T
4.5.45	39^{2}	39^{6}	16.5.45	37^{6}	38^{9}
5.5.45	37^{4}	38^{3}	17.5.45	36^{8}	39^{5}
6.5.45	37^{1}	38^{0}	18.5.45	36^{7}	39
7.5.45	37^{2}	38^{9}	19.5.45	36^{0}	
8.5.45	37^{6}	39^{0}			
9.5.45	38^{1}	39^{3}			
10.5.45	37^{8}	40^{3}			
11.5.45	39^{9}	40^{0}			
12.5.45	38^{0}	39^{3}			
13.5.45	37^{5}	39^{3}			
14.5.45	38^{6}	39^{2}			
15.5.45	37^{8}	39^{2}			

Siegburg, Befreiungsfeier 14. 4. 1946, (v. l.):
1. Zeno Berger, 2. Sieberath, 3. Benkert, 4. Heinrich Schmitt,
5. Walter Markov, 6. Adam Erbach

Der also fand mich damals und berichtete: Die Genossen in Bonn warteten auf mich. Sie hätten schon befürchtet, auch ich sei am Typhus eingegangen, da ich nicht auftauchte, obwohl der Krieg inzwischen sein Ende gefunden hatte. Da türmte ich schwarz durch den lückenhaften Zaun des Krankenhauses, das mich als Rekonvaleszenten gastlich aufgenommen hatte, und machte mich auf nach Bonn. Damit ging das Ganze etwa so unordentlich zu Ende, wie es angefangen hatte.

Typhuskarte

Nachkrieg

1945–1948

Erstes Foto nach der Haft

Die Rückkehr in die Freiheit vollzog sich unter ambivalenten Vorzeichen: Einmal das Erlebnis des Sieges über den Faschismus, zum anderen die Wiederbegegnung mit einem kompromittierten Volk. Gab es auch Bedenken – Sie sprachen in diesem Zusammenhang einmal von »Zivilisationsentwöhnung« – vor dem Schritt in diese Freiheit?

Furcht vor ihr (à la Fromm ...) empfand ich nicht. Seltsam, schemenhaft, problematisch erschien sie mir nach einem Jahrzehnt Entbehrung und Entwöhnung schon. Wobei »Freiheit« ja zunächst nicht mehr meinte und meinen konnte als »draußen sein«. Freiheit, die ihren Namen verdiente, hatte es davor in Deutschland nicht gegeben, und da es 1945 erst einmal kein Deutschland mehr gab, sondern nur vier Besatzungszonen, wäre es zuviel verlangt gewesen, für den Augenblick mehr als Befreiung von der einen, alles überschattenden, faschistischen Unfreiheit einklagen zu wollen.

Freiheit also, sagen wir: als mehr oder weniger beliebiges Herumspazieren, wo und wohin man wollte – in den Grenzen der jeweiligen Besatzungszone und ihrer Sperrstunden. Keine Heimkehr, dafür Unterkunft in immerhin anderthalb möblierten Zimmern. Kein Jubel, aber Rückkehr zur Arbeit in der Partei, die ihre von überall her schub- oder tropfenweise eintreffenden Heimkehrer mit herzlichem Hallo empfing.

Können Sie schildern, wie Sie von der Bevölkerung angenommen wurden – als einer, der etwas gegen Hitler getan und bereits vor zwölf Jahren das katastrophale Ende vorausgesagt hatte?

War denn Mitwirkung bei der geistigen Enttrümmerung gefragt – und wenn, von wem? Von »reuigen« Nazis, deren einige sich mühten, Vergeben und Vergessen durch kleine Geschenke zu befördern? Lehren zogen aus dem Kollaps wohl die meisten. Nur wie? Indem sie Argumente der »Antis« prüften? Wir kratzten an ihren Gewissen, ob wir das wollten oder nicht. Dafür trug man uns keinen Orden an.

Ich hatte mich als »Auswärtiger« aus freien Stücken eingemischt, um den Widerstand zu stützen. Wurde das honoriert oder im Gegenteil verabscheut? Es war schwer herauszufinden, was in den Köpfen vorging. Im Gespräch gaben sich die meisten einsichtig, schwiegen sich über ungerufene »Nestbeschmutzer« aus und kramten in ihrer Erinnerung, bis auch sie irgendeinen Faden zum »anderen Deutschland« aufspürten. Wohl dem, der einen »Schutzjuden« vorwies. Wer das nicht wollte oder nicht konnte, hielt den Mund. Wo es nicht um die Wurst ging, keine Posten vergeben wurden, behandelte man uns wie rohe Eier – mit Vorsicht in jeder Hinsicht.

Wäre jetzt nicht der Zeitpunkt gewesen, mit Deutschland abzuschließen und sich an einem aus der Kindheit bekannten Ort niederzulassen? Die Familie lebte ja außerhalb Deutschlands.

In meinem letzten Deutschaufsatz vor dem Abitur 1927 hatte ich geschrieben: Ich weiß nicht, was Heimat ist. Gab es darauf inzwischen eine Antwort? Lautete sie: Graz, wo sich im dritten Stock der Schillerstraße vier überlebende Geschwister um die Eltern sammelten?

Der Postverkehr kam relativ schnell in Gang, auch mit dem Ausland, zu dem das befreite Österreich wieder geworden war. Erleichternd trat hinzu, daß Graz nach kurzer Okkupation durch die Sowjetarmee unter britischer Besatzung stand, wie wir in Bonn auch. Die Mutter machte mich postalisch über das Rote Kreuz und über Fritz Lieb in Basel schon ausfindig, noch ehe ich mich meinerseits gemeldet hatte. Mein Zögern hatte Gründe. Ich war mit mir noch nicht im Reinen, wie ich mich gegenüber der schwerlich als antifaschistisch zu bezeichnenden Mehrheit der Familie verhalten sollte. Persönlich nachtragend war ich nicht, und ich kannte schließlich meine Pappenheimer: recht intelligente Leutchen, doch nicht aus dem Holz, aus dem man Märtyrer schnitzt. Nur: Stillschweigend die ganze Vergangenheit einfach auf sich beruhen lassen, ging halt auch kaum an. Mein erster Gegenbrief fiel entsprechend frostig aus.

Hinterher sammelte ich Punkte für mildernde Umstände. Ich erfuhr Stück um Stück, wie es den Meinigen in den davorliegenden Monaten ergangen war. Die Schillerstraße hatte auch die letzte Phase des Krieges heil überstanden. Die Eltern und Schwester Lizzy kamen ungerupft davon, doch die Brüder nicht: Sascha blieb auf immer verschollen; Miles Witwe teilte seinen Tod im Juli 1944 in einem kroatischen KZ mit. Mitja hatte sich an der Westfront überrollen lassen und mußte ein paar Monate erträglicher amerikanischer Kriegsgefangenschaft bei Cherbourg hinter sich bringen. Der eher regimetreue Lolo, der unangenehm aufgefallen war (ich weiß bis heute nicht, warum und wie), saß die letzten Kriegswochen in Haft ab, was ihm danach zugute kam. Der Vater hatte nach Überschreitung des sechzigsten Lebensjahres in der Verwaltung einer steirischen Landgemeinde nahrhafte Be-

Die überlebenden Geschwister in Graz 1948

schäftigung gefunden. Das half der Familie über die Schwierigkeiten des Überganges hinweg. Außerdem dolmetschte er, wie auch Lolo, während des »russischen Intermezzos« für Grazer Dienststellen, wobei sie sich auf ihre südslawischen Sprachkenntnisse verließen. Lolo verstand etwas mehr, da er sich in Belgrad mit der Tochter eines russischen Emigranten verlobt hatte und in deren Familienkreis verkehrte. Da gab es Licht und Schatten, auch schwer zu Ertragendes und dennoch Courage beim Neuanfang als »Wiederösterreicher«. Doch Heimat? Was hätte ich mit meinem zufälligen Geburtsort Graz (»Stadt der Bewegung«!) gesollt? Nicht einmal Lolo, der im Herbst 1948 auf Suche nach seiner Braut wie aus heiterem Himmel in Bonn aufkreuzte, riet dazu.

Die Variante Jugoslawien: Dort hatte Titos Partisanenheer auf bravouröse Weise den Sieg davongetragen. Es hatte sich regelrecht in die Weltgeschichte hineingeschossen, und Jugoslawien »zählte« seitdem. Kein halbwegs in den Weltläuften Bewanderter verwechselte es mehr, wie zuvor oft, mit der Tschechoslowakei. Aber wen kannte ich dort noch, wer kannte mich? War ich überhaupt willkommen? Ja, wenn Sascha der Übertritt geglückt wäre ... Die Verwandten dort waren evakuiert, emigriert, geflohen oder tot.

Gewiß, als ich im Mai 1945 noch mit Flecktyphus in Siegburg lag, hatte mich ein jugoslawischer Verbindungsoffizier aufgestöbert und mir die Rückkehr nahegelegt. In der Tat errichteten die Alliierten bei Beuel ein Sammellager für jugoslawische »Displaced Persons«. Doch – so schnell drehte sich der »alliierte« Wind – dort kommandierten Anhänger Draža Mihajlovićs »im Namen von König Peter II.« Korrekt, wie ich war oder wie zu sein ich mich verpflichtet fühlte, sprach ich sogar einmal vor, um mich der Verhältnisse zu vergewissern. Der Bescheid: Da ich weder Militärperson noch Fremdarbeiter, sondern schon vor dem Krieg in Deutschland wohnhaft gewesen sei, müsse ich nicht ins Lager, könne aber, wenn ich das wünsche. Allerdings: einmal drin, dürfe ich ohne Einwilligung der Lagerleitung nicht mehr heraus. Das war entschieden die falsche Firma.

Bleiben oder irgendwohin »heimkehren«: Die Frage (die damals wohl auch andere Leute bewegte) hatte ich ordnungshalber Hermann Zilles in Köln vorgelegt. Immerhin war der Siegburger Kamerad zu der Zeit an der Spitze der Bezirksleitung der KPD unsere oberste politische Instanz. Seine Antwort: Er wolle nicht für alle Ewigkeit vorgreifen, aber vorerst bäte er mich zu bleiben. Ich wisse selbst, daß die Partei bei ihrem Wiederaufbau jede qualifizierte Kraft dringend benötige, und schließlich sei ich ja Mitglied der deutschen (nicht der jugoslawischen oder österreichischen) Partei.

Glaubten Sie, als Sie wieder in der KPD zu arbeiten begannen, an eine Neuformierung des politischen Systems von vor 1933? Welche Aufgaben und Probleme waren in diesen ersten Monaten nach Kriegsende vorrangig zu bewältigen?

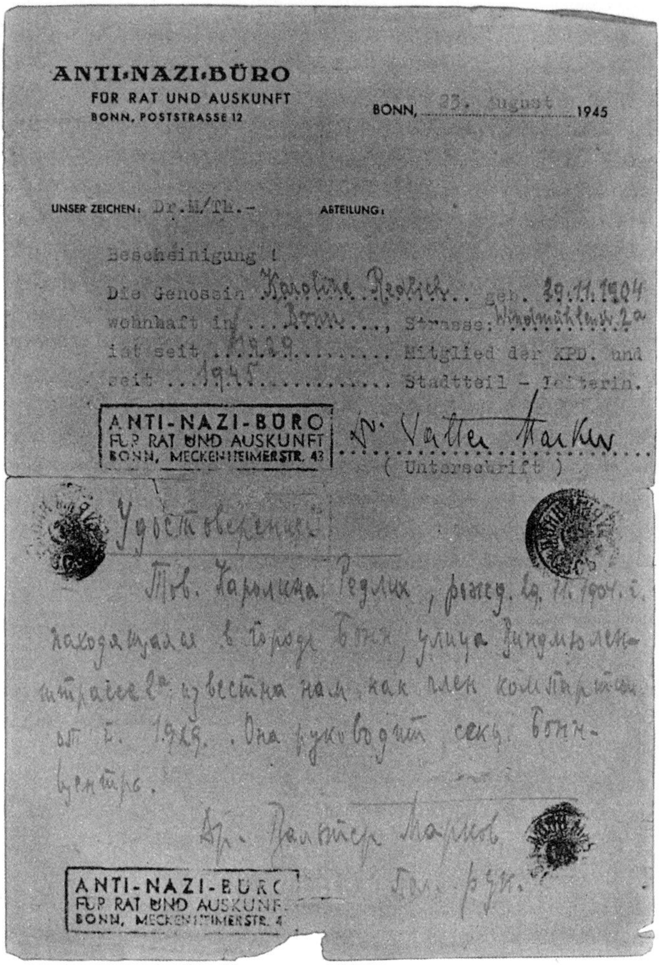
ANTI-NAZI-BÜRO
FÜR RAT UND AUSKUNFT
BONN, POSTSTRASSE 12

BONN, 23. August 1945

UNSER ZEICHEN: Dr.M/Th.- ABTEILUNG:

Bescheinigung !

Die Genossin Karoline Redlich .. geb. 29.11.1904
wohnhaft in ... Bonn ..., Strasse: Windmühlenstr. 2a
ist seit ... 1929 .... Mitglied der KPD. und
seit ... 1945 .... Stadtteil - Leiterin.

ANTI-NAZI-BÜRO
FÜR RAT UND AUSKUNFT
BONN, MECKENHEIMERSTR. 43

Dr. Walter Markov
(Unterschrift)

Удостоверение!
Тов. Каролина Редлих, рожд. 29.11.1904 г.
находящаяся в городе Бонн, улица Виндмюлен-
штрассе 2а, известна нам, как член компартии
от г. 1929. Она руководит секц. Бонн-
центр.
Др. Вальтер Марков

ANTI-NAZI-BÜRO
FÜR RAT UND AUSKUNF[...]
BONN, MECKENHEIMERSTR. 4[...]

Zu tun gab es für jeden etwas. Da die KPD in Bonn sehr lange auf Zulassung durch die britische Besatzungsmacht warten mußte, machte sie zuerst ein Antifa-Büro auf, das später in die Meckenheimer Straße umzog. Dort konnten wir die Genossen vormerken, die willens waren, der Partei nach ihrer offiziellen Zulassung beizutreten. Parteibücher und Parteibeiträge wurden vorerst nicht ausgestellt bzw. erhoben. Hingegen standen Schilder herum – nach dem Eindruck von Kölner Genossen sogar etwas zu viele –, die zu freiwilligen Spenden für die Antifa aufriefen.

Die Tätigkeiten der Antifa waren vielfältig: materielle und moralische Hilfe für zurückkehrende Antifaschisten, Beschaffung von Quartier und Zivilkleidung, Ausstellung von Ausweispapieren und Empfehlungen, u. a. für die Stadtbehörden, die auf Antrag Starthilfen zahlten. Die Antifa war bei Rückführungen (z. B. aus Theresienstadt) behilflich und vermittelte Untersuchungen beim (linkskatholischen) Vertrauensarzt Dr. Lohmar. Zusammenkünfte von Parteicharakter, die gelegentlich notwendig wurden, waren theoretisch nicht erlaubt, wiewohl ein offenes Geheimnis, und niemand suchte sie zu hindern. Im übrigen traf man sich auch einfach in Wohnungen.

Am Rande der Legalität bewegten wir uns beim Ausstellen von Unbedenklichkeitsbescheinigungen (»Persilscheinen«) für deutsche Landser, die es aus anglo-amerikanischer Kriegsgefangenschaft nach Heimatorten in der »Sowjetzone« zog. Das Antifa-Büro war dabei eine notwendige Brücke. Jemand hatte einen Stempel mit fünfzackigem Stern wundervoll selbstverfertigt, und ich zeichnete fleißig russisch ab; eine unleserliche Unterschrift – mehr war nicht vonnöten. Der Text bat darum, dem Sowieso beim Passieren der Zonengrenze keine Schwierigkeiten zu machen, er suche nach Weib und Kindern. Wir mußten natürlich obligatorisch hinzuschreiben: Er hat eidesstattlich versichert, daß er nicht Mitglied der NSDAP oder einer ihrer Gliederungen gewesen ist. Was sicher zu 50 % nicht stimmte.

Später habe ich Ärger bekommen, weil diese Scheine auf dem Schwarzen Markt in Düsseldorf, wie man sagte, für tausend Mark gehandelt wurden. Wo Gott eine Kirche errichtet wird, baut der Teufel seine Kapelle ran. Das hat sich bis zur Bezirksleitung in Köln herumgesprochen. Von ihr bekamen wir böse Worte zu hören. Natürlich war sie im Recht, Ordnung mußte – auch und gerade – in einer Kampfpartei herrschen. Das hatte ich gänzlich »übersehen« und verteidigte mich: Was haben wir davon, die Leute, die in Pommern oder bei Cottbus oder Schwerin ihre Bauernhöfe haben, die ganz einfach zu ihren Familien wollen, mit Gewalt hier festzuhalten, indem wir ihnen die Scheinchen verweigern?

Irgendwelche halbseidene Papiere hatte damals jeder. »Alle Deutsche Präsident!« formulierte ein kontrollierender Rotarmist mit Durchblick. Manchmal kamen an einem Tag zwischen fünfzig und hundert Mann hereinspaziert, je nachdem, wieviele gerade verduften konnten. Ein schon Ergrauter war sogar so ehrlich, auf unsere Frage: »Waren Sie in der Partei?« mit »Ja« zu antworten. Darauf wir: »Dann können wir Ihnen den Schein beim besten Willen nicht geben.« Er: »Na, dann haben Sie nichts gehört.« – »Gut, wir haben nichts gehört.« – Was sonst sollten wir tun? Unter uns sagten wir: Die sollen sich keine Illusionen machen, nicht alle werden dort bleiben können, aber sie werden ihre Angehörigen wahrscheinlich finden.

Den Stempel erwischte die englische Militärpolizei. Das Bild werde ich nie vergessen: Der stempelnde Sekretär holte gerade aus, um richtig aufs Papier zu knallen, und – die Tür ging auf, herein kamen drei oder vier Tommies mit MP. Einer schnappte sich den Stempel und sagte: Hier ist das corpus delicti! – Das hatte sich also bis zu denen hochgefunkt. Auf Weisung der Bezirksleitung stellten wir die »Fabrikation« dann endgültig ein.

Dem Neubeginn war auch ein gewisses Gründungsfieber eigen, das bei allen politischen Gruppierungen zu gezielten Realitäten der Nachkriegsgesellschaft führte. Sie selber haben sich vor allem der Jugend zugewandt. Erwuchs diese Hinwendung zu jungen Menschen aus einem Vertrauensverlust gegenüber der älteren Generation?

Unbewußt vielleicht, aber eigentlich waren mir Kinder immer lieber als Erwachsene. Richtig ist, daß ich also wieder einmal »beim Gründen« war. Die »Freie Deutsche Jugend« (nach dem Vorbild der von Horst Brasch in der Emigration geleiteten) war mir Herzenssache. Kinder der Genossen (aber beileibe nicht alle, nicht einmal ihre Mehrheit) bildeten einen ersten Stamm: Sohn Schlemmer aus Beuel, Tochter Miebach, Sohn Orlopp, Toni Preckel und Schwester; die Kolb-Mädchen Marga und Heidi (deren Vater Ferdi meldete sich 1944 aus dem KZ zu den 999ern, lief in der Slowakei zur Sowjetarmee über, erkrankte in Kriegsgefangenschaft, wurde im Sommer 1945 in die Heimat entlassen und kam in Bonn erschöpft, aber guter Dinge an); dazu aus Köln der »Siegburger« Fritz Oberndorf und »Pastor« Kurth Kluth, der Ende 1944 als achtzehnjähriger Abiturient desertiert war und bis zur Befreiung in Kölns Kellerlandschaft als bewaffneter Illegaler überlebt hatte, von der KPD in Kölns Stadtrat und zur Leitung der dortigen »Volksjugend« delegiert wurde; von der Bonner Universität (seit dem Wintersemester 1945/46) die Studenten Pollmann, Bönninger und Engelbert, dazu Pollmanns Freund aus Landser-Zeiten Alfred Gecks.

Als größten Erfolg buchte ich, daß sich uns die in Bonn maßgebliche Gruppe der Edelweißpiraten unter Lullo anschloß. (Seine protestierende Mutter, Anwaltsgattin: »Mein Sohn heißt nicht Lullo. Mein Sohn heißt Hans-Ludwig.«) Er war »die Intelligenz«, der Rest mehr auf Schlägerei aus, im Kern waren es meist gutmütige Kerle, denen »Kameradschaft« über alles ging; darunter ziemlich verärgerte Kriegsteilnehmer. Der Sohn des Genossen Hillebrand hatte sich ihnen schon vor der »Stunde Null« zugesellt, weil er andere Illegale, wie er später begründete, einfach nicht finden konnte.

Diese Jugend drängte nach Aktivität, manchmal auch in die falsche Richtung. Ich hatte eine halbzerbombte Villa beschlagnahmt und sie der FDJ zur Verfügung gestellt. Seltsamerweise erkannte die Stadtverwaltung solche Eigenmächtigkeiten stillschweigend an. Auch das war »Nachkrieg«, lange vor den Hausbesetzungen der linken Szene. Während einige von den Edelweißpiraten brav an dem »Heim« mit herumflickten (gewiß, das Material mußte irgendwie »organisiert« werden ...), knackten andere einen Zigarettenautomaten und ließen eine Gans mitgehen. Das führte zu Konflikten.

Beinahe hätte ich damals auch in anderer Richtung einen Riesenbock geschossen. Ich überlegte, ob wir nicht aus den Reihen unserer zuverlässigsten jungen Freunde ein »Geheimkommando« bilden sollten zur Bestrafung exemplarischer Faschisten, deren viele durch die Maschen der Entnazifizierung schlüpften; natürlich hinter dem Rücken der Partei, um diese nicht in Schwierigkeiten zu bringen. Sogar einen Namen hat-

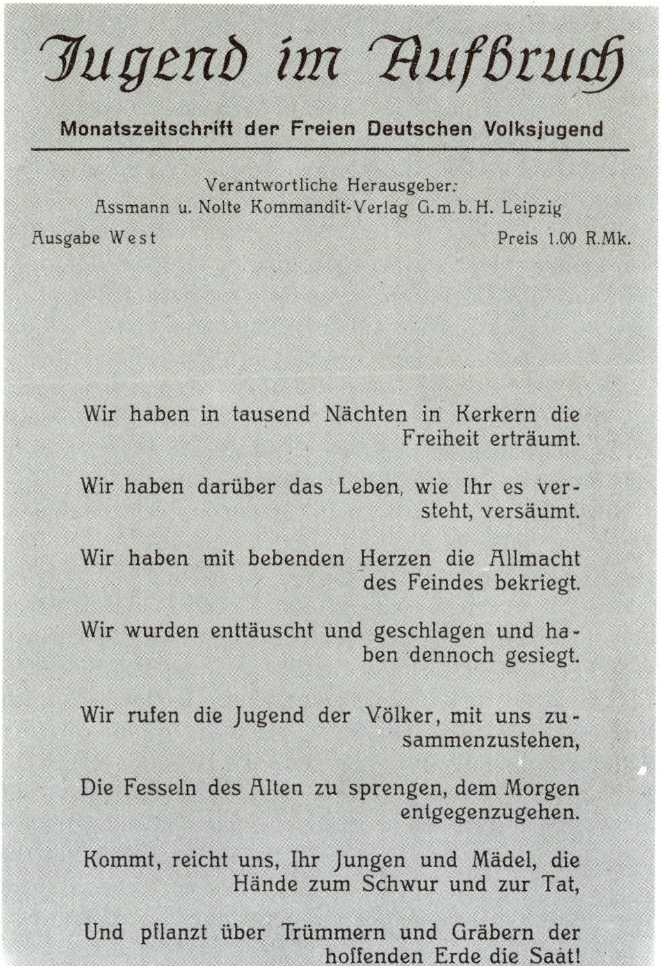
Jugend im Aufbruch

Monatszeitschrift der Freien Deutschen Volksjugend

Verantwortliche Herausgeber:
Assmann u. Nolte Kommandit-Verlag G.m.b.H. Leipzig

Ausgabe West — Preis 1.00 R.Mk.

Wir haben in tausend Nächten in Kerkern die Freiheit erträumt.

Wir haben darüber das Leben, wie Ihr es versteht, versäumt.

Wir haben mit bebenden Herzen die Allmacht des Feindes bekriegt.

Wir wurden enttäuscht und geschlagen und haben dennoch gesiegt.

Wir rufen die Jugend der Völker, mit uns zusammenzustehen,

Die Fesseln des Alten zu sprengen, dem Morgen entgegenzugehen.

Kommt, reicht uns, Ihr Jungen und Mädel, die Hände zum Schwur und zur Tat,

Und pflanzt über Trümmern und Gräbern der hoffenden Erde die Saat!

ten wir schon: »Schwarze Galeere«. Zum Glück blieb es beim Gerede. Der »Balkananarchist« in mir war demnach noch nicht ganz tot; »etwas Terror« hielt ich nicht unbedingt für ein Übel, wenn es der richtige war.

Ich verfaßte die – oft vervielfältigten – Parolen, Flugblätter und Plakate der Bonner FDJ. Das lief zu einem ganz hübschen Stapel an. Erhalten hat sich für die Nachwelt leider fast nichts davon, ich selbst besitze ein einziges.

Etwas mehr Glück war unserem Monatsblatt »Jugend im Aufbruch« beschieden. Auch hier war ich maßgeblich beteiligt. Als Druckort wurde »Leipzig, Ausgabe West« ausgewiesen, als Verlag »Assmann und Nolte« (der es machte, wie er's wollte ...), als Herausgeber C. H., mein altes illegales Kürzel. Wir kannten einen sozialdemokratischen Drucker, der bereit war, auch ohne Lizenz für wenig Geld zu setzen und zu drukken. So brachten wir es auf zwei Nummern, von denen ich noch heute behaupten möchte, daß sie die ersten ernstzunehmenden Druckerzeugnisse der FDJ auf dem Boden Nachkriegsdeutschlands waren. Die Leitung freilich wollte das nie recht wahrhaben und betrachtete unseren Seitentrieb wohl eher als Bankert mit Schleichwerbungseffekt.

Einzuräumen ist, daß wir uns damit Probleme aufluden. Die Herstellung des Blattes geschah konspirativ, ohne vorherige Einweihung der Partei (um sie – auch damit – nicht zu belasten, falls es Prügel setzte). Solche Eigenmächtigkeit wurde oben überhaupt nicht geschätzt, und inhaltlich war es ihnen zuviel Wildwuchs. Da dieses herbe Urteil ziemlich gleichmäßig auf Kreis- und Bezirksleitungsebene erfolgte, legte ich unser Elaborat dem Genossen Nelken in Berlin vor (der »Nummer drei« für Jugendfragen nach Honecker und Keßler), dessen Meinung jedoch von den schon eingeholten nicht wesentlich abstach. So ließ ich das Unternehmen Ende 1945 nach Verteilung einiger Freiexemplare anläßlich unserer (sehr gut besuchten) Kinderweihnachtsfeier ohne Grabgesang eingehen. Ebenso die Vernunftehe mit den Edelweißpiraten – auf der Feier setzte es noch Handgreiflichkeiten. Einige »Piraten« griffen Pollmann, der einen Arm im Krieg verloren hatte, unfair körperlich an. Es kam zum offenen Zusammenstoß und an der Jahreswende 1945/46, insbesondere auf Drängen Pollmanns, zur Trennung. »Umerziehen« wäre besser gewesen, doch dazu reichte unsere Kraft nicht. 1946 lösten sich die Bonner Edelweißpiraten dann auf, wie andernorts auch, und verloren sich zwischen Hörsaal und Schwarzmarkt, grauem Alltag und »Milieu«.

Ich fand eine Anmerkung in Heinz Gatermanns Erinnerungen, wo neben den Edelweißpiraten auf die Gruppe der Nerother aus Köln verwiesen wird.

Ja, auch die Nerother gab es. Sie waren eine verselbständigte Gruppe unter den schon in der Vorkriegszeit weitverbreiteten »Wandervögeln«. Einige unter ihnen wurden zu einer der Quellen, aus denen sich die Edelweißpiraten speisten, und davon wiederum gelangten einige in die Kölner FDJ (die sich zuerst »Volksjugend« nannte). Im übrigen sind das leider leere Seiten einer größtenteils noch ungeschriebenen – oder schwach geschriebenen – »Regionalgeschichte«.

Die Wiederaufnahme des Universitätsbetriebes in Bonn eröffnete Ihnen pro forma die gewünschte wissenschaftliche Perspektive. Es kam nicht dazu. Warum? Wie stand es nach dem Krieg um den deutschen Akademiker?

Mit dieser Frage wurde ich bereits während meines Krankenhausaufenthaltes nach der Befreiung konfrontiert. Als man herausfand, daß ich ein »Promovierter« war, fragten mich zwei deutsche Ärzte: Man hört hier die Amerikaner erzählen, daß es für die nächsten zwanzig Jahre keine deutschen Universitäten mehr geben wird. Wenn das stimmt: Sind Sie als Antifaschist auch dafür? Darauf entgegnete ich: Erstens sei ich nicht dafür, zweitens erscheine mir das eher als klägliches Geschwätz. Niemand unter den Siegern würde sich den Luxus leisten wollen, zwanzig Jahre lang das Potential der Universitäten einfach brachliegen zu lassen. Allerdings bestimmt nicht aus Liebe zu den deutschen Akademikern, sondern aus Nützlichkeitserwägungen.

Und ich hatte mich kaum aus dem Krankenhaus französisch verabschiedet, da war der Senat der Bonner Universität schon zusammengetreten. Die Engländer hatten es eilig, etwas zu eilig vielleicht, mit der Zu- oder Wiederzulassung von Magistern und Scholaren. Die Entbräunung vollzog sich so oberflächlich, daß am Ende der gesamte Entnazifizierungsausschuß, dem von der KPD der 1988 verstorbene Heinz Gatermann angehörte, seine Funktion unter Protest niederlegte. Es fehlte am schönen Rhein der Wille, in das Wespennest zu greifen. Zu viele Interessen verwoben sich, und man sträubte sich, ernst zu machen. Denn wenn einer erst einmal anfing, Dreck am Stecken des anderen zu suchen ...

Wie grotesk die Situation zur Immatrikulierung im Herbst 1945 war, mag der Haltung des wirklich liberalen Keltologen und rassistisch verfolgten Antifaschisten Dr. Rudolf Hertz abgelesen werden. Er kam zu mir unter dem Eindruck, daß es der Zulassungskommission schier unmöglich sei, den Zustrom von ehemaligen Offizieren und Pg's zu stoppen. Deshalb schlug er vor, jede Partei solle eine bestimmte Quote »unbesehen« immatrikuliert bekommen und dann selber für diese die moralische Verantwortung tragen, statt nach bestem Wissen und Gewissen Kandidaten von Gegenparteien »abzuschießen«. Der KPD billigte er »zwanzig bis dreißig« zu. Zwar wurde kein formelles Abkommen getroffen (wo wären wir damit hingelangt!), aber in der Sache wurde annähernd so verfahren. Und es blieb nicht aus, daß die unterschiedlichsten Gestalten plötzlich zu uns kamen und unter Bekundung ihres Interesses für die KPD eine Befürwortung zum Studium erschlichen. Der Tochter eines so erprobt antifaschistischen Katholiken wie Oberbürgermeister Elfes von Mönchengladbach erteilten wir sie natürlich gern.

Studentenarbeit war wesentlich mein Revier, wiewohl ich nominell mit der Universität nichts mehr zu schaffen hatte. Mir oblag die Steuerung unserer eigenen »Hochschulgruppe« – der drei befreundeten Neu-Juristen Pollmann, Bönninger und Engelbert –, darüber hinaus die Formierung einer Studentenvertretung, für die als erster ein (leider schwer lungenkranker und bald daran verschiedener) Studiosus Tappen aktiv wurde, der mich dazu konsultierte. Tappen, Sohn eines Studienrates, war ein »stiller Linker«, anfänglich noch ohne Parteibindung. Vor seinem Eintritt in die SPD bat er mich, ihm auch Vorzüge der KPD darzulegen; sie erschienen ihm jedoch nicht ausreichend, um ihn von seinem Entschluß abzubringen. Ich sah ihn zuletzt 1946 in der Lungenheilanstalt.

Wir trommelten Studenten verschiedener politischer Richtungen zusammen, die sich in meiner Wohnung bei Frau Hilde Schrader, Godesbergerstraße 20, zweimal trafen, um einen Antrag an die Militärregierung um Genehmigung eines ASTA (Allgemeiner Studentenausschuß) und demokratische

Wahlen dazu aufzusetzen. Das knappe Dutzend in der Runde wurde sich rasch einig, bis einem der Zweifel hochkam, ob wir denn auch wirklich alle vier der im Prinzip zulässigen Parteien – CDU, SPD, LDP (FDP) und KPD – verträten. Es stellte sich heraus, daß wir keinen Parteibuchliberalen in unserer Mitte hatten – ein noch Parteiloser mußte daraufhin hoch und heilig geloben, den Liberalen (die sich mit ihrer Konstituierung in Bonn Zeit ließen) »bis zum nächsten Zusammentreffen« beizutreten. Des Fragers Nebenabsicht, dabei herauszubekommen, wes Geistes Kind ich sei, ging nicht auf: Da kein Student, durfte ich mich der Stimme enthalten. Der Frager selbst, ein prächtiger blonder Recke, hatte seine Hand für die CDU erhoben; kein Wunder, er war Konrad Adenauers jüngster Sohn. Warum das kluge Kerlchen (und bei dem Aussehen!) nichts besseres werden sollte als ein unbeweibter katholischer Geistlicher, leuchtete mir schon damals nicht ein.

Dem Antrag war übrigens ein unerwartet schneller Erfolg beschieden. Nur nutzte er uns praktisch nichts, weil »unser« – linkslastiger – provisorischer – ASTA nicht zum Zuge kam. Die Wahlen folgten nämlich auf dem Fuße und spülten das restaurative Element, genau wie in der »großen Politik«, schon wieder nach oben. Bis in die sechziger Jahre blieb der – auch in sich bald wieder zerstrittenen – Linken an der Rheinischen Friedrich-Wilhelms-Universität nur der Schmollwinkel.

In meiner eigenen Angelegenheit hatte der Senat beschlossen abzuwarten, bis Professor Kern aus der Schweiz zurückkehren würde, (der daran aber noch gar nicht dachte,) um danach zu sehen, was man für mich tun könnte...

In Ihrem Aktionsdrang entwickelten Sie sich damals förmlich zu einem Multifunktionär. Haben Sie jemals beabsichtigt, aufbauend auf Ihren Geschichts- bzw. Sprachkenntnissen und Ihrer politischen Lebenserfahrung, eventuell die Laufbahn eines Politikers einzuschlagen?

Letzteres glaube ich nicht. Für einen erfolgreichen Politprofi gelten wohl andere Voraussetzungen, und ich hatte stets einen Horror davor, Politik »für Geld« zu machen. Daran scheiterte ja auch gleich 1945 meine Anstellung als Parteisekretär: Ich leitete mein »Gehalt« von 250 Nachkriegsmark sofort an die FDJ weiter. Daß ich in diesem Punkt nicht zu heilen war, sahen die Genossen danach selbst ein. Bei aller Hochachtung für Organisatoren, die den Mut aufbringen, einer objektiven Analyse der Wirklichkeit auch Taten folgen zu lassen: ich traute mir das weder damals noch später zu. Versuchte ich doch einmal, auf ihren Spuren zu wandeln, landete ich meistens in »typischer Markovscher Überorganisation«: frei nach Freund Heinrich Kierzek. Entfiel demnach die Alternative Berufsrevolutionär, so blieb hingegen – als Freizeitbeschäftigung – das »Kulturapostolat« in stets greifbarer Nähe.

Für Kulturarbeit brauchten Sie in diesen »hungrigen« Zeiten sicherlich einen amtswaltenden Mäzen?

Ich hatte frühzeitig von der Gründung eines Kulturbundes »zur demokratischen Erneuerung Deutschlands« in Berlin und seiner beachtlichen antifaschistischen Toleranzbreite gelesen. Dergleichen dünkte mir für eine Stadt gleich unserem doch etwas schläfrigen Bonn genau das Richtige, das Machbare. SPD und Gewerkschaften schienen nicht abgeneigt, die Briten konnten nicht viel dagegen haben. Meine Hauswirtin und ihr inzwischen heimgekehrter Mann, seines Zeichens Kunstmaler, machten die Honneurs, als ich Hinz und Kunz zu einem Ausspracheabend lud und wahre Massen geströmt kamen, niedrig geschätzt an die siebzig. Die eigentlich erforderliche Genehmigung für Versammlungen hatte ich nicht eingeholt, dafür aber den zuständigen Sergeanten Bowen einfach dazu eingeladen. Der, neugierig von Beruf, erschien auch und vermochte erwartungsgemäß im Unterfangen nichts Tadelnswertes zu erblicken.

Viele meldeten sich zu Wort. Das ausschlaggebende sprach Professor Weizel, führender Sozialdemokrat: Wir müssen uns entscheiden, was und wen wir haben wollen. Wenn wir demokratisch jeden einbeziehen, der nicht Nazi war (oder ist), dann bekommen wir viele, gehen aber – unter Bonner Verhältnissen – in solcher Masse auf (und unter). »Erneuern« wir, auf Fortschritt ausgerichtet und mit Spielarten des Sozialismus im Visier, bleiben wir wenige und unter uns, avantgardistischer Klub oder intellektueller Freundeszirkel. Das war

Dienstag, 21. Mai 1946 BS

Bonn Stadt

Aus dem Universitätsleben

Am Freitag, 10 Uhr, ist im Theatersaal der Clara-Schumann-Schule in der Loestraße die erste feierliche Immatrikulation der Bonner Studenten. Einlaßkarten werden im Museum Koenig, 1. Stock, ausgegeben.

Die erste Nummer der Bonner Universitätszeitung ist erschienen. Die Zeitung will Anregungen aus studentischen Kreisen wiedergeben, über wissenschaftliche und literarische Neuigkeiten berichten und in Aufsätzen namentlich über Universitätsangelegenheiten ein Bild von der geistigen Lage der Bonner Universität vermitteln.

Ein provisorischer Ausschuß von etwa 15 Studenten und Studentinnen aller Fakultäten hat kommissarisch die Funktion einer Studentenvertretung übernommen. Der Ausschuß will eine endgültige Verfassung der Bonner Studentenvertretung und Wahlen vorbereiten.

im September 1945, und ich wußte nicht, in welcher Richtung der Hase laufen sollte. Louis Napoleon Gymnich, auch ein Siegburger Kamerad, scharte zum Beispiel in Köln einen ganz engen Kreis um sich – KPD oder Sympathisierende: wohl aber deshalb, weil er die nahm, die er bekam, und da waren nicht übermäßig viele.

So bat ich einen unserer FDJler, der einen privaten Streifzug nach Berlin vorhatte, sich beim Genossen Willmann, dem Obermanager des Kulturbundes, über Richtlinien zu informieren. Das klappte wunderbar; er brachte eine ausführliche Information mit, verbunden mit der Einladung, mich bei Gelegenheit selber in der Zentrale (die damals noch in einem der Berliner Westsektoren lag) blicken zu lassen.

Trotzdem atmete der Bonner Kulturbund nie richtig durch. Zurückzuführen war das hauptsächlich auf die Verhärtung der SPD- und Gewerkschaftspolitik gegenüber der KPD. Daß wir am Ort leidlich miteinander auskamen und gelegentlich sogar noch als »Gesamtlinke« in Erscheinung traten (so im städtischen Kulturausschuß, in den ich als Vertreter der KPD kooptiert worden war), vermochte nichts gegen den sich vertiefenden Riß in den höheren und höchsten Regionen auszurichten. Für die Image-Pflege der SPD-Strategen wurden Konnexe zu uns im politischen Kräftespiel eher geahndet, ja, sie waren kompromittierend. Sie zu erzwingen, waren wir, wie alle Wahlen in den Westzonen und in Berlin ergaben, selbst bei Berücksichtigung der ausgeklügelten Wahlordnung einfach zu leichtgewichtig. Das Ausscheren von SPD und Gewerkschaft schnitt den 1946 konstituierten »Kulturbund Bonn« auf einen biederen Verein mit einigen ästhetischen und heimatkundlichen Aspekten zurück, der zwar wenig Schaden, doch für unsere Sache auch keinen rechten Nutzen zu stiften vermochte.

Ähnlich stand es um die Muse Thalia. Die Theater, die ihre Genüsse markenfrei anboten, erlebten eine tolle Konjunktur. In Bonn, dessen Kunsttempel durch Bomben arg beschädigt war, öffneten 1945 gleich zwei (und 1946 mit der Oper drei) Bühnen ihre gastlichen Pforten für wenig, dazu entwertetes Geld. Im Pavillon am Hofgarten hielt Lorscheid (der SPD nahestehend) mit einem »Faust« Premiere, verlor aber bald seinen Mephisto Hans Harnier. Der wollte sich zuerst selbständig machen, wurde dann jedoch mit einer lockenden Gage von einem Herrn Perschko für dessen aus dem Nichts gezaubertes Konkurrenztheater in den Räumen der Nervenheil- und Pflegeanstalt gewonnen. Diese Truppe hielt sich als Kollektiv an uns, und wir kamen glänzend mit ihr aus. Harnier trat sogar der Partei bei, die großzügig über seine »Mitläuferschaft« hinwegsah. Ein Künstler, ist halt ein Vogel sonder Art!

Über die wirtschaftliche Bonität des Unternehmens hatte ich, da die Relation zwischen Aufwand und Ertrag nie stimmte, Perschko aber über Eigenkapital nicht verfügte, gelinde Zweifel. Er gab unter dem Siegel der Verschwiegenheit in schöner Offenheit den »Übergangscharakter« seiner Schöpfung zu, die sich unmöglich rentieren könne ... Von

Der Schauspieler Hans Harnier, Bonn 1946,

überallher befehdet, war an öffentliche Zuschüsse nicht zu denken, und am Ende, das ich nicht mehr am Rhein erlebte, stand, wie bei so vielen schnell emporgeschossenen Sumpfblüten jener Jahre vor der Währungsreform, die Pleite. Die Actricen der Truppe haben zum Teil so gut gespielt, daß sie dafür die lobende und meiner Erinnerung nach einzige Theaterrezension, die ich je verbrach, voll und ungekürzt verdienten; Genosse Gymnich (als Kulturredakteur) strich sie in der Kölner »Volksstimme (zu Unrecht) zusammen.

Im Frühjahr 1946 verschmolzen in der Ostzone die KPD und die SPD zur Sozialistischen Einheitspartei Deutschlands. Welchen Widerhall fand dieses Ereignis bei Ihren Freunden im Rheinland?

Für die Vereinigung der beiden Arbeiterparteien wurde in den Westzonen auch unter Genossen der SPD eifrig, wenngleich mit bescheidenem Ergebnis, geworben. Zur Teilnahme am Berliner Vereinigungsparteitag im April waren reichlich Einladungen versandt oder zugestellt worden. Als Gastdelegierte (der KPD) nahmen mein zukünftiger Schwager, der Student Karl-Günter Bönninger, und sein Vater aus Mönchengladbach teil, ohne daß wir in Bonn davon im vorhinein gewußt hätten. Mein späterer Schwiegervater (1919 USPD, 1921 KPD) war bis ins höchste Alter besonders stolz darauf, auf diese Weise Zeuge der Gründung der deutschen Arbeitereinheit geworden zu sein.

Ich hatte Einladungen zur Weiterleitung auch an teilnahmewillige Sozialdemokraten erhalten. Allerdings kamen ihnen am Ende doch Bedenken. Die schönen Mandate mit Aufforderung in deutscher und russischer Sprache an Dienststellen der Sowjetischen Militärverwaltung, den Inhaber ungehindert passieren zu lassen, waren zwar Ende Mai schon reichlich veraltet, bewährten sich aber beim Grenzübertritt während einer späteren Reise über die Grüne Grenze als Legitimation noch bestens.

Wie würden Sie heute den ganz persönlichen Ertrag dieser ersten Monate der Freiheit einschätzen?

Überblicke ich aus dem Abstand meine ersten »Schritte in der Freiheit«, so dünken sie mir nichts Halbes und nichts Ganzes. Hatte ich in diesem runden »Jahr I« von April 1945 bis April 1946 irgend etwas erreicht oder geschaffen, wozu man sagen konnte: Dafür hat das Opfer des davorliegenden Jahrzehnts gelohnt? Wenn ich mich nicht nachträglich täusche, habe ich mich das zwar nicht gleich von Anfang an, aber doch in ersten Ansätzen schon im September und ernsthaft dann zum Jahresende 1945 zu fragen begonnen. Daß unter britischer Mißgunst gegenüber Kommunisten längst nicht alle Knospen platzen würden, damit war zu rechnen gewesen (es sei denn, ein Anthony Toynbee hätte überlebt und wäre

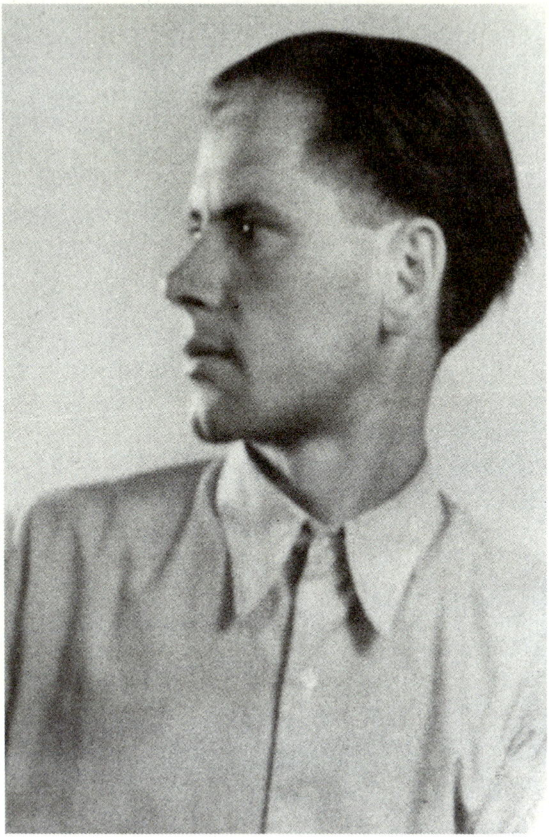

Markov 1947

als Town Major von Bonn aus der Trickkiste gehopst ...). Doch es galt, sich weiterhin als Opposition innerhalb eines wenn schon demokratischen, so doch auf das Kapital eingeschworenen Systems einzurichten. Mit einem Übergang zum Aufbau des Sozialismus, der meinem allmählich reiferen Alter näher zu liegen begann als der andauernde Zwang zur Antithese, war es also nichts. Immerhin trug ich genügend Widerspruchsgeist in mir, um die Sachlage notfalls in Kauf zu nehmen. Endlich einmal faktisch und praktisch, nutzvoll –

Robert Rompe

nicht nur in »Gründermanie« – mitzuentscheiden, erschien mir zwar wünschenswert, doch nicht unverzichtbar.

Ein Verbleib in Bonn wäre denkbar gewesen. Kurt Bachmann, viel später erster Vorsitzender der DKP, trug mir an, mich mit ihm in die Kölner Agitproparbeit zu teilen, »dann aber richtig!« Jedoch wozu? Um Dinge abzuspulen, die jeder andere ebenso gut, wenn nicht besser auszuführen vermochte? Wenn ich dabei blieb, politische Arbeit nicht »gegen Bezahlung« zu leisten, und andererseits zur Universität den Zugang versperrt, meine Freunde dort in einer lachhaften

Minderheit fand, war meines Bleibens in dieser Stadt à la longue eben doch nicht. Und da galt es dann zu überlegen: wohin?

Mehreres bot sich an, und wiederum stand ich vor einer gar nicht leichten Entscheidung: Ich näherte mich sachte den Vierzig, und da spätestens muß man – nach meiner These – wissen, wo man ableibt ... Meine politische Option hielt ich für unwiderruflich. Was ich suchte, war der tätige Einsatz für eine lebenswerte Aufgabe und davon abhängig der Ort. Damit verbunden war eine urpersönliche Angelegenheit: mit der Liebe war ich im Zeitverzug. In meinem glückhaft besitzlosen Schwebezustand konnte ich es keinem »ordentlichen« Mädchen zumuten, mit mir nichts als die Ungewißheit und notfalls noch das Bett zu teilen. Flüchtige Begegnungen boten keine Dauerlösung. Heiraten bedeutete für mich Familiengründung, und eine – vielköpfig gedachte – Rasselbande wollte ehrlich ernährt werden. Jünger wurde ich bei der Warterei nicht. Auch von daher ging es um das Wie und Wo.

Was wußten Sie in Bonn über die sowjetische Besatzungszone? Welches Bild vom »Russen« existierte in den Westzonen?

Gleichsam ein erster Vorstoß in eine »terra incognita« war die Autofahrt (unter neutraler Schweizer Flagge!) der Professoren Fritz Lieb und Walter Weizel nach Ost-Berlin zu Robert Rompe, etwa im September 1945. Meine Kenntnisse von der Sowjetischen Besatzungszone beruhten bis dahin vor allem auf Gerüchten mit positiven und/oder negativen Vorzeichen. Lieb kam aus Basel zunächst nach Bonn zu Weizel (später SPD-Landtagsabgeordneter in Nordrhein-Westfalen), der ein anerkannter theoretischer Physiker war und Rompe als engeren Berufskollegen kannte.

Als Lieb bei mit hereinschaute, erwähnte er mit keinem Wort, wie aktiv er sich für mich während der Untersuchungshaft und danach eingesetzt hatte, wie intensiv sein Briefverkehr mit meiner Familie gewesen war. Er war darin außerordentlich zurückhaltend, bescheiden, ein ganz der Sache dienender Mensch. Mit seinem Buch »Rußland unterwegs« hatte er Aufsehen erregt, er war mit Sergej Bulgakow und Walter Benjamin befreundet, und dem sowjetischen System stand er aufgeschlossen gegenüber, wenngleich er als gläubiger Christ und Theologe eher einem Rußland à la Dostojewski anhing.

Mit ihrer Berlin-Reise verfolgten Lieb und Weizel zuallererst ein fachliches Anliegen: zu erfahren, inwieweit ihre Idee einer überzonalen antifaschistischen Arbeitsgemeinschaft auf einem Gebiet wie der Physik, die relativ ideologiefrei ist, durchzusetzen sei. In dieser Hinsicht kamen beide zufrieden von ihrer Reise zurück. Sie meinten, daß wissenschaftliche Arbeit im sowjetisch besetzten Berlin möglich sei und sogar Unterstützung durch die Besatzungsmacht fände. Was dadurch erleichtert wurde, daß Professor Rompe, der, da seine Mutter aus Petersburg stammte, fließend russisch sprach, auch in Akademieangelegenheiten beim jeweiligen sowjetischen General dolmetschte. Die wissenschaftliche »Ausspähung« ergab also: In der Akademie wird schon gearbeitet, auch in den physikalischen Instituten, in der Universität noch nicht. Weizel erzählte, daß sie beschlossen hätten, eine Dreiergruppe zu bilden, bestehend aus ihm, Rompe und Seliger in Greifswald.

Die Flut der Gerüchte über Vergewaltigungen betreffend, machte Fritz Lieb eine Bemerkung, daß in jedem Krieg und bei jeder Besatzung sehr schlimme Dinge vorkommen, er aber den Eindruck habe, die Westdeutschen lebten von einem – und zwar bewußt kanalisierten – Schock, der auf die unmittelbare Situation im Mai zurückzuführen sei, als der Feuersturm über die Trümmer der Hauptstadt und die in die Keller geflüchtete Bevölkerung raste. Noch gäbe es Probleme im Verhalten der Sieger, doch als dominierend stellten sie sich schon nicht mehr dar. Berlin habe Wasser und Licht. Zu essen gäbe es natürlich kaum etwas, und der Schwarze Markt blühe genauso wie im Westen, bei höheren Preisen allerdings: fünfzig Mark für das Brot, gegen zwanzig bei uns.

Nur: so ausgewogen dachten die meisten nicht. Wenn jemand aus der SBZ zurückkam, interessierte sich der normale Kleinbürger erst einmal für aufgeschnappte Schauergeschichten. Ganz aus der Luft gegriffen brauchte diese Schattenseite des »Nachkrieges« nicht zu werden, und die Fama verbreitete sich ja nicht nur in den Westzonen, sie grassierte beiderseits der Elbe selbst noch Ende 1946, als ich nach Leipzig übersiedelte. In der Regel hatten sich die »Beziehungen« nach einigen Monaten eingespielt, ob es um eine westliche oder die östliche Besatzungsmacht ging. Aber natürlich hatte es diejenige um vieles leichter, die in der Lage war, ihre Werbung durch Kaffee und Camel zu würzen oder durch Schokolade zu versüßen. Das Land, das Hitlers »Ostfeldzug« verwüstet und verbrannt hatte, konnte mit solchem Luxus nicht aufwarten: Das blieb als Kern der schmerzlichen Wahrheit. Um die zu erfahren, braucht man nur Christa Wolfs »Kindheitsmuster« genau zu lesen. Man muß also gar nicht Dinge hervorholen, die etwa unter den Tisch gekehrt worden wären; Dinge, von denen A. S. Jerusalimski, der gedankenreiche Historiker, immer sagte: Aufschreiben soll man das, aufschreiben!

Dieses – sicherlich trübe – Kapitel des »Nachkrieges« berührte Leute wie Weizel und Lieb wohl, verstellte ihnen jedoch nicht den Blick. Als sie auf der Rückreise (auskunftsbereit) wieder bei mir auftauchten, berichteten sie, daß es auch in dem sowjetisch besetzten Berlin – zwar sehr langsam und unter großen Schwierigkeiten und Rückschlägen – zu einer Normalisierung des Lebens komme, die Mut mache, mit der Anknüpfung von Kontakten fortzufahren. Für Fritz Lieb hatte die Fahrt zur Folge, daß er sich um eine Gastprofessur für Kirchen- und Religionsgeschichte an der Humboldt-Universität bewarb, die er später auch erhalten und – wenngleich nicht ohne Reibungen – angetreten hat.

Kurze Zeit nach diesem Reisebericht trafen Sie selbst in Berlin u. a. mit Paul Wandel, Präsident der Zentralverwaltung für Volksbildung, und Robert Rompe, verantwortlich für das Hochschulwesen, zusammen. Wie nahmen diese Ihre Absicht, in die SBZ überzusiedeln, auf? Konnten Sie bestimmte Strategien zur Ankurbelung von Wissenschaft und Kultur in den Gesprächen erkennen?

Mir wurde geraten, die Flinte vorerst noch nicht ins Bonner Korn zu werfen. Noch sei es die Politik der Partei, wissenschaftliche Stützpunkte, wo es ging, auch in den Westzonen zu halten. Und wenn ich doch »rüberkäme«, sollte es nicht durch einen administrativen Akt von oben, sprich Zentralverwaltung für Volksbildung geschehen, sondern rite berufen bzw. eingeladen von einer der Universitäten, die auf ihre »Hochschulautonomie« hielten. Eine erste Gelegenheit sei die Historikerkonferenz im Frühjahr 1946, die prüfen sollte, ob die Bedingungen für die Zulassung eines vom nationalsozialistischen Ungeist gesäuberten Geschichtsstudiums schon gegeben seien. Mir würde man dazu gern eine Einladung schikken. So war meine zweite Reise vorprogrammiert.

Robert Rompe, vielseitig gebildet, dazu geistreich und humorvoll, vertraute mir später sein »geheimes« Erfolgsrezept an: »In Deutschland gibt es 60000 Köpfe (einer auf tausend), auf die es ankommt. Die müssen wir gewinnen!« Faktisch eine »rote« Avantgardetheorie, wie er schmunzelnd nachsetzte.

Aus ähnlicher Überlegung wollte ein Jahr später die »Gesellschaft Immshausen« eine demokratische Elite Deutschlands organisatorisch zusammenbringen. War das ein Versuch, mit Hilfe der Vernunft einen Ost-West-Ausgleich für Deutschland zu finden?

Auf einem Empfang zur Verleihung des Dr. h. c. der Karl-Marx-Universität in Leipzig 1987 erinnerte sich der geehrte Carl Friedrich von Weizsäcker daran, daß wir zusammen im August 1947 mit der »Gesellschaft Immshausen« ein »Gesamtdeutschland« auf geistiger Ebene gründen wollten – ein Projekt, mit dem sich aber bis unlängst kein Historiker befaßt habe. Ich antwortete, es liege sicherlich daran, daß aus der Gesellschaft nichts geworden ist. Wir haben sie zwar gegründet, und es hat nach der Premiere noch zwei weitere Tagungen gegeben, aber dann blies 1948 der »kalte Krieg« mit Macht, und da war es vorbei. Mitbegründer aus der SBZ waren Ernst Niekisch und Alfred Kantorowicz, von westlicher Seite (ich war da schon Leipziger!) kann ich mich noch an Herrn Spiecker von der kleinen Zentrumspartei erinnern.

Schloß Immshausen bei Bebra gehörte der Familie von Trott zu Solz. Adam von Trott zu Solz war Mitverschworener des 20. Juli (1944) gewesen; er wurde hingerichtet. Sein Bruder Werner hatte die Idee, die geistige Blüte der vier Zonen zu gemeinsamen Überlegungen einzuladen, um eine Gesellschaft zu stiften, die Modelle für ein friedliches, demokratisches Nachkriegsdeutschland zu entwerfen hätte. In diesem

Immshausen, 1947, Carl-Friedrich von Weizsäcker (1.), Walter Markov (2.), ganz rechts Werner von Trott zu Solz

Gremium sollte garantiert Platz sein für ein breites Spektrum von »rechts« bis »links«: ein Versuch, Demokratie in Gesamtdeutschland erst einmal mit den »besten Köpfen« durchzuspielen.

Daß ich zu diesem Kreis gestoßen bin oder er auf mich gestoßen ist, hängt mit meinen Aufenthalten in Fulda zusammen, in dessen Nähe das Anwesen liegt. Aus der Stadt beteiligte sich noch ein linker Studienrat, Dr. Hellweg, an dem Treffen. Freund Kierzek überreichte mir die Einladung. Wie er, der Fuldaer Pressezar, selber zu der Ehre gekommen war, vermag ich nicht zu sagen.

Wir sind zeitlich vorausgeeilt, darum hier noch einmal zurück zu der bereits erwähnten »ersten deutschen Historikertagung« 1946.

Die erste deutsche Nachkriegs-Historikertagung (also lange vor München 1949) versammelte im noch nutzbaren Teilstück des Hotels Adlon eine stattliche Truppe von Gelehrten der Ostzone und längst nicht nur Historiker. Aus Westberlin kamen einige, aus den Westzonen war ich meines Wissens der einzige. Hartung kannte ich aus Berlin vom Sehen, bei Kühn hatte ich (in Leipzig) probeweise eine Vorlesungsstunde über den »jungen Luther« gehört; Röhrig und Hohl waren Historiker von Rang und Klang; Sproemberg aus Rostock war da, sein Name sagte mir nichts. Aus Leipzig brachte der Rektor, der Philosoph Gadamer, Dr. Mau mit. Hoetzsch hatte seine Teilnahme zugesagt. Wandel und Rompe hätten ein Gespräch zwischen ihm und mir gern gesehen, da man auf den bürgerlichen Befürworter einer positiven Ostpolitik große Stücke hielt. Sein sich rasch verschlechternder Gesundheitszustand verhinderte jedoch unser Zusammentreffen, Hoetzsch starb bald darauf.

Das Einführungsreferat hielt als Vertreter der SED Anton Ackermann, klug und verbindlich: ein Angebot zur Zusammenarbeit von Sowjetischer Militäradministration, SED, Zentralverwaltung und Hochschulen auf breitester antifaschistisch-demokratischer Basis. Dennoch folgte tiefstes Schweigen trotz mehrfacher freundlicher Aufforderung zur Diskussion. Es wurde nachgerade peinlich, so erhob ich mich und begann draufloszureden, obwohl ich eigentlich mit den Ausführungen Ackermanns einverstanden war. Ich monierte nur: Man wisse zwar über Produktionsverhältnisse genug, doch schwimme der Begriff Produktivkräfte. (Daraus entwickelte ich dann 1947/48 den Begriff »Energiepotential«, mit dem ich mir allerhand Ärger einhandelte, denn so etwas gäbe es nicht, und erst in den siebziger Jahren stellte sich heraus: es gibt ihn – oder es – doch. Ich schlug damals vor, eine Arbeitsgruppe zu bilden, die vorerst plausible fünfzehn Jahre über diese Frage forschen und zur Klarheit kommen solle.)

Meine Suada zeitigte ungeahnte Folgen: Gadamer aus Leipzig und der Philosoph Jacoby, Dekan in Greifswald, trugen mir eine Berufung an ihre jeweilige Universität an. Im Stillen war ich sogleich für Leipzig, meine alte Liebe. Was sollte ich in Greifswald, wenn auch die Ordinarii dort angeblich ein Kartoffeldeputat von den Universitätsgütern erhielten. Gadamer berichtete, die Leipziger Fakultät sei, da nur wenig angebräunt, relativ intakt geblieben, mit acht bis neun besetzten Lehrstühlen, und in den meisten Fächern seien die Vorlesungen angelaufen. Eine Planstelle sei für mich frei, sobald die Sowjetische Militäradministration auch für Geschichte grünes Licht gäbe, und deshalb sei man ja hier. Ich sagte Gadamer klipp und klar , daß mir nichts an einer »Konjunktur- oder Notstandsprofessur« vor der Habilitation läge. Er erwiderte: Habilitieren könne ich mich über Balkangeschichte, wenn ich das wolle, nach Herzenslust. Nur mit irdischen Gütern könne er nicht aufwarten, doch wer könne das jetzt?

In der Literatur findet man für den Neubeginn nach dem Krieg oft die Bezeichnung »Stunde Null«. Obwohl die Tiefe der Zäsur zu neuen geschichtlichen Betrachtungsweisen herausforderte, bestand doch in den Forderungen nach einem »Traditionsbruch« die Gefahr einer Reduktion und Simplifizierung. Wie sahen Sie damals und wie sehen Sie heute die Anfänge der Vermittlung eines neuen Geschichtsbildes?

Die »Stunde Null«: war sie es, oder empfand man sie nur so? Ich sehe – und sah auch damals – kaum Komplikationen in der Problematik. Wir neigten tatsächlich dazu, Niekischs »Traditionsbruch« zuzustimmen. Wir dachten natürlich nicht: Jetzt erst geht in der sowjetischen Besatzungszone die »richtige« Geschichte Deutschlands wieder los! Deutschland haben wir als Ganzes gesehen und an Neuanfang der Geschichte ganz Deutschlands gedacht. Wir waren aber überzeugt, daß es durchaus eine »Stunde Null« gab, zu Periodisierungszwecken wie »vor der Zeitrechnung, nach der Zeitrechnung«. Grundsätzlich halte ich an dem Bild, der Metapher, auch heute noch gern fest, ohne die Selbstverständlichkeit einer Kontinuität von »Erbe« dadurch überhaupt zu tangieren.

Heute, nach dem Ablauf von mehreren Jahrzehnten, wird das teilweise anders akzentuiert. Der Bruch wird nicht heruntergespielt, jedoch relativiert. Fortschrittliches, Humanistisches aus der Geschichte der bürgerlichen und sogar der feudalen Klassen ist inzwischen in weit höherem Maße anknüpfungsfähig geworden. Solche »weitherzige« Öffnung für Tradition hat jedoch ihre Vorgeschichte, es gab Überlegungen dieser Art bereits innerhalb der KPD-Führung während des Exils in der Sowjetunion, aber ebenfalls schon in der Weimarer Republik.

Noch andere Unterschiede in der Betrachtung seinerzeit

und heute sind festzustellen. 1945 waren wir so erfreut über das Verschwinden Preußens, daß wir die altbekannte Bipolarität Potsdam – Weimar ganz in den Vordergrund rückten und meinten, zu einem Staat mit neuen Einrichtungen, mit neuen Visionen, mit neuen Menschen ganz ohne Potsdamer Nabelschnur auskommen zu müssen. Man stellte einem positiv geladenen Pol Klassik, vertreten durch Weimar von Goethe bis hin zu Gerhart Hauptmann, gewissermaßen als negativen Pol dieses Preußen gegenüber, das von den Alliierten ja zerschlagen war. Wir setzten diese Preußentradition nicht nur nicht fort – was völlig angemessen war, sondern malten noch etwas schwärzer als unbedingt erforderlich und steigerten uns stellenweise in eine ahistorische Negation hinein oder ließen uns in sie hineinsteuern.

Dazu gehören solche Übertreibungen wie zum Beispiel beim Phänomen »Ostexpansion«. Ja, es hat sie im Mittelalter gegeben, aber das war eine allgemeine Erscheinung, eine kontinentale Bewegung, die sich über Jahrhunderte durch Europa erstreckte und sicher auch mit der Geographie zu tun hatte. Daß man nun Deutschland zum Prügelknaben nahm, führte trotz des richtigen Kerns in der Argumentation zu Einseitigkeiten. Genauso die Verkürzung, alles Gute in der deutschen Geschichte sei Klassik und alles Schlechte Preußen.

Ich nehme nicht an, daß jeder Agitpropleiter, der sich mit Geschichte zu befassen hatte, das alles wirklich »wörtlich« so nahm. Anton Ackermann beispielsweise war sehr viel großzügiger in dem Punkt. Jedoch bestimmte solches Schwarzweiß in jener Zeit tatsächlich nicht selten den Ton. Später hat sich die Darstellungsweise mehr und mehr differenziert. Ich fand und finde den Meinungsstreit darüber angebracht und Überspitzungen – an beiden Enden – zeitweilig unvermeidlich. Die »deutsche Daseinsverfehlung«, der »Irrweg« einer Nation sind inzwischen Ideologiegeschichte, in der Alexander Abusch und (auf stilistisch einprägsame Weise) Ernst Niekisch ihren Platz gefunden haben.

Letzterer hat mich einmal, nachdem er an der Humboldt-Universität pensioniert worden war, in Leipzig aufgesucht und sich erkundigt, ob es auch mir *so* ergangen sei; woraufhin ich entgegnete: Nein, ich sei noch in Amt und Würden, aber das Rentnerdasein habe doch wohl auch seine Vorzüge? Darauf sagte er, im Prinzip schon, es komme nur etwas früh, denn er sei erst siebenundfünfzig.

Wenn von »deutscher Daseinsverfehlung« gesprochen wird, wirft das sofort das Problem der Schuldfrage auf. Gibt es eine historische Schuld der Deutschen?

Ja, was heißt eigentlich Schuld? Schuld ist eine moralische Kategorie und gehört in dem Sinn nicht in die Geschichte. Die Frage müßte lauten: *Wer* hat *was* zu verantworten? Und da findet sich wohl, wie in der Historie meist, eine Verantwortung in Stufen. Wobei ich nicht einmal ohne weiteres sagen würde, daß die ehrlichen Trottel, die an Hitler wie an einen neuen Messias glaubten, meinetwegen Typus Heß, im allerinnersten Kreis der Hölle braten müßten. Die Schlimmsten unter den Henkern und ihren Henkersknechten waren diejenigen, die wußten, was gespielt wurde; die entweder ihr eigenes Schaf dabei schoren oder sich zumindest so verhielten, daß sie umhinkamen, selbst geschoren zu werden: Mörder »zu ihrer eigenen Sicherheit«.

In irgendeinem Grade oder in irgendeiner Form ist jedoch überall »Schuld« zu suchen und zu finden: bei den stummen Kirchen, bei den schweigenden Geistesleuchten, bei den Generälen, die sich zu spät zur Tat aufschwangen; bei Opportunisten, die abwarteten und sich »aufsparen wollten«; bei uns Kommunisten, weil es uns trotz heißem Bemühen nicht gelungen ist, die Massen in einer antifaschistischen Einheitsfront zu formieren. Ein revolutionärer Realpolitiker hätte damals gesagt: Jetzt geht es weder um Kommunismus noch um Sozialismus, sondern um jeden, der nicht von der braunen Pest befallen werden will. Die Führung kann in einer solchen Konstellation oft nicht der linke, sondern nur der rechte Flügelmann übernehmen. Also, meine Herren Offiziere aus Preußen, wo seid ihr? Uns habt ihr hinter euch. *Das* wäre das »Reale« gewesen. Daß es nicht erreicht wurde, macht die historische Verantwortung auch von uns Kommunisten aus. Allerdings muß scharf unterschieden werden: Das Tun der aktiven Verursacher wie der Schreibtischmörder des Holocaust hebt sich selbstverständlich nicht nur graduell, sondern prinzipiell von der allgemeinen Verantwortung aller übrigen vor der Geschichte ab.

Keiner hat heute das Recht, sich abzuwenden. An der Verantwortung muß schon mitgetragen werden. Es wird bisweilen eingewandt, bei Soldaten herrschte Befehlsnotstand. Natürlich muß der Wehrpflichtige unter jedem Regime und in jeder Zeit Pflichten ausführen. Wer sich im Nachhinein auf den Standpunkt stellt, nur gehorcht zu haben, verdrängt aber, daß jeder sein Gewehr hätte umdrehen können. Wie es geschichtliche Vorbilder längst und oft getan.

Schuld hat 1945 die große Mehrheit unter den Antifaschisten in erster Linie bei sich selbst gesucht: Wir haben es eben nicht fertiggebracht, die Faschisten aus eigener Kraft hinwegzufegen. Dafür gab es tausend Gründe, aber die Tatsache als solche bleibt. Man rede nicht um sie herum. Alle Opfer, die unser Antifaschismus heischte und brachte, in Ehren , aber auch unverwirklichte Tat ist – und bleibt – eine Form von Verantwortung. Ebenso befreit das mißglückte Attentat vom 20. Juli 1944 – der Versuch, sich noch in letzter Minute Hitlers zu entledigen – die tapferen Männer nicht von »Mitschuld«.

In seiner Beziehung zu Deutschland sprach Thomas Mann einmal von »Ekel«, und Hans Mayer sieht im »Leiden an Deutschland« ein Leitmotiv deutscher Kulturgeschichte. Sind das nicht nur andere Ausdrucksformen der Schuldfrage? Waren Sie vor solchen Zweifeln aufgrund ihrer nichtdeutschen Herkunft gefeit?

Ob ich von solchen oder ähnlichen Seelenzerfaserungen unbeeinflußt und deswegen freier war? Das ist gewiß ein Aspekt. Bis unter die Haut geht einem manches nicht so, wenn man als Nicht-Deutscher außerhalb des nationalen Konnexes steht. Trotzdem ist es nicht ganz so einfach schon aus dem Grunde, weil ich in mütterlicher Linie ja auch deutsche Vorfahren habe. Es erging mir wie anderen Leuten, die ihr Leben abschnittsweise in zwei Nationalitäten zugebracht haben: Die subjektive Zuordnung schwankt. Ich habe viele Jahre meine Vorbehalte gegenüber der »deutschen Mentalität« und umgekehrt eine Art Zuneigung zum slawischen Naturell gehegt. Mit Ausnahmen: Wenn nämlich die Deutschen mit der Nase im Dreck lagen wie 1933 und 1945, fühlte ich mich verpflichtet, »ihre Partie zu spielen«. Insofern kompliziert sich das Ganze schon etwas. Nur, ich spreche mich deswegen von der geschichtlichen Verantwortung in keiner Weise frei, weil ich Mitglied der deutschen Partei gewesen bin, weil ich in Deutschland gegen den Faschismus gekämpft habe und weil es mir trotzdem nicht gelungen ist, Hitler um seinen Kopf zu bringen. Das wird mich bis zum voraussehbar baldigen Ende meines Daseins beschäftigen.

Es gibt noch einen anderen Gesichtspunkt, den man nicht ganz außer acht lassen darf. Wenn mich der geringe Ertrag meiner antifaschistischen Tätigkeit wurmt, heißt das nicht, daß ich alle anderen Beteiligten – alliierte und nichtalliierte, neutrale oder wen immer – deshalb für Unschuldsengel halte. Obgleich ich es im Prinzip richtig fände, wenn noch meine Enkel an der Mitverantwortung aus freien Stücken moralisch mittrügen – ich rede ihnen nicht zu, aber gut wäre es –, würde ich gleichzeitig, im stillen Kämmerlein zumindest, erhoffen, daß noch einige andere Leute oder Gruppen nicht zu sparsam mit Selbskritik umgehen. Vor allem jene, die es, beispielsweise mit ihrer Politik des Appeasement, erst ermöglicht haben, daß Hitlers Kriegs- und Vernichtungsmaschine das wurde, was sie 1938/39 zum großen Krieg befähigte. Hier gibt es, glaube ich, vor einigen Türen auch Dreck zu kehren, und man macht es sich nicht selten furchtbar leicht, wenn man pauschal alles »den Deutschen« unterjubelt, die im übrigen nicht überall mit Buh-Rufen empfangen worden sind. Als sie in Zagreb einmarschierten, waren die kroatischen Separatisten mit Heil-Rufen auf der Straße, und anderswo passierte ähnliches. So hat Geschichte meistens mehrere Seiten, und schaden kann Selbstkritik im Komplex Faschismus keinem.

Der Streit um Schuld und Nicht-Schuld der Nachgeborenen wird immer wieder mit wechselnden Argumenten angefacht. Sollte in dieser Diskussion nicht vielmehr die Frage nach Verpflichtung zu ethischer Verantwortung als nach Schuldübernahme gestellt werden?

Ich habe manchmal ein ungutes Gefühl, wenn jemand aus meiner befrachteten Generation ein Geschwätz darüber veranstaltet, was die Jugend trifft und was sie nicht trifft. Die jungen Leute müssen das für sich entscheiden, was sie unter geschichtlicher Verantwortung begreifen wollen und können. Ich kann rational verstehen, wenn sich jemand auf den Standpunkt begibt: Ob mein Großvater Juden und Kommunisten vergast hat, interessiert mich nicht, weil ich's nicht weiß; und wenn, dann hängt meinetwegen noch seine Gebeine an den Galgen, das interessiert mich genausowenig – ich war's nicht.

Meiner Meinung nach sollten wir alten Männer uns bei solchem Phrasengehaspel im dritten oder vierten Glied heraushalten. Unsere Sache ist es nicht, zu bestimmen, welche moralischen Hypotheken wir den Nachgeborenen (auferlegen und) hinterlassen. Zu Recht sagen viele: Ihr werdet das nicht los, ihr könnt euch davor nicht drücken. Aber wenn sie partout wollen, können die Spätgeborenen sich schon verweigern, nur die Konsequenzen dürfen sie dann keinem verübeln: wenn ihre zur »Versöhnung« ausgestreckte Hand ausgeschlagen wird. In diesem Punkt sehe ich die Selbstverantwortung jeder Generation, die, mit Ranke gesprochen, in ihrer Epoche »unmittelbar zu Gott« steht. Wir Alten können nur sagen, was sich aus unserer Sicht so oder so dargestellt hat und wie wir darauf reagiert haben. Im Falle der kleinen linken Minderheit und zwar derjenigen, die sich wirklich gerührt hat, die nicht *nur* nachdachte oder murrte, gilt der »mildernde Umstand«, immerhin das eigene Leben nicht geschont und einiges versucht zu haben.

Verantwortung bleibt in dem Sinn, daß man nicht sagen kann: Wir streichen jetzt diese zwölf Jahre deutscher Geschichte, weil sie uns nicht zusagen. Dagegen würden wir Alten uns sicher verwahren: »Solcher Bausch und Bogen ist aber nicht nett von euch, immerhin übergeben wir nicht mit leeren Händen.« Worauf die Gegenrede lauten kann: »Na ja, letzten Endes verdanken wir euch die Bombe. Ist es etwas so schrecklich Gutes, was bei eurem an sich gerechten Kampf gegen den Faschismus herausgekommen ist? Gegenüber dem Weltuntergang wäre doch selbst der Braunauer Adolf nur ein stinkender Fisch.«

Kommende Generationen mögen, solange es ein paar von uns noch gibt, nachfragen, wie wir dies und das sahen und meinten, ehe sie darüber votieren. Dagegen halte ich es für

Augenauswischerei, ihnen Schuld für alle Generationen und alle kommende Geschichte aufhalsen zu wollen. Das moralische Verhältnis der Generationen zum objektiven Geschichtsverlauf ist vergleichbar mit dem erkenntnistheoretischen zur Naturgeschichte: Bestimmte Phänomene werden erkannt, während andere nicht ins Blickfeld rücken; darum gibt es sie aber trotzdem.

Vom Rhein an die Pleiße

1946–1949

Der Wechsel vom Rhein an die Pleiße war im Oktober 1946 noch immer ein illegales Unternehmen. Wie bewerkstelligten Sie die Übersiedlung?

Großen Wind machte ich um meine Abreise nicht. Die Kreisleitung in Bonn hatte ich »im Prinzip« über meine Zukunftspläne informiert, ihre von mir verwaltete Kasse ordnungsgemäß übergeben, das genaue Datum des Ortswechsels jedoch offengelassen. Den Kulturbund legte ich Heinz Gatermann, die Jugend Fritz Oberndorf, die Studenten Ferdi Pollmann ans Herz. Mir war nicht klar, ob mich die Britische Militärverwaltung ohne weiteres ziehen lassen würde. Deshalb ließ ich meine Wirtin im unklaren und meldete mich bei der Polizei schon gar nicht ab, sondern behielt meinen Personalausweis. Was später in Leipzig das Gerücht aufkommen ließ, ich verfüge – ausgerechnet in Bonn! – über einen zweiten Wohnsitz... Die allerletzten Tage verbrachte ich sicherheitshalber in der Wohnung der Familie Büttgenbach.

Da ich diesmal außer dem Rucksack noch einen Koffer zu schleppen hatte, entschied ich mich für einen von Parteikurieren benutzten Übergang bei Helmstedt, wo ein Siegburger Kamerad wohnte, der über die Grenzverhältnisse Bescheid wußte. Des Koffers wegen hielt ich nach einem kräftigen Begleiter Ausschau und fand ihn in Gestalt eines Studenten, Sohn eines hohen Gerichtsbeamten in Arnsberg. Wie sich später herausstellte, war der rassisch Verfolgte gewillt gewesen, die Besatzungsmacht bei der Bekämpfung des Nationalsozialismus zu unterstützen. Als diese ihren Grundkurs wechselte und ihn gegen die KPD, deren Mitglied er geworden war, ansetzte, wußte er dem Dilemma nicht zu entrinnen und ließ sich breitschlagen. Genosse B. schadete uns »so wenig wie möglich«, schrieb mir seine Mutter, nachdem er gefaßt, überführt und verurteilt worden war. Er saß meines Wissens in Bautzen, bis er amnestiert wurde. Daß ihn seine Auftraggeber zu meiner Begleitung freigaben und der Tour kein Hindernis in den Weg legten, zeigt nur, daß sie offenbar zufrieden waren, mich so billig loszuwerden. Ulkigerweise galt ich in Bonn als ein Mann der Russen. Einmal bot mir eine Juweliersgattin eine goldene Uhr für die Befreiung ihres kriegsgefangenen Mannes aus Sibirien. Leider verfügte ich über keine derartige Beziehung (doch der Gesuchte fand sich von alleine wieder zu

Leipzig: Universität mit Kriegsschäden 1947/48

Hause ein...). Immerhin bekam ich meinen Koffer mit einem Minimum an gewichtigen Büchern auf diese ungewöhnliche Weise bis nach Leipzig geschleppt.

Wir wurden unterwegs dreimal von sowjetischen Kontrollen angehalten. Sie machten keine schlechten Augen, als ich ihnen in holprigem Russisch verriet, daß ich »für fest« nach Leipzig verzöge, um dort an der Universität Russische Geschichte zu lehren. »Aber doch wohl *alte* russische Geschichte?« Der Gedanke, ein Deutscher würde sich (1946!) an Sowjetgeschichte heranwagen, war ihnen offensichtlich nicht ganz geheuer.

Ohne weitere dramatische Zuspitzungen, abgekämpft und müde, schellten wir an einem der letzten Oktobertage an der Haustür meiner bereits designierten Schlummermutter. Der »Träger« kehrte am folgenden Tag über Berlin mit dem Interzonenzug bequem nach Bonn zurück, während ich an der phenolgeschwängerten, zu Unrecht als »Weiße« bezeichneten Elster, an die das Grundstück Mainzer Straße 5 stieß, vor Anker ging. Von Frau Morawitz, Witwe eines berühmten Internisten, die mit Schwester, Hausmädchen Lisbeth sowie einer Studentin und einem Studenten als Untermieter ihr Einfamilienhaus bewohnte, wurde ich zuvorkommend, wiewohl nicht ohne innere Reserve, aufgenommen. Richtig verstanden sie mich allesamt nicht: Jemand, der freiwillig in die Ostzone umzog und dabei wie ein »echter« Akademiker auftrat; der trotz kümmerlicher äußerer Aufmachung gewisse unverkennbare Anzeichen von Kinderstube verriet. Ein »Geisterfahrer«?

Die behördlichen Voraussetzungen für eine Universitätslaufbahn waren nunmehr gegeben. Aber allein die Tatsache, daß Leipzig unter sowjetischer Militäraufsicht stand, veränderte die Menschen nicht. Wie wurden Sie in Ihrer neuen Umgebung als aktiver Antifaschist aufgenommen?

Mit der fachspezifischen wissenschaftlichen Karriere in Leipzig war noch nicht die Aufgabe festgelegt, der ich mich in politisch-ideologischer »Selbstverpflichtung« beim Übertritt aus dem »Westen« in die »Ostzone« verschrieben hatte: tätig mitzuhelfen und mitzuwirken bei der moralischen Enttrümmerung und dem geistigen Wiederaufbau Deutschlands, bei der Errichtung von tragfähigen Grundlagen des Sozialismus. Schon der (unübliche) Ortswechsel als solcher bedeutete eine Option.

Der auf Marx rekurrierende historische Materialismus wurde in die ihrer wissenschaftlichen Substanz nach bürgerliche Hochschule als ihr fremdes ideologisches Substrat mit jeder Vorlesung, mit jeder Seminarübung »hineingetragen«. Den Schutt und die Zweifel hinwegzufegen, die unsere Tausendjährigen in den meisten jungen deutschen Köpfen zurückgelassen hatten, Raum und Luft zu schaffen für ein Anderes, das sich zunächst in Gestalt nur selten anziehender »gestiefelter Missionare« darstellte, und nicht allein »roter«, sondern dazu noch solcher aus dem »Osten der Mongolen« ... Eine verzwickte Aufgabe war das schon. Hatten wir die nötige Kraft, Vorbildwirkung auszustrahlen? Wir, eine in Ost wie West, so man sich durch Lippenbekenntnisse nicht täuschen ließ, doch sehr dünne Minorität! Nicht jeder rechnete mir meine zehn Jahre Knast zum Ruhme an, in Leipzig so wenig wie in Bonn. Gar mancher mochte im Stillen denken: Auch einer von diesen »Antis«, die sich jetzt mausig machen, weil man vergaß, sie zu vergasen...

Gelegenheit, mich einem größeren Kreis »bekannt zu machen«, erhielt ich durch Natonek, den Vorsitzenden des er-

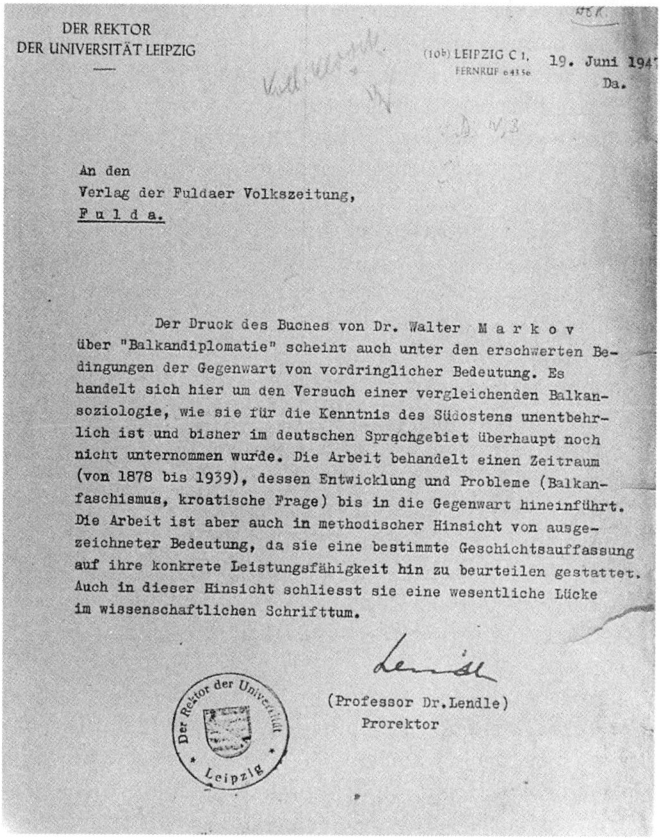

DER REKTOR
DER UNIVERSITÄT LEIPZIG

(10b) LEIPZIG C 1,
FERNRUF 64350

19. Juni 1947
Da.

An den
Verlag der Fuldaer Volkszeitung,
Fulda.

Der Druck des Buches von Dr. Walter Markov über "Balkandiplomatie" scheint auch unter den erschwerten Bedingungen der Gegenwart von vordringlicher Bedeutung. Es handelt sich hier um den Versuch einer vergleichenden Balkansoziologie, wie sie für die Kenntnis des Südostens unentbehrlich ist und bisher im deutschen Sprachgebiet überhaupt noch nicht unternommen wurde. Die Arbeit behandelt einen Zeitraum (von 1878 bis 1939), dessen Entwicklung und Probleme (Balkanfaschismus, kroatische Frage) bis in die Gegenwart hineinführt. Die Arbeit ist aber auch in methodischer Hinsicht von ausgezeichneter Bedeutung, da sie eine bestimmte Geschichtsauffassung auf ihre konkrete Leistungsfähigkeit hin zu beurteilen gestattet. Auch in dieser Hinsicht schliesst sie eine wesentliche Lücke im wissenschaftlichen Schrifttum.

Lendle

Der Rektor der Universität Leipzig

(Professor Dr. Lendle)
Prorektor

sten gewählten Studentenrates. In ihm besaßen CDU und LDP zusammen die Mehrheit, die auch 1947/48, etwas zusammengeschmolzen, noch erhalten blieb. Vor Beginn einer fälligen öffentlichen Studentenratssitzung sollte ich eine Gedenkrede auf die Geschwister Scholl halten. »Meine« ersten Studenten verhielten sich zuerst etwas abwartend, tauten aber bald auf. Die Kollegen, soweit Genossen, begrüßten die »Verstärkung«.

1946/47 besaßen die Lehrenden an der Leipziger Universität ihre eigene kleine Parteiorganisation, vermischten sich mit den Studenten und Angestellten also nicht, wie das später geschah. Was die Umstände da zusammengeweht hatte, kam aus recht unterschiedlichen Ecken: mit dem überzeugendsten politischen Profil der Politökonom Fritz Behrens, gleich mir Jahrgang 1909, zeitweise Seemann (ein »roter Hans Albers«), wie einst Willy Brandt der SAP zugehörig, fast unbelästigt durch das Dritte Reich und im Krieg als Zivilist durch das Hinterland geschlüpft; der Sinologe Eduard Erkes, vor 1933 aktiver Sozialdemokrat; der Nordist und Theologe Walter Baetke, ein religiöser Sozialist, dessen erste Frau im Bombenhagel umgekommen und der 1945 der KPD ohne Umwege beigetreten war; der Althistoriker Otto Theodor Schulz, vor 1933 Sympathisant der SPD und über diese 1946 zur SED gekommen; der Österreicher Maximilian Lambertz, erster Genosse Dekan der neugegründeten Pädagogischen Fakultät. Der Jurist und ehemalige Linkssozialist Heinz Such »hing« noch mit seiner Promotion. Der Atheismusforscher Hermann Ley, hochverdient als Initiator gezielter antifaschistischer Kulturpolitik der KPD und sodann SED in Leipzig, vermochte den Widerstand der Philosophischen Fakultät und insbesondere Theodor Litts nicht zu überwinden und ging »uns Sachsen« verloren: er optierte als einer der ersten für Berlin.

Ihm verdankte ich die erste Einladung zu einem Leipziger Abendbrot, zu dem ich im unansehnlichen Rollkragenpullover erschien, den ich auch in der Vorlesung trug, weil ich im einzigen guten Hemd mit Schlips gefroren hätte. Wir befanden uns im lausig kalten Winter 1946/47. Dem mitgeladenen Pianisten Rudolf Fischer gefiel aber meine erzwungene Schlichtheit. Offenbar dauerte ich den guten Ley, denn er drückte mir einige Bezugsscheine für Textilien in die Hand und sagte, die Partei täte ihr möglichstes für die Intelligenz. Nicht auf jeden Schein gab es wirklich etwas zu kaufen, doch war es ein klitzekleiner Anfangsschritt zum eigenen Hausstand.

In Leipzig haben Sie dann nicht nur einen Hausstand, sondern auch eine Familie gegründet. Ein lediger Akademiker mit begründeter Aussicht auf eine baldige Professur muß doch ein gefragter Partner im Nachkriegsdeutschland gewesen sein?

Hochzeit mit Irene Bönninger 1947

Und ob! Heiratswillige junge Mädchen, die auch mit älteren Semestern vorlieb nehmen wollten, gab es nach dem männermordenden Krieg in Hülle und Fülle. Für die überlebenden Herren der Schöpfung brachen in dieser Hinsicht goldene Zeiten an. Mangel an handfesten Kerlen war eines der großen »Alltagsprobleme« der Nachkriegsjahre, der die seltsamsten Kompromisse gebar: So zum Beispiel, sich zu zweit, wenn nicht zu dritt, in einen Mann zu teilen, oder die »Ehe für drei Tage«. Hier also lag für den Ehelustigen nicht die crux, eher schon darin, an die Verkehrte zu geraten, in der Qual der Wahl danebenzugreifen.

Die Hast ist eine Erfindung des Teufels, wie ein arabisches Sprichwort sagt. Mir stand hierin das Glück zur Seite. Denn Zeit, um schicklich auf Brautschau zu gehen, besaß ich ja keine. Wohl reduzierte ich die Vorbereitung meiner ersten Vorlesung im Wintersemester 1946/47 auf ein Minimum. Um so qualvoller die Geburt der Habilitationsschrift, für die mir nicht ganz vier Monate zur Verfügung standen. Günstig traf sich, daß meine Arbeitsstätte im Peterssteinweg am Fernheizungsstrang des Polizeipräsidiums hing, so daß ich die in meinem ungeheizten Domizil angefrosteten Finger aufzutauen vermochte, bevor ich den Bleistift zur Hand nahm. Trotz des Rekordwinters reichte ich pünktlich ein. Und zur Belohnung stellte sich mit der kargen ersten Frühjahrssonne auch – mit nur wenig diskreter Nachhilfe – die Zukünftige in Gestalt eines rheinischen Mädchens auf der Suche nach einem der begehrten Studienplätze ein. Die Fakultät ward der Pflicht enthoben, mir eine Frau zu suchen, bevor ich wunderlich würde; wie der Rektor befürchtete, weil ich zur Probevorlesung den Küchenwecker der Witwe Morawitz mitbrachte, um die 45 Minuten meines Vortrages einzuhalten.

Wecker können aber mehrfach nützlich sein; denn als ich selber einen besaß und ihn dem Thomaskantor Günther Ramin auf Reisen pumpte, damit er seinen Zug nicht verschlafe, revanchierte sich dieser durch eine Orgelphantasie zu unserer Hochzeit am Niklaustag im Dezember 1947. Durch die Schwiegermutter war ich zu einem Stoffkupon und durch einen Genossen an den Maßschneider Dalleske gekommen. Erstmals seit fünfzehn Jahren wieder »angezogen«, trat ich vor den Standesbeamten, dem wir unsere Messingringe verbargen. Einer unserer Gäste, Werner Krauss, traf mit Verspätung ein: er hatte zwar die empfohlene »Zwei« bestiegen, jedoch in die verkehrte Richtung; danach gab er mangels Vertrauen zur Leipziger Straßenbahn dem langen Fußmarsch den Vorzug.

Zur Krönung winkte uns eine eigene Wohnung, die leer stand, weil vorhandene Bewerber scheuten, sich von der GPU – die dort einen SS-Mann ausgehoben hatte – die Freigabe bescheinigen zu lassen, die also Angst hatten, ungerufen in die Höhle des Löwen zu dringen!

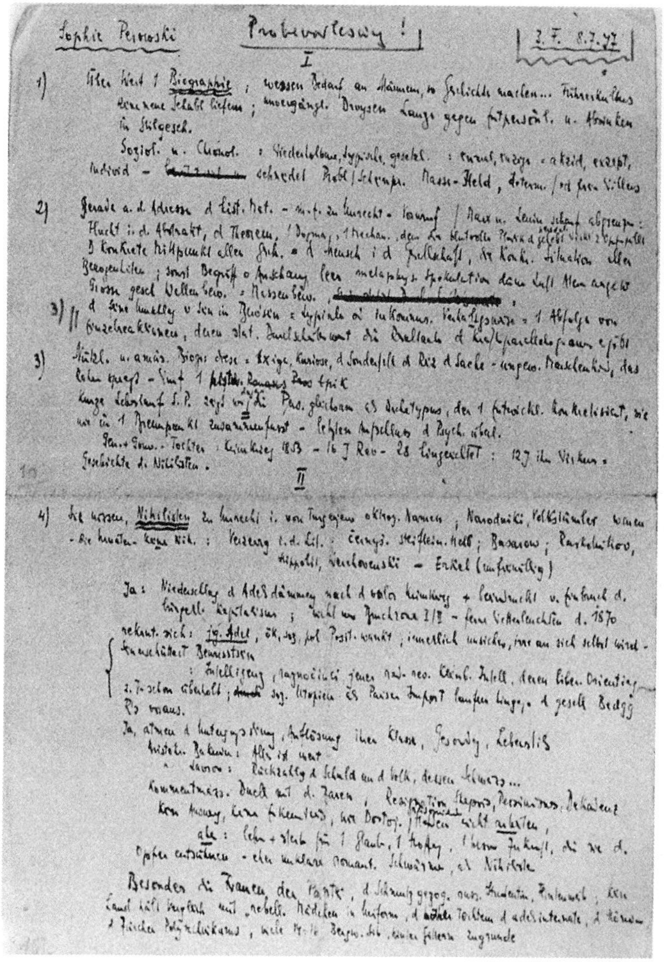

Stichwortvorlage für die Probevorlesung, Leipzig 1947

Welche Ihrer damaligen Vorstellungen von einer zukünftigen Gesellschaft erwiesen sich als haltbar, welche zerbarsten in der Folge der Ereignisse?

Ja, das Verhältnis von Ideal und rauher Wirklichkeit! Das könnte ein ganzes Buch füllen, doch soviel Zeit haben wir

UNIVERSITÄT LEIPZIG

Gültig bis auf weiteres!

Dienstausweis Nr. 1300

für

Herrn Professor Dr. Walther Markov

geb. 5.10.1909

Professor mit vollem Lehrauftrag für mittlere und neuere Geschichte an der Universität Leipzig

Leipzig, am 12. April 1948.

(Stempel)

Der Rektor

Der Rektor der Universität Leipzig

Eigenhändige Unterschrift

Dienstausweis 12. April 1948

nicht. Wenn mich mein Gedächtnis nicht täuscht, hatte ich zu jener Zeit keine übertriebenen Illusionen. Als Historiker wußte ich, daß sich Neues nur unter Mühen und Qualen durchsetzt, mit Blick auf die dramatischen Begleitumstände am Rande der Befreiung von 1945, die ja keineswegs ein rotes Paradies verhießen, sondern schmerzhafte Geburt einer andersartigen Gesellschaft mit der Zukunft als Trumpf. Diese Schwere war von mir eigentlich eingeplant, bis zu so skurrilen Einzelheiten, daß ich – obwohl es noch einigermaßen zu essen gab – schon in der Strafanstalt auf Hungerkünstler trainierte, weil ich eine Hungerzeit für uns wie für andere voraussah. Dieses »Yoga« ist mir in der Tat zustatten gekommen, auch noch im Nachkrieg.

Getäuscht habe ich mich vielleicht – oder einer Illusion nachgehangen –, was den Umgang zwischen Revolutionären selbst betrifft, also, was man im weiteren Sinne innerparteiliche Demokratie nennen könnte. Mir schien immer, als ob die Kameraden grosso modo in zwei Gruppen von Menschentypen zerfielen: in Funktionäre und in Partisanen. Beide mußte es geben, denn der eine war da, um eine gegründete Ordnung zu wahren, und der andere, um Freiheit zu verwirklichen. Nur Freiheit *und* Ordnung ergaben eine Gesellschaft wie die, von der wir geträumt hatten und für die wir auch zupackten. Ich war aber zunächst der Meinung, daß Genossen, Kameraden, untereinander nicht nur frei von der Leber weg sprechen dürfen, sondern sie sollten auch so handeln. Wobei sie sich – wenn es nötig war – nicht zu schonen hatten, und ich bin hin und wieder auch so verfahren. Dabei trat ich dann nicht selten ins Fettnäpfchen, obschon ich durch den Fortgang der Geschichte bisweilen auch rehabilitiert wurde.

Es ist wohl so: Wenn etwas zu früh kommt, kann es unter Umständen in der Tat unangebracht sein. Ich hatte es manchmal zu eilig, und die Ungeduld war nicht immer schöpferisch. Die daraufhin erfolgten gegenteiligen Meinungen und scharfen Äußerungen mir gegenüber waren nicht unbedingt bösartige Anschuldigungen, ich würde sie heute bezeichnen als nicht gleich optimale Reaktionen auf historische Zwänge.

Wie war das mit Gründung der Gesellschaftswissenschaftlichen Fakultät (GEWIFA) 1947?

Die Gewifa war als Kampfinstrument gegen Reaktion und für den Fortschritt konzipiert. Ihre Gründung erfolgte auf Befehl der Sowjetischen Militäradministration. Natürlich entstand sie nicht auf einen Schlag. Zum Dekan wurde der grauhaarige linke Soziologe Arthur Baumgarten aus der Schweiz berufen, der später Robert Rompes Schwiegervater wurde. Als Prodekan fungierte Behrens. Dialektischen und historischen Materialismus lehrte – erstmalig an einer deutschen Universität als »Fach« – der Buchenwalder Gerhard Harig, seines Zeichens Physiker, jedoch mehr zur Geschichte der Naturwissenschaften neigend. Als Honorarprofessor (so genannt, weil er kein Honorar erhält) wurde Leipzigs noch von 1923 her als Sachsens »roter« Ministerpräsident berühmter Oberbürgermeister Erich Zeigner gewonnen, ein großartiger forensicherer Stegreifredner.

Als ich für die ersten Gewifa-Schwalben (und natürlich auch für meine Fachhistoriker) im Sommersemester 1947, nun schon sicherer im Auftritt, »Russische Geschichte von der Bauernbefreiung 1861 bis Stalingrad 1943« las, erschien ein Vortrupp der Studenten, die besonderer Art waren: oft im Klassenkampf erfahrene, zumeist schon etwas ältere Genossen, die Positionen aufgaben, um auf einer Hochschule dazuzulernen. Mehrere von ihnen hatten Haft oder KZ hinter sich. Andere wiederum waren aus der Ost- oder aus der West-Emigration zurückgekehrt. Es gab Söhne und Töchter berühmter Väter unter ihnen, aber auch »Stalingrader«. Zwischen uns herrschte weniger ein Lehrer-Schüler- als vielmehr ein Kameradschaftsverhältnis unter verwegenen Burschen. Einmal, um fünf Uhr morgens (doppelte »Sommerzeit«) lesend, fanden wir das Hörsaalgebäude in der Ritterstraße noch versperrt. Wir enterten gemeinsam ein Baugerüst, um im ersten Stockwerk einzusteigen und das Haus von innen zu knacken. Mit solchen Kerlen wurden die ersten Leipziger Freundschaftsbande geknüpft, und mehr sie als die Fachhistoriker im Visier, wagte ich mich sodann im Wintersemester 1947/48 an eine »Hauptvorlesung«, die eine Grundrichtung meiner späteren wissenschaftlichen Betätigung anzeigte: Geschichte der Revolutionen.

Sehr anregend verliefen dazu Diskussionsrunden, in denen mit großer Kühnheit über Burnhams »Managertheorie« oder Trotzkis Rolle 1917 gestritten wurde. Später (1951) wurde mir das angekreidet. 1947 (oder war es schon 1948?) zog sich Erich Selbmann in einem Referat elegant aus der Affäre, indem er sich auf Seydewitz stützte – der in Dresden hoch im Kurs stand – und bei ihm sogar ein brauchbares Stalin-Zitat von 1924 ausgrub: 1917 habe »Trotzki gut gekämpft: auch andere haben gut gekämpft«. Im selben Zeitraum hatte ich ein erbetenes Manuskript mit dem Arbeitstitel »Jugoslawien, Land und Leute« in ziemlicher Eile erstellt. Doch in der Presse wurde es sehr still um die Partisanenrepublik, man hörte von Verhaftungen... 1949 zog ich den Text zurück.

Sie haben damals Ihre Vorlesungen – in Leipzig und gastweise in Halle – als einen Akt der »Umerziehung« betrachtet. Wann nahmen Sie von dieser moralisch-didaktischen Intention Abstand?

Ganz wohl nie, aber in ihrer Unmittelbarkeit endete diese Phase bei mir wahrscheinlich nach dem Auftauchen unserer eigenen Abiturienten und Neulehrer um 1949. Von da an hielt ich meine Vorlesungen zu bestimmten Zeitabschnitten der Geschichte nicht mehr mit der Auflage im Hinterkopf: erst einmal einfachste Dinge geradebiegen, die die Nazis in den Hirnen verkrümmt haben. Ein banales Beispiel: Welche Rolle spielten die Krim-Goten tatsächlich in der Geschichte, wer oder was ist »nordisch« – Umerziehen sehr konkret!

Studenten, die vor 1947/48 an die Hochschulen kamen, waren normalerweise zwölf Jahre durch einen faschistischen Wolf gedreht worden: in der Schule, der HJ und zum Schluß in der NSDAP und im Krieg. Sie trugen eine Reihe von festen Vorstellungen mit sich, die sie einfach als gegeben, gar nicht vordergründig nationalsozialistisch ansahen. Sie gingen, nicht anders als jetzt meine Enkelchen, davon aus, daß das, was man in der Schule bei und von der Lehrerin lernt, auch stimmt. Wenn so ein Kind beim Fernsehen fragt: Sind das die Guten oder die Bösen, dann meint es, kein Vorurteil geäußert zu haben.

In Halle fragte mich ein Student, Kriegsteilnehmer: Ist denn nicht der Kommunismus eine ziemlich primitive Angelegenheit, die vielleicht die Bedürfnisse des kleinen Mannes auf der Straße befriedigen kann, aber doch kein akademisches Niveau besitzt? Er wollte wissen, ob ich von dem, was ich auf dem Katheder vortrug, überzeugt sei oder nur einen »Usus« befolge. Worauf ich ihm ungefähr zur Antwort gab: In der Geschichte ist vieles relativ. Als sich vor rund zweitausend Jahren in Rom eine neue Weltanschauung verbreitete, hörte auch der berühmteste Philosoph seines Zeitalters, Seneca, davon und erklärte sie für unsäglich primitiv. Das einzige, was er nicht verstehe, sei, wie sonst völlig normale Menschen auf einen solchen abscheulichen Schwindel hereinfallen könnten. Trotzdem hat die Geschichte nicht die Philosophie Senecas, sondern die Ideen des Christentums zu den Massen emporgehoben. Es ist ein Unterschied, ob sich ein Teppichweber (der Paulus heißt) auf den Marktplatz stellt und, nachdem er seinen epileptischen Anfall hinter sich gebracht hat, Leuten, denen es dreckig geht, die phantastische Vision eines totalen Andersseins an den Himmel malt, oder ob ein Denker feinster attischer Bildung, nach Rom zurückverpflanzt, stoische oder neuplatonische Lehrsätze zu einem Gebäude zimmert. Wenn man beides vergleicht, ist das eine primitiv, und das andere geht auf Stelzen. Ausschlaggebend ist, daß sich die beiden an unterschiedliche Adressaten richten. Bevor eine Denkleistung ein geistiges Bedürfnis zu befriedigen anfängt und die Massen ergreift, ist sie in der Regel immer erst einmal »primitiv«.

Als sich das Problem der »direkten« Umerziehung (das hieß: einfach und daher eingängig) erledigt hatte, trat ein neues auf: Jüngere Schulabsolventen kamen, die in der Übergangszeit vor und nach Kriegsende im Fach Geschichte so gut wie nichts mitbekommen hatten. Sie waren insgesamt weniger »schlimm« als jene davor, die glaubten, von Geschichte etwas zu wissen, aber die falsche gepaukt hatten. Die Notwendigkeit der Umerziehung entfiel, weil diejenigen Jahrgänge, die ihrer bedürftig waren, inzwischen dieses Stadium durchlaufen hatten. Ich schätze allerdings, daß die Hälfte bis zwei Drittel der Studenten vom ersten Schub in die Westzonen abwanderten. Unter denjenigen, die blieben, erkannten manche in der Zwischenzeit die Nützlichkeit von bestimmten Verhaltensmustern, suchten nach einem halbwegs lohnenden Job und sagten sich: Qualifizierte Leute mit Hochschuldiplom gibt es in der Ostzone weniger. Wenn du in die Partei eintrittst und außerdem noch etwas leistest, bringst du es auch hier zu etwas und brauchst nicht erst nach drüben zu gehen: die solide und massive Schicht der Opportunisten, die wissen, daß ohne sie nichts läuft, die geben, um dafür zu nehmen. Doch nicht wenige wurden Sozialisten aus Überzeugung, die danach ihren Mann bzw. ihre Frau standen und Unzulänglichkeiten des sozialistischen Alltags bewußt in Kauf nahmen.

Nicht ausklammern sollten wir Ihre »Nebenbeschäftigung« an der Hallenser Universität, die mit Leo Stern, Eduard Winter, Leo Kofler und Wolfgang Abendroth, um nur einige zu nennen, auch nicht schlecht besetzt war.

Meine Filialtätigkeit in Halle habe ich bisher ausgespart. Das ist nicht gerechtfertigt. Zwischen den beiden Hochschulen Vergleiche ziehen zu können, hat mir damals sehr geholfen. Freilich war die Fahrerei alle zwei Wochen für je zwei Tage ungemein anstrengend, zumal das beileibe nicht die einzige Nebenbeschäftigung des Multifunktionärs blieb.

Zu meinem »Gastspiel« an der Saale hellem Strande bin ich durch Vermittlung eines aus amerikanischer Kriegsgefangenschaft verärgert heimgekehrten Arztes gekommen, den ich in Bonn mit den notwendigen Papieren zu einer »Osterkundung« ausgestattet hatte und der gleich beim ersten Anlauf an der Hallenser Universitätsklinik hängen blieb. Dort hatte er das besondere Vertrauen des von ihm ärztlich betreuten Kurators der Martin-Luther-Universität Elchlepp gewonnen.

Das Fach Osteuropäische Geschichte war in Halle schon »besetzt«. Man erwartete 1948 aus Wien als neuen Direktor Eduard Winter. Sein Assistent wurde Dr. Günter Mühlpfordt. Man war in Halle jedoch auch um mich sehr bemüht. Elchlepp verstand es, den zuständigen sowjetischen Kulturoffizier, den gütigen Major Rosenbaum, für meinen Casus zu interessieren. In der Gewißheit, von ihm gedeckt zu werden, erwirkte er von der Landesregierung Sachsen-Anhalt, über den Kopf des erbosten Fakultätsrates hinweg (der es mich immer spüren ließ), schon im November 1947 meine Ernennung zum Professor mit vollem Lehrauftrag, der rangmäßig den Dozenten, der ich in Leipzig inzwischen geworden war, eindeutig ausstach. Die Positionen des bürgerlichen Lehrkörpers, der sich als wissenschaftlicher Gralshüter empfand, waren in den meisten Fakultäten noch sehr stark, und die von Ihnen Genannten wirkten – als Gegengewichte sozusagen – nicht gleichzeitig.

Um bei den Historikern zu bleiben: Mit ihnen hatte die Universität ausgesprochenes Pech. Der Althistoriker Altheim fühlte sich zu Unrecht (von studentischer Forsche) verfolgt und floh bei Nacht und Nebel. Der Mediävist Lintzel hielt am Orte aus, geriet aber nervlich durcheinander. Bei den ersten Neuberufenen erging es der alma mater nicht viel besser. Der liberale Wirtschaftshistoriker Hausherr erlag den Lockungen des Westens wenigstens erst lange nach meiner Zeit. Die Enttäuschung über Leo Kofler, von dem sich das »Fortschrittslager« so viel versprochen hatte, erlebte ich hingegen noch mit. Ein profunder und literarisch ausgewiesener Marxkenner, war der staatenlose Antifaschist zugleich ein sehr eigenwilliger Marxinterpret, der als unorthodoxer Linker auf sich aufmerksam machte und Zulauf gewann. Ihn sich als Bundesgenossen zu bewahren, vermochten die »Schulmarxisten« in den Endvierzigern noch nicht. Mit ihm einen tragbaren modus vivendi zu finden mißlang bei mangelnder Flexibilität auf beiden Seiten. Es kam zu langwierigem ideologischen Streit, worauf Kofler seine »Tür« zum Osten vorerst zuwarf – allerdings im Unterschied zu manch anderem Hallenser, wie dem Sozialdemokraten I. M. Lange, nicht ganz und nicht für alle Zeit. Mühlpfordt stolperte bei seiner Darstellung der Oktoberrevolution über den Wettervergleich zwischen Paris 1789 (Julisonne) und Petersburg 1917 (Novembernebel) und kam zeitweise – unfreiwillig – in den Genuß eines Privatgelehrtendaseins. Schilfert und die beiden Asse Eduard Winter und Leo Stern zog der stärkere Magnet Berlin an sich, wiewohl Leo der Große seinen Lehrstuhl in Halle beibehielt.

Meine eigene Gastprofessur wurde 1950 einvernehmlich nicht verlängert. Die Lehrverpflichtungen an Pleiße und Saale nebeneinander waren auf Dauer denn doch in jeder Hinsicht zu strapaziös.

Die Bewältigung Ihres Arbeitspensums verlangte in dieser Zeit einen physischen Maximalismus. Denn zusätzlich zu Ihren Lehrverpflichtungen übten Sie noch Funktionen im Kulturbund, in der Gesellschaft zum Studium der Sowjetunion aus und waren Mitglied des Landesvorstandes der SED-Sachsen. Mit welcher politischen Kultur wurden Meinungsstreit und Richtungskämpfe ausgetragen?

Wieder war ich zum Multifunktionär geworden, der sich zwischen seinen Aufgaben zerrieb. Allein an meinen beiden Hochschulen las ich (für Hörer aus fünf Fakultäten) zwanzig Wochenstunden und darüber, praktisch aus dem Stegreif, denn es blieb keine Zeit, mich auf sie vorzubereiten. Der Kulturbund oder richtiger: Heinz Willmann und Dr. Menger in Berlin hatten mich mit einem delikaten Auftrag beladen. Als zugereister »ehrlicher Makler« sollte ich Frieden stiften zwischen zwei feindlichen Fraktionen in Leipzig: Engewald (SPD) und Kneschke (KPD/SED). Das gelang mir nicht, denn schon ein erstes Gespräch mit dem Buch- und Kunsthändler Engewald offenbarte, daß weit mehr dahinter steckte als eine Fehde zwischen konträren Persönlichkeiten. Kneschke, Kulturbundleiter Sachsens, war ein erfahrener, nach Dresden ausgesiedelter Agitprop-Mann aus Böhmen, der den Leipziger Bildungsbürgern nicht kulturvoll genug für einen Kulturbund erschien. Kein Verhandlungsgeschick vermochte das aus der Welt zu schaffen. Was die Sache zusätzlich komplizierte: Engewald präsentierte zu den im Frühjahr 1947 fälligen Vorstandswahlen für das Land Sachsen Rektor Gadamer als Kandidaten, den zu verschnupfen ich mir zweimal überlegen mußte. Bei den Leipziger Delegierten warb Engewald dafür, »weil nur ein Auto aufzutreiben« sei, unsere sämtlichen Mandate auf Gadamer zu übertragen. Die meisten taten das. Ich erklärte, das Fahren auf Puffern gewohnt zu sein und mich daher der Bahn anzuvertrauen.

Das Geschwür der drohenden Spaltung platzte zum Glück fast von alleine und nahezu schmerzlos. Um es kurz zu machen: Bevor wir in Chemnitz zur Delegiertenversammlung eintrafen (ich nach halsbrecherischer Bahnfahrt vor Gadamer und Engewald in deren pannengesegnetem PKW), war Ludwig Renn aus Mexiko nach Dresden zurückgekehrt. Gegen ihn anzutreten, war Gadamer zu klug. Es wurde praktisch eine Wahl per Akklamation: papam habemus. Alexander Abusch vertrat die Bundesleitung und kam neben mich zu sitzen. Mir blieb es erspart, mich als dritter oder vierter Abendredner nach den Zelebritäten erstens als völlig unpräpariert zu blamieren und zweitens als Sitzungsverlängerer unbeliebt zu machen. Ludwig Renn, einer der sympathischsten Menschen, denen ich je begegnete, war über alle Maßen freundlich. Obwohl wir nur ein paar Minuten miteinander plauderten, behielt er mich bis ins höchste Alter aus irgendeinem Grunde im Gedächtnis. Nur wußte er nicht mehr genau, wo er mich hintun sollte. »Du kommst aus Halle, nicht wahr?« fragte er mehrfach.

In Engewalds reichhaltigen Laden schaute ich auch später bisweilen hinein, um das eine oder andere Gemälde von Leipziger Spätimpressionisten zu kaufen, darunter von Max Schwimmer. Mit diesem traf ich das erste Mal zusammen, als wir beide, nebst anderen, 1950 von der Bezirksleitung heruntergeputzt wurden. Schwimmer hatte es zeitweise sehr schwer, anerkannt zu werden. Maxe hing deshalb viele seiner Bilder bei Engewald, der sich auf amtliche Kunsturteile nicht verließ, zum Verkauf aus. Einen Halbakt, der mir gefiel, zog er wieder zurück, da er seine Frau darstellte, »die schließlich nicht in das Badezimmer eines anderen gehört«. Die »Zigeunerpferde« und die »Blumenverkäuferin« hingegen erwarb ich zu zivilen Preisen.

Denke ich zurück, so erscheint mir der Landesvorstand der SED, von 1947 bis 1949, obwohl schon an der Schwelle zwischen mittlerer und höchster Ebene liegend, mit Wilhelm Koenen, Otto Buchwitz, Otto Schön, Fritz Selbmann als eine Versammlung, die auch Sinn für Humor zeigte. Ich kann mir weit schlimmer bürokratisch verkrustete denken. Bei uns ging es alles in allem menschlich zu, kameradschaftlich. Keiner sprang dem anderen an die Gurgel, und spielte einer den wilden Mann, fiel er – unangenehm – auf. Unter den Vorstandsgesichtern fiel Selbmanns scharfgeschnittenes aus dem Rahmen. Man sagte ihm nach, daß er alle zwei Wochen seine »Vorzimmerdame« wechsle, was sicherlich die unausbleibliche Übertreibung vom Dienst war. Ein vitales Mannsbild gab er allemal ab, und Format bescheinigte sogar der »Spiegel« dem Industrieminister Sachsens (der selber kein Sachse war). In die Regierungsspitze der DDR aufgerückt, legte er sich in unkluger Direktverteidigung seiner engeren Ressortinteressen mit den Mächtigen an und brach sich dabei das Genick. Er wurde in vorzeitige Rente geschickt, aus der er noch das Bestmögliche machte, indem er sich der Schriftstellerei ergab.

In den ersten Jahren des Wiederaufbaus standen sowjetische Offiziere den Behörden und Institutionen als Entscheidungspersonen vor. Welches Verhältnis hatten Sie zu den Verantwortlichen der Sowjetischen Militäradministration und in welchem Ausmaß machten diese von ihrem Vetorecht Gebrauch?

Als Leipziger Präsident der »Gesellschaft zum Studium der Kultur der Sowjetunion«, der ich Anfang 1948 zwecks Entlastung von Oberbürgermeister Zeigner geworden war und noch in diesem Amt (1949) die Umbenennung in »Gesellschaft für Deutsch-Sowjetische Freundschaft« miterlebte, besaß ich einen gewissen Einblick in den Mechanismus der Beziehungen zwischen Okkupierten und Okkupanten. Natürlich wahrte die Weltmacht Sowjetunion auf allen Ebenen ihre

Interessen, wovon man vernünftigerweise auszugehen hatte. Die Gestaltung des Verhältnisses zwischen den Menschen oblag Menschen; sie konnte so oder so erfolgen. Und da muß ich bezeugen, daß es – erstaunlich genug – überwiegend zur Herausbildung vertrauensvoller Beziehungen zwischen den Seiten kam. Nicht in jedem Fall erwuchsen daraus persönliche Freundschaften, aber guter Wille überwog und fand Anerkennung.

Die Loblieder, die später bei Anlässen wie Jahrestagen auf den jeweiligen »guten Onkel aus Rußland« gesungen wurden, waren größtenteils durchaus echt. Die Erinnerung haftete nicht an einem Berlin, wo 1945 der Teufel los war, sondern an der Zeit erster selbständiger Gehversuche, die zur Gründung der DDR hinführten und in der die sowjetischen Berater ihre Kanzeln schon abzubauen begannen. An mancher Stelle hat es deshalb sogar Bedenken gegeben, denn Kompetenzen, die bis dahin de facto ein sowjetischer Offizier innehatte und im Gefühl seiner Verantwortung gewissenhaft wahrnahm, gingen in der Regel an einen Funktionär der SED über, und ob der immer die gleichen »väterlichen« Gefühle gegenüber seinen in die »Souveränität« entlassenen Schutzbefohlenen haben würde, blieb abzuwarten. Es gab einen DEFA-Film, in dem das recht hübsch zum Ausdruck kam. Er spielte an einem Akademie-Institut, und ein Entomologe sagte da, er hätte die schlimmsten Befürchtungen gehegt, als die Russen kamen: und dann, als ein sowjetischer Offizier eintraf, worüber habe sich der mit ihm unterhalten? Über Käfer! Und er habe ihm jede Unterstützung zugebilligt. Als dann nach seinem Weggang ein »Mann von der SED« kam, wurde wieder schmucklos deutsch gesprochen, und das stach in der ersten Zeit nicht immer vorteilhaft ab im Vergleich zum bisherigen Umgangston.

Über das Verhältnis zwischen Deutschen und Besatzern fragte ich einen Bekannten, der in höheren Sphären tätig war: Wie ist das eigentlich bei euch da oben in Berlin, dort, wo wirklich geschaltet wird. Habt ihr was zu sagen, oder machen das praktisch die Freunde, und ihr führt es aus? Sein Urteil: Nein, es herrscht durchaus Redefreiheit, der Austausch von Meinungen ist lebhaft. Jedoch ist die Beratung so intensiv, daß man sich ihren Argumenten nicht verschließen und also gar nicht umhin kann, den Ratschlägen Folge zu leisten.

Überhaupt muß man sagen, daß der Größenunterschied des Giganten zu dem einen, noch dazu kleineren Teil des nicht mehr vorhandenen deutschen Staates schon eine Rolle spielte, Quantität also auch in Qualität umschlagen mußte. Der beratende sowjetische Offizier konnte es sich in der Regel gestatten, toleranter, liberaler, großzügiger aufzutreten, als es der »SBZ-Deutsche« von seinesgleichen erlebte.

Als zum Beispiel die Frage stand, ob man Furtwängler in der Leipziger Kongreßhalle dirigieren lassen kann, soll sich der zuständige Kulturoffizier an den Kopf gestoßen haben: Wie könnt ihr einen solchen Blödsinn überhaupt in den Mund nehmen? Einen Mann wie Furtwängler fragt niemand danach, ob er mal einen Kratzfuß zuviel oder einen zuwenig vor den jeweils Herrschenden gemacht hat. Der hat vierzehn Millionen Noten im Kopf und weder das Hakenkreuz noch die rote Fahne. Das soll er auch gar nicht, um Gotteswillen, die schwenken wir weitaus besser. Dirigieren soll er! – Was er ja dann auch tat.

Das war ungefähr so, als wenn in einem Dorf Sozialdemokraten sich mit Kommunisten stritten und der sowjetische Kommandant zwischen ihnen entscheiden mußte. Da entschied er souverän unter Zweckmäßigkeitsgesichtspunkten, vielleicht auch ein wenig deshalb, weil es ihn mit Befriedigung erfüllte, hier etwas hinterlassen zu können, das, wenn auch im Kleinen, als Mosaikstein in die Geschichte des Fortschritts, der Umerziehung der Deutschen, eingehen würde.

Nach den mitleidslos harten Fronterfahrungen behielten diese Männer das als haftendes Erlebnis: Es hat sich irgendwie doch gelohnt, du hast also mit »deinen« Deutschen, »naschi Nemzi«, etwas anzufangen gewußt, schau da, es ist etwas daraus geworden. Man begegnete manchen von ihnen, »einfachen Veteranen« jetzt, vielleicht per Zufall auf der Ferienreise im Kaukasus, Jahrzehnte später, und man redete über die alten Zeiten …

Mit dem Namen Anton Ackermann verbinden sich heftige Debatten um einen »deutschen Weg zum Sozialismus«, die in dieser Zeit geführt wur-

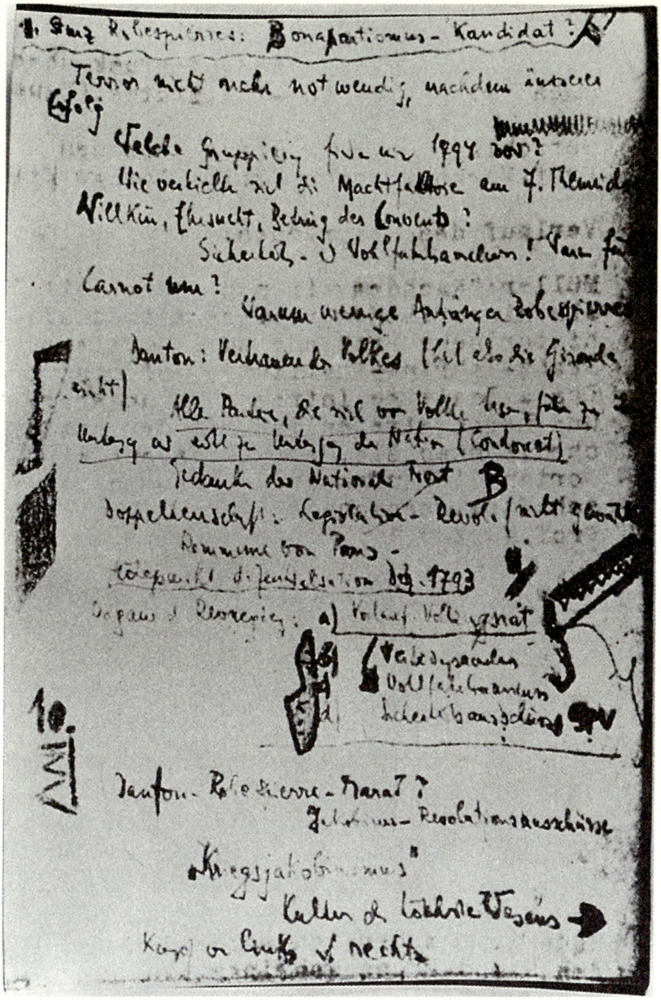

Notizen für ein Seminar, Leipzig 1948

den. Was verstand man darunter, und warum verschwanden die Theorie und ihre Vertreter über Nacht von der politischen Bühne?

Über Nacht keineswegs. Aber hübsch der Reihe nach! Von Anton Ackermann ging die Rede, er sei von brennendem

Ehrgeiz beseelt und habe sich seinen »nom de guerre« A.A. deshalb zugelegt, weil er bei den üblichen parteiamtlichen Aufführungen von Funktionären in alphabetischer Reihenfolge an erster Stelle stehen wollte, was er damit tatsächlich erreicht hätte.

Unberührt von solchem unüberprüfbaren Hörensagen war Ackermann ein hochqualifizierter und mir persönlich auch sympathischer Genosse, der sich keineswegs auf einen hohen Sockel schwang, um von dort das niedere Volk zu belehren. 1946, als ich ihn kennenlernte, war er Mitglied des Zentralsekretariats der SED und galt als der Chefideologe des damals propagierten »deutschen Weges zum Sozialismus«. Die von Lenin bekräftigte Einsicht, daß die Völker auf ihre besondere Art und Weise, mit ihren Mitteln und Methoden, auf verschiedenen Wegen und zu verschiedenen Zeiten zum Sozialismus gelangen würden: das war keine Erfindung des deutschen Theoretikers. Sie entsprach (ebenso wie ihre leichten Variationen in anderen Bruderparteien) der (doch wohl richtigen?) Generallinie der kommunistischen Weltbewegung gegen Kriegsende und in der ersten Nachkriegszeit. Ich verstand sie als zweckentsprechende Fortentwicklung der Volksfrontpolitik des VII. Weltkongresses der Komintern 1935 unter positiv veränderten Bedingungen. Als aber im einsetzenden Kalten Krieg die Parolen umschlugen, mußte Anton dafür geradestehen. Zu Richtigstellungen und Widerrufen genötigt, schied er Anfang der fünfziger Jahre aus allen Funktionen. Erst in den letzten Jahren seines Lebens gab er als geachteter »Arbeiterveteran« bereitwillig Auskunft auf Befragung. Auf diese Weise hörte ich wieder von ihm. Eines Tages meldete die Zeitung sein Ableben: in Ehren, in Stille.

Doch wie das Leben spielt: Wir begannen Ende der siebziger Jahre intensiver über Erbe und Tradition zu diskutieren. Nicht nur in bezug auf den Alten Fritz; auch im Hinblick auf die Arbeiterbewegung. Und da – ich traue meinen Augen nicht – erhalte ich doch einen Brief, auf dessen Umschlag zwei Zehnpfennigmarken mir ein Gesicht darbieten, dessen Legende schlicht vermeldet: Anton Ackermann 1905–1975. Zu hohem Alter also hat es unser rastloser Freund nicht gebracht, wohl aber zur postumen Aufwertung durch die Post.

Hatte die Gründung der Deutschen Demokratischen Republik für Sie schon das Siegel des historisch Endgültigen? War es für Sie ein persönlicher Einschnitt?

Als eine entscheidende Zäsur empfand ich den 7. Oktober 1949 in politischer Hinsicht zweifelsohne. Ob »endgültig« – was ist in der Geschichte schon endgültig? Auf alle Fälle ist dieser Gründungstag Ausgangspunkt unserer Realität von heute. Eng lebensgeschichtlich gesehen, lag der kardinale Einschnitt bei mir eher im Frühjahr 1945 oder im Herbst 1946 als 1949. Der Übergang aus dem zerklüfteten Gelände der Illegalität zu den häufig zitierten »Mühen der Ebene« (die so eben gar nicht war!) zog sich über mehrere Jahre hin, gewiß bis 1949, als längerfristiger, konfliktreicher Wandlungsprozeß. Auch die alten Auseinandersetzungen zogen sich auf verschiedene Weise noch eine Weile hin, ja, bis wann?

Die Mikroperiodisierung einer Biographie zeigt sich aufs stärkste bedingt und abhängig von der gesamtgesellschaftlichen. Auf den Tag und Monat, selbst auf das Jahr, müssen sie indessen nicht zusammenfallen. Ohne eine Religionsfrage daraus zu machen, würde ich die Übergangsperiode in meiner Biographie etwa 1947/48 ansetzen. Daraus ist zu ersehen, daß ich mir meiner Sache selber nicht ganz sicher bin: Wann überwiegt Kontinuität, wann Bruch?

1947 schrieben Sie in einer Zeitschrift: »Zu fordern ist für alle deutschen Universitäten der freie Wettstreit beider Theorien, also der bürgerlichen wie der marxistischen, die Verpflichtung, sich mit ihnen bekannt zu machen.« Stehen Sie fast vierzig Jahre danach zu dieser Forderung?

Ja und nein, man kann halt Nichtvergleichbares schlecht in Relation setzen. 1947 gab es vier Besatzungszonen auf einem deutschen Territorium, über dessen künftige staatsrechtliche Konturen das letzte Wort noch nicht gesprochen war. Mir scheint, was ich da von mir gab, durchaus einer Periode angemessen, die wir – wenn ich recht unterrichtet bin – heute noch gemeinhin als antifaschistisch-demokratische bezeichnen. In diese Landschaft fügte sich eine solche Forderung nach allseitiger Weitergabe von Information – nach dem verordneten Verstummen während der braunen zwölf Jahre – zwanglos ein. Für die »Jetztzeit« läßt sie sich so global wahrscheinlich schon aus dem einfachen Grund nicht mehr formulieren, weil wir uns heute der Realität zweier dem System nach gegensätzlich strukturierter deutscher Staaten und ihrer Hochschulen gegenübersehen, woraus sich mit Sicherheit ableitet, daß wir die Erfordernisse zweier Gesellschaften und einer anderen Jugend in jeder dieser Gesellschaften mit unterschiedlichen Maßstäben zu messen haben, daß aber auch die Aufgaben, die sich daraus ergeben, ihrer Qualität nach unterschiedlich sein werden.

Was nicht ausschließt, daß die Forderung nach allseitiger Information nach wie vor beide Seiten betrifft. Das geschieht auf unserer Seite dort, wo Glasnost ernst genommen wird. Gewiß, in studentischen Kreisen ist das im wesentlichen im anderen deutschen Staat auch so. Ihre Abschottung ist den Ewiggestrigen spätestens seit den sechziger Jahren nicht mehr gelungen. Nur ist das Informationsdefizit, soweit es besteht, heute anders beschaffen als vor vierzig Jahren. Sollte ich heute zu Papier bringen, wie ich diesbezügliche Aufgabenstellungen des Historikers in dem einen wie im anderen deutschen Staat sehe, so würde das sicher etwas anders klingen als 1947.

Sie haben Ihre Forderung damals mit einer Feststellung verbunden: daß es nicht mehr primär darauf ankomme festzustellen, was historischer Materialismus alles nicht *sei, vielmehr darauf,* was *er eigentlich ist.*

Damit stand ich sicher nie allein. Jeder ernsthafte marxistische Wissenschaftler war und ist – einmal prononcierter, das andere Mal vielleicht unter der Last der Tagespraxis gedämpfter, aber im Prinzip natürlich stets – davon überzeugt, daß mit den Einblicken von Marx und ihren zeitgemäßen Bereicherungen durch Lenin keine auf unbegrenzte Dauer verpackte Medizin vorhanden ist, die gegen sämtliche Übel in der Welt schützt. Ihr »Ismus« ist ein Schlüssel zum Verständnis, bei dem aber jedesmal die reale Analyse, die Analyse des wirklichen Standes, auch in der Wissenschaft – und zwar auch in der marxistischen Wissenschaft – als Korrelat anzusehen und beizufügen ist. Jeder Ismus läuft die Gefahr der Erstarrung, wenn man ihn nicht aktiv daran hindert.

Es wird oft beklagt, daß unsere Gesellschaftswissenschaftler – unsere Historiker eingeschlossen – zu wenig eigene Sprache, eigene Haltung, zu wenig eigenen Standpunkt zum Ausdruck bringen. Zeugt das von Angst vor der Größe der Klassiker, oder ist das mehr eine Frage des politischen Klimas?

Es spielt schon eine Rolle, ob die Autoritäten, auf die sich eine wissenschaftliche Richtung einschwört, sehr »großkalibrig« sind. Es mag den Enkeln schwerer erscheinen, ihren unverwechselbaren eigenen Beitrag an dem bereits Vorgegebenen zu messen, als wenn es um, sagen wir, einen normalen, honorigen Doktorvater auf seinem Katheder geht, meinetwegen auch noch um ein Schule bildendes Haupt der Zunft. Da ist ein Kopf wie der von Marx selbstredend etwas anderes. Er kann schon auch erdrückend wirken. Bequemlichkeit – der Mensch ist nun einmal so geartet, daß er kleine Winkel seines Ichs dieser nicht zu empfehlenden Eigenschaft überläßt – verführt dazu, daß man – unter Umständen gedeckt durch einen die Zeiten überdauernden Meister – bei weniger eigener Anstrengung auch mit einem bescheidenen Nahziel vorlieb nimmt. Wer dem nachgibt, gerät in die Nähe dessen, was zu jener Zeit Schallplatten-Marxismus, von Ludwig Renn »Zitierismus, nicht Marxismus« benamst wurde. Schuld daran trägt weder die Methode noch der überragende Denker, von dem hier die Rede geht. Die Ursachen liegen auf dem weiten Feld menschlicher Unvollkommenheiten, gegen die kein Ismus und auch kein Parteibuch einen unübersteigbaren Wall errichten. Es ist gewissermaßen das ständig attackierende Bleigewicht im Menschen selbst, mit dem man fertigwerden muß, um sich über eine Hürde, eine Barriere zu schwingen. Wenn man das aber tut, ergibt sich fast von selbst, daß das auch in der äußeren Form, in der sprachlichen Einkleidung, seinen Niederschlag findet.

Bei dieser Fragestellung denke ich auch daran, daß in einem sozialistischen Staat der Marxismus zugleich ideologische Praxis und wissenschaftliche Methode ist, auf der einen Seite Agitation und Propaganda und andererseits unbestechliche Wissenschaft.

Beide Komponenten gibt es in der Geschichte immer. Wenn eine politische Praxis Hand in Hand geht mit einer anspruchsvollen Weltanschauung, dann stellt sich die Frage nach der idealen Relation von Theorie und Praxis oder eventuell von Esoterik und Massenkonsum. Das scheint mir keine auffällige Besonderheit eines sich auf den Sozialismus zubewegenden und diesen Sozialismus in der Realität aufbauenden Systems zu sein.

Die Versuchung besteht, einer Polarisation nachzugeben, die gestützt werden kann durch praktische Aufgaben, bei denen man mit gröberen Maßstäben und einkalkulierten Reibungsverlusten rechnen und arbeiten muß. Man kann sich nicht immer nur in Makro- oder Mikrosphären bewegen. In der Natur nicht, und in der Gesellschaft auch nicht. Hier ist das wissenschaftliche Ethos oder die intellektuelle Redlichkeit, oder wie immer man das Ding nennt, gefordert. Der Gelehrte muß auf der einen Seite unbestechliches Forschen und auf der anderen Seite Breitenarbeit im Rahmen eines gesellschaftlichen Systems, das er selbst mit trägt, zu unterscheiden wissen – selbst wenn er beides tut, unter Umständen sogar gleichzeitig tut. Wenn er das vermengt, schadet er sowohl seiner Wissenschaftlichkeit (und der Wissenschaft überhaupt) als auch dem Nutzeffekt auf breiterer gesellschaftlicher Ebene.

Hier sehe ich ein weiteres Problem für den Gesellschaftswissenschaftler: Man erwartet von ihm objektives Forschen, aber auch einen alsbaldigen politischen Ertrag.

Wissen Sie, das mag zu einem guten Teil stimmen, aber das ist eine Krankheit der Praktiker, wenn ich es einmal so nennen darf, die im Sozialismus – da wir in einer Planwirtschaft leben – vielleicht nur deutlicher in die Augen springt, die es aber in sämtlichen gesellschaftlichen Systemen gibt. Die Gesellschaft – oder diejenige Gruppe, die machtmäßig und/oder ideologisch die Gesellschaft anführt, ihr das systembildende Gepräge gibt – ist immer an unmittelbaren, für sie und aus ihrer Sicht verwertbaren Resultaten interessiert und nicht an irgendwelchen genialen Spinnereien, die vielleicht in hundert oder zweihundert Jahren einmal zum Tragen kommen. Es kommt ihr nicht so sehr darauf an, ob ein Schreibender – sei es der Sachbuchautor oder der belletristisch Produzierende – etwas verfaßt, was spätere Jahrhunderte veranlassen wird, ihn, nachdem er schon einige Tode gestorben ist, wieder auszugraben. Ihr ging und geht es um direkte Wirkungen, beispielsweise für das Jahr 1947 so zu schreiben und solche Dinge zu schreiben, die helfen, möglichst schnell viel Schutt aus verwirrten und fehlgelenkten jungen Köpfen der Deutschen wegzukarren. Mit welchen Stilmitteln das geschah, ob man später naserümpfend oder lächelnd über Abweichungen – wie zum Beispiel über den »Irrweg der deutschen Geschichte oder Nation« – lästern wird, das hat damals weder die, die pinselten, noch diejenigen, die dahinterher waren, daß so gepredigt wurde, übermäßig bewegt. Es war die Aufgabe des Tages, die erfüllt werden mußte ohne Rücksicht auf ästhetische Verluste.

Lebt man in einer anderen Situation, drehen sich die Verhältnisse um. Die ideologisch schönste Aussage nützt nichts, wenn sie so verpackt ist, daß bei Leuten, und gar bei jungen, schon beim Anblick das Gähnen ausbricht. Es kommt nun nicht mehr hauptsächlich auf extensives Wachstum, auf das Was als solches, sondern sehr maßgeblich auf das Wie an. Und wenn das die schöne Literatur betrifft, dann ist davon die Philosophie und mit dieser der Marxismus – als Wissenschaft – nicht ausgeschlossen. Auch für ihn gilt solches Vorwärtsschreiten in der Aufarbeitung und gewißlich in der Darbietung. Man kann nicht immer nur eingefahrene Standardfloskeln wählen und sich mit ihnen zufriedengeben. Sonst kann es passieren, daß bereits das nach uns kommende Geschlecht Einspruch erhebt: Das habe es sich inzwischen an den Fußsohlen abgelaufen. Entweder, wir haben Besseres zu bieten, oder, man lasse sie damit zufrieden. Köpfe wachsen nach, um – selbst – gebraucht zu werden, auch schon, bevor sie ergrauen. Wer wollte es ihnen wehren?

Die fünfziger Jahre in Leipzig

Leipzig als Universitätsstadt besaß in den fünfziger Jahren eine spezifische Aura des wissenschaftlich-geistigen Lebens. Zu Ihrem dortigen Freundeskreis gehörten Werner Krauss, Hans Mayer, Karola und Ernst Bloch, Katarina und Gerhard Harig.

Eine Vorbemerkung zu dem Kreis, der die Leipziger fünfziger Jahre ausmachte und/oder abrundete. Dazu zählten etliche mehr als die von Ihnen soeben herausgepickten Freunde. Der Ordnung halber würde ich mit der »Stammbesatzung am Platze« beginnen, den – mehr oder weniger – »eingeborenen«, jedenfalls von mir schon vorgefundenen Leipzigern, die keineswegs alle nur mit Wasser kochten und über die ich schon sprach als Männer der ersten Stunde, die die Stellung hielten. Aber sie waren verzweifelt wenige, und manche mußten sich – gleich mir – vorerst damit begnügen, den Wissenshungrigen Hausmannskost zu verabreichen. Abhilfe, das heißt die Auffüllung ihrerReihen, tat bitter not.

Es gab am Strang mitziehende demokratische Kollegen aus dem bürgerlichen Lager, die zu vergraulen sich kluge Bündnispolitik (trotz gelegentlicher Ausrutscher)hütete. Unter ihnen die Mediziner Schroeder und Übermuth, der hervorragende Germanist Theodor Frings (zwar Rheinländer, doch kein Verwandter des Kölner Kardinals), dessen Noblesse durch Egon Günther eine erfrischende literarische Schilderung erfahren hat, und der hochangesehene Jurist Erwin Jacoby. Zu ihnen stieß der verdiente alte Theologe Emil Fuchs, ein ergreifender Prediger des Friedens schon in jenen Tagen.

Bon, nicht jeder personale Beitrag ist als gleichwertig anzusetzen. Ich sprach einmal von »unterschiedlichen Stufen der Annäherung an die Totalität eines integralen Marxismus«. Doch alle haben sie Farbtupfer hinzugefügt, die erst zusammengenommen die »Leipziger fünfziger Jahre« ausmachen.

Fest stand für uns 1947, daß die bodenständigen Kräfte allein nicht zureichten. Bis der wissenschaftliche Nachwuchs in die Spur treten konnte, mußten Jahre bis Jahrzehnte verstreichen. (Heinz Such und Robert Schulz waren Ausnahmen, die die Regel bestätigten.) Über soviel Zeit zum Leerlauf verfügten wir beim Neuaufbau nicht. Verblieb ein noch nicht angezapftes Kräftereservoir: die ins Exil getriebenen Antifaschisten. Großzügig ergingen Berufungen an fachlich ausgewie-

Eva Lips

Was bewog diese Emigranten, sich im östlichen Teil Deutschlands niederzulassen?

Promovierte Marxisten und gar solche mit akademischer Lehrerfahrung waren in Deutschland nicht erst nach 1945 Mangelware, und die Frage erhob sich, wie kommt man – in der Ostzone – unter den obwaltenden Umständen in der Perspektive zu einer sozialistisch profilierten Intelligenz? Wer konnte besser helfen, in den Hörsälen aufrechte Antifaschisten zu erziehen, als die ehedem Verfolgten des Naziregimes, die überlebenden Opfer des Faschismus? Hier harrte ihrer eine Aufgabe – Baufreiheit! hat es einer genannt, und viele hatten das Gefühl, daß sie hier in der Tat gebraucht wurden. Die von Fritz Behrens wie auch von Paul Wandel und Robert Rompe befürwortete »Großzügigkeit« der Berufungspraxis, die sich an früheren parteipolitischen oder ideologischen Eingruppierungen nicht stieß, sondern eine gewisse Risikobereitschaft forderte, traf sich, wie mir scheinen will, mit einem »Heimatbedürfnis« der Exulanten. Nach Jahren der Flucht vor der Gestapo, des Kampfes ums tägliche Brot in Übersee und des politischen Nur-Opponierens fühlten sie sich – gleich mir – gedrängt, endlich fest vor Anker zu gehen. Nunmehr bot sich ihnen eine Chance, mit ihrem akkumulierten Wissen und Können Positives hinzubauen – in ihrem Fach und in einer Gesellschaft, die im Werden war, von ihnen mitgeformt. Hinzu kam, daß diese Intelligenz, die meistenteils (jedoch nicht ausschließlich) erklärt links stand, nur in Ausnahmefällen vom Westen seriöse Angebote erhielt; daß man dort im Gegenteil unter Umständen froh war, sie (wieder) los zu sein.

Ganz ohne Skepsis erfolgte der Ortswechsel bei vielen verständlicherweise nicht. Man hatte »über die Russen« so manches gehört: »aus Asien«... na ja... Ernst Blochs größte Sorge war, ob es genug Papier gäbe, um auf ihm seine Werke weiterschreiben zu können. Sie hatte ihn veranlaßt, eine ganze Kiste Schreibpapier aus den USA mitzubringen. Eine Eulenspiegelei, denn gerade Papier (wenn auch vorwiegend »Saugpost«) gehörte zu den wenigen in ausreichender Menge vorhandenen Dingen. Hermann Budzislawski hatte sich hingegen mit einer Ladung bester Zigaretten der Marke »Lucky Strike« (oder »Camel«?) eingedeckt. Das war der Nachkriegssituation angemessener, in der »Stangen« auf dem Schwarzmarkt als Währungseinheiten dienten. Der freigebige Spender machte sich damit nicht weniger Freunde als mit seinen öffentlichen Vorträgen unter dem Titel »Ich war Amerikas berühmteste Frau«: er hatte der Rundfunksprecherin Dorothy Thompson im Propagandakrieg als ghost writer gedient.

Julius Lips wurde 1949 zum ersten sozialistischen Rektor der Universität gewählt (und erlag – als bisher einzige Leipziger Magnifizenz noch im Amte – 1950 einem tückischen Leiden). Ernst Bloch las an der Philosophischen Fakultät und leitete das Institut für Philosophie. Wieland Herzfelde, ehedem ein fröhlicher Bohémien, 1917 Leiter des Malik-Verlages, 1919 Kommunist der ersten Stunde, entstieg – laut Budzislawski – dem Zug im Leipziger Hauptbahnhof »jeder Zoll ein Professor«, um über vergleichende Weltliteratur zu lehren. Der Romanist Werner Krauss siedelte aus Marburg über und empfahl, Hans Mayer an das Germanistische Institut zu berufen. Dieser wiederum erinnerte sich eines Freundes aus der Zeit des Exils und regte an, aus Istanbul den (in Genf promovierten) Historiker Ernst Engelberg nach Leipzig zu holen.

Käthe Harig und Werner Krauss mit Hund Knacks

Sie nannten Werner Krauss – einen Mann des inneren Widerstandes, als Mitglied der »Roten Kapelle« zum Tode, nach einem Revisionsverfahren zu »zeitlicher Strafe« verurteilt. Hatte er ähnliche Erfahrungen wie Sie?

Werner Krauss lernte ich im Sommer 1947 noch in Marburg kennen. Er saß auf siebzig gepackten Bücherkisten und war bereit, einer Berufung als Ordinarius nach Leipzig zu folgen. Da der Transport über eine Zonengrenze ging, gab es erhebliche Schwierigkeiten, und ich unternahm von Fulda aus, dem ich einen Ferienbesuch abstattete, einen Abstecher nach Marburg, um nach den Ursachen der ärgerlichen Verzögerung zu sehen. Bei dieser Erkundungstour begegnete ich ihm, einem der anregendsten, wenn nicht überhaupt *dem* für mich anregendsten unter meinen Zeitgenossen. Die Freundschaft, die uns bis zu seinem Tode verband, hatte ihre eigentlichen Wurzeln in dieser vielleicht ein wenig an Wilhelm Hauff erinnernden ersten Begegnung.

Der Romanist Krauss, schwäbischem »Geistesadel« entstammend, war, als er noch sein Todesurteil zu befürchten hatte, eine Scheinehe eingegangen, um dem faschistischen Unrechtsstaat den Griff nach seiner kostbaren Bibliothek zu verwehren. Unglücklicherweise – wie er nachher formulierte – verlor er seinen Kopf aber nicht und blieb solcher Weise auf jener Dame sitzen, die sich offenbar ebensowenig zu seinem Eheweib eignete, wie sich Werner Krauss wohl jemals zu einem Mustergatten berufen fühlte. Er führte einen ausgesprochenen Junggesellenhaushalt mit den Ingredienzien, die dazugehören: scheinbare Unordnung (hinter der sehr wohl ein auf seine Weise ordnender Geist waltete) und völlig auf den Kopf gestellte Tageszeiten. Prinzipiell arbeitete er in der Stille der Nacht, machte dann am Morgen (später mit Knacks, seinem Hund) einen Spaziergang, wonach er endlich ins Bett fand. Es war aus diesem Grunde völlig unmöglich, ihn am Vormittag telefonisch oder anderswie zu erreichen.

Die außergewöhnliche Attraktion seiner Persönlichkeit, die bei aller provokant hervorgekehrten Skurrilität oft geniale Funken stob, wurde gewürzt durch einen unbezahlbaren (bisweilen schwarzen) Humor, der seinerseits wiederum auf einer tiefgründigen Kenntnis der Dinge basierte, in deren Tücken sich Werner Krauss jedoch zeitlebens verfangen hat. Schon als Rekrut wurde er bei jeder Revision in der Küche versteckt, weil der Spieß es nicht wagte, ihn einem höheren Vorgesetzten zu präsentieren. Von französischen und spanischen Freunden weiß ich, daß er sich mit ihnen ebenso fließend wie mit deutschen unterhielt. Er, der selbst zutiefst beeindruckt von einem Mann wie Harro Schulze-Boysen sprach, hinterließ bei Menschen, die ihm begegeneten, das Gefühl, eine außergewöhnliche Erscheinung erlebt zu haben.

Sein Weggang von Leipzig an das Institut der Berliner Akademie, dessen Leitung er übernahm, war für mich ein echter Verlust. Im Grunde genommen war er es gewesen, der mich in einem Augenblick, als ich nicht sicher war, in welche Richtung ich meine Forschungsarbeit auf dem Gebiet der Geschichte weitertreiben sollte und konnte, nachdem ich mein ursprüngliches Interesse an Osteuropa unter den gegebenen politischen Umständen etwas einschränken mußte, auf die Fährte der Französischen Revolution setzte. »Quatre-vingt-neuf« fesselte ihn als Aufgipfelung der von ihm so geliebten Aufklärung.

Aber noch einmal kurz zurück zu unserer ersten Begegnung

in Marburg. Werner, der sich mit einem gewissen sechsten Sinn für Sicherheit nicht von seinen Kisten trennen wollte, erklärte: »Ich bleibe hier hocken, solange sich die Kisten nicht auch bewegen. Bin ich erst einmal weg, rühren sie sich nie mehr vom Fleck.« Ich wußte: An der Zonengrenze »arbeitete« ein alter Kumpel aus Siegburg, der amerikanische Autoreifen gegen Schnaps aus der SBZ verschob – mit zwinkernder Billigung der Grenzbehörden auf beiden Seiten. Ich traute mir zu, auch Werners Umzugsgut auf diesem – zu jener Zeit nicht ganz ungewöhnlichen – Wege nach Leipzig zu befördern. Dank der Unterstützung eines aufgeschlossenen amerikanischen Kulturoffiziers in Hessen konnte sich der »Wohnungswechsel« dann aber undramatisch vollziehen, und Werner Krauss las schon im Wintersemester 1947/48 seine Antrittsvorlesung an unserer Hohen Schule.

Welche Positionen und Auffassungen waren unter Ihnen die umstrittensten in bezug auf die Rolle der Universitäten und die Stellung des Hochschullehrers in einer sich entwickelnden sozialistischen Gesellschaft?

Ich fürchte, daß ich Sie enttäuschen muß, wenn Sie viel über »Hochschulpolitik« erwarten. Politisch waren die vorhin Genannten hochinformiert und hochengagiert, wie ihre bewegten Lebensläufe unschwer verraten. Jedoch um das, was man landläufig unter Hochschulpolitik verstand, haben sie sich verhältnismäßig wenig gekümmert: Dieses Gebiet blieb eher (war das ein Fehler?) einer zweiten Garnitur überlassen, weil jene Geister in höheren Regionen schwebten, als sich darum zu kümmern: wer wo wen als Assistenten unterbringt oder nicht unterbringt; wo eine Habilitierung angebracht erscheint und wo nicht. Obwohl uns dergleichen hin und wieder auch beschäftigt und gelegentlich zu kollektiven Stellungnahmen geführt hat.

Was die Studenten betrifft, war die Verschulung zu jener Zeit noch nicht so weit gediehen, wie es später aus zwar einsehbaren Gründen, aber doch partiell übertrieben geschehen ist. Es gab mehr Freiräume für individuelle Wissenschaftssuche, gegebenenfalls auch in relativ entfernten Fachgebieten. Eine Art geistige Freizügigkeit innerhalb eines breiten Angebots, die in extremen Fällen zur Überbetonung von Subjekti-

Karola Bloch gratuliert zum 50. Geburtstag

vismen verleitete, sorgte insgesamt indes für frischen Wind, für eine hochstehende Diskussion unter den Gelehrten selbst wie auch unter dem Nachwuchs, der in der Regel zu seinen Lehrern ein gutes und vertrauensvolles Verhältnis besaß. In Streitfragen, die der Dialog aufwarf, gab es unter uns weder postulierte Generalnenner noch »Schulhäupter«. Nahezu jeder nahm für sich in Anspruch, eine Persönlichkeit mit einem fertigen Weltbild zu sein (Hans Mayer: »Die Mittelmäßigen haben es in Leipzig schwer.«), mit einer eigenen Lesart von den Klassikern des Sozialismus/Kommunismus. Kaum einer war bereit, das, was er sich in eigener geistiger Arbeit erdient hatte, in einen großen Kuddeltopf einzuspeisen.

Karola Bloch wie Hans Mayer möchten – laut ihren Erinnerungen – diese Zeit in Leipzig nicht missen. Welche Formen des persönlichen Kontaktes pflegten die Gelehrten untereinander?

Es gab nicht nur *ein* Privatleben, es gab deren mehrere, die alle zu den fünfziger Jahren dazugehören – Jahren, die längst nicht in jeder Hinsicht das Adjektiv »golden« verdienen, aber in mancher eventuell doch.

In welcher Hinsicht »golden«?

Im Hinblick auf die einzigartige Situation, in der sich an unserer Universität maßstabsetzende Vertreter dreier Generationen, dreier Erfahrungen in gemeinsamer Anstrengung begegneten. Zum Leben, das außerhalb der Hörsäle gelebt wurde, zählte vieles. Man sprach naturgemäß über alles mögliche. Hin und wieder überwog die Politik, oft allerdings auch nicht. Ernst Bloch zum Beispiel war für unmittelbare Tagesfragen nicht sonderlich zu erwärmen. Ihn nahmen größere Zusammenhänge gefangen, und er breitete sie mit Vorliebe in Gestalt kleiner Geschichten aus, die irgendeinem weisen Rabbi widerfahren waren, woraus er dann seine Gleichnisse ableitete. Ebenso bildete gemeinsames Musizieren einen Bestandteil dieser Begegnungen. Hans Mayer war ein ausgezeichneter Pianist; auch Ernst Bloch spielte sehr gut Klavier, und meine Frau hielt (gleich anderen) bisweilen mit. Oft und viel wurde über Kunst debattiert, wobei die berufenen Kenner (zu denen ich nicht zählte) Haare in der Suppe sowohl der Abstrakten als auch eines sozialistischen Realismus »auf dem Verordnungswege« fanden. Richard Wagner, der es damals nicht allein in seiner Vaterstadt noch schwer hatte, obwohl er an Hitlers »Vorlieben« keine unmittelbare Schuld trug, wurde von Krauss – gegen Mayer – für zu geräuschvoll befunden.

Auch der hausfrauliche Bereich kam – über die Gaumenfreuden – nicht zu kurz, zumal Karola Bloch eine ausgezeichnete Köchin war und Trude Herzfelde, die die Kochseite für das »Magazin« schrieb, die Gerichte, die sie dort empfahl, probeweise zuerst ihren Gästen vorsetzte. So sind auch wir ab und an die Versuchskaninchen der Kochbuchautorin gewesen. Hans Mayer zeichnete sich durch einen gesunden Ap-

Familie in Holzhausen, 1960

petit aus und ließ sich die Spezialität meiner Frau, eine vollendete Omelette surprise, nur ungern entgehen.

Nun dürfen Sie sich nicht vorstellen, daß es bei solchen Zusammenkünften, die bis Anfang und dann noch einmal Mitte bis gegen Ende der fünfziger Jahre recht lebhaft waren, gar zu olympisch zuging. Es wurde gehechelt und über Kollegen geurteilt, ganz wie bei anderen Leutchen auch. Ernst Bloch beispielsweise konnte mit wenigen Strichen in Spruchform die Seinslage von Menschen treffend kennzeichnen: So gegen Adorno: »*Wenn* ein Jude dumm ist (kommt selten vor), ist er *sehr* dumm.« Oder: »Alle Welt hält Werner Krauss für ein Genie, aber er soll doch nun endlich sein Buch schreiben.« Eine Spitze, die noch ihre Berechtigung hatte, denn die wichtigsten Bücher von Krauss sind Alterswerke, die erst nach 1961 das Licht der Welt erblickten.

Die Mehrzahl unserer Freunde besaß ein dezidiertes Gefühl für ihren Selbstwert. Sie krankten nicht unbedingt an einem Übermaß an Bescheidenheit, aber sie gingen damit nicht hausieren; auch bei mir nicht, der ich damals zu den »Jüngeren« zählte und der gerade noch den Stab der Stafette erwischt hatte. Wobei es auch einen Unterschied macht, ob jemand, wie Hans Mayer, Junggeselle war, ob Familien, wie die Blochs und Harigs, mit je einem ziemlich erwachsenen Sohn lebten oder ob, wie in unserem Haushalt, fünf kleine Kinder herumsprangen und betreut werden wollten. In dieser Hinsicht waren übrigens die Ideen der Architektin Karola Bloch zur Projektierung kombinierter Einrichtungen von Kindergärten und -krippen von den betroffenen Müttern mit Verve diskutierte Neuigkeiten. Ein Lyssenko war ihnen dagegen Hekuba...

Sie beschlossen die Reihe der Direktoren des Instituts für Kultur- und Universalgeschichte an der Leipziger Universität.

Ja, im Zuge der zweiten Hochschulreform ging es 1951 als Einrichtung sonder Art, die schlecht in ein neuerdings gemeinverbindliches Institutsschema paßte, ein.

Der Gründer dieses Instituts, Karl Lamprecht, erlitt in einem Methodenstreit ein tragisches Schicksal – man erklärte ihn zum Zunftfeind, so daß sich damals angehende Historiker, wollten sie etwas erreichen, kaum auf ihn berufen durften. Trotzdem ist Lamprechts Einfluß auf die deutsche Geschichtsschreibung bedeutsam. Wo liegen Ihre Berührungspunkte zur Lamprechtschen Traditionslinie?

Ähnlich lautend wird diese Frage gelegentlich von ausländischen Kollegen gestellt, die mit Lamprecht noch eine gewisse lebendige Tradition verbindet. Er hat nicht allein die deutsche Geschichtsschreibung spürbar beeinflußt. Das, was wir am damaligen Institut für Kultur- und Universalgeschichte – später schlicht »Abteilung Neuzeit des Instituts für Allgemeine Geschichte« – an Lamprecht insbesondere schätzten, auf unsere Weise weiterführen möchten und zum Teil auch tun, ist sein Universalismus, sein Verständnis, daß Geschichte entweder total oder keine Geschichte ist. Wobei die unterschiedliche Intonation bei einem spätbürgerlichen positivistischen Gelehrten wie Lamprecht und bei uns Marxisten freilich nicht zu überhören ist. Putzigerweise hat sich das Institut für Kultur- und Universalgeschichte immer dadurch ausgezeichnet, daß sein Direktor auf irgendeine Art und Weise Identifikation – en miniature, wenn Sie so wollen – mit

Arbeitszimmer im Institut für Universal- und Kulturgeschichte, Inventar von Karl Lamprecht

dem Zeitalter, der vorwaltenden Stimmung der Epoche, demonstrierte: Karl Lamprecht selbst den kritischen Ausgang der deutschen Kaiserzeit, der Monarchie. Er starb ja während des ersten Weltkrieges, 1915. Ihm folgte Walter Goetz, den man als liberalen Demokraten beinahe einen Hofhistoriker der Weimarer Republik nennen durfte. Ab 1933 dann Hans Freyer, der vermeinte, ausgerechnet mit seiner konservativ-alternativen »Revolution von rechts« Distanz zum artverwandten braunen Umfeld je nach Gunst der Stunde leugnen oder hervorkehren zu können. Und schließlich ich, gewissermaßen als »Signal«, daß diese Universität nach 1945 einen Weg beschritten hatte, der auch das Lamprecht-Institut in andere theoretische und ideologische Breiten zu führen gewillt war.

Im Aufsatz »Zur Krise der deutschen Geschichtsschreibung« (Sinn und Form, 1950) gehen Sie mit dem Fortschrittspessimismus Ihrer – von Ranke herkommenden – Zunft ins Gericht. Nicht zuletzt an Ihre Kollegen gerichtet, mahnten Sie: »Ein Historiker von Spannweite kann, indem er Geschichte schreibt, der Geschichte zugleich seinen eigenen Beitrag ableisten, an Bewußtseinsverspätungen oder -verfrühungen teilhaben, Entwicklungen hemmen oder ihnen vorgreifen.« Wo erwiesen sich Ihre Forschungen als Hemmnis und wo als Vorausschau?

So geschraubt und geschwollen meinte ich nicht zu dozieren. Ich wollte lediglich bekräftigen, daß eine Geschichtsschreibung, die auf der Höhe ihrer Zeit steht, nicht nur schon Geschehenes wieder heraufholt und neu aufbereitet, sondern ihrerseits durch »ideologische Militanz« Einfluß nimmt auch auf Geschehendes und damit auf noch zu Geschehendes, im Guten wie im Schlechten, insofern also auch selber Geschichte »macht«.

Was meine eigenen Forschungen betrifft, mit denen ich in den fünfziger Jahren einsetzen konnte, so haben sie – vielleicht – in zwei Richtungen als wissenschaftliche Beschleuniger gewirkt: in der einer – interdisziplinären – Integration der Geschichte von Ländern der »Dritten Welt« in die bisher ganz überwiegend eurozentrisch ausgerichtete Universalgeschichte und in der – ebenfalls interdisziplinären – Vergleichenden Revolutionsgeschichte. Auf beiden Gebieten sind daraus wissenschaftliche »Schulen« hervorgegangen.

In betreff Hemmnisse: Das läßt sich in einem Satz sagen. Die Kräfte reichten einfach nicht, um alle guten Einfälle unseres sich allmählich formierenden Kollektivs bis zur Druckreife auf Spitzenniveau zu führen. Waren es am Ende zu viele, multa statt multum?

Komme ich aber auf die unmittelbaren Leipziger Nachkriegsjahre zurück, so verblüffte mich damals vor allem der in der Sowjetunion entfesselte Feldzug gegen den »Kosmopolitismus«, dem wir in der SBZ – nur wenig abgeschwächt – getreulich hinterherliefen. Plötzlich sollte, was einen Kommunisten auszeichnete, nämlich über ethnischen wie konfessionellen Kleinkram und die Lächerlichkeit von Nationalismen weltbürgerlich erhaben zu sein, als verwerflich gelten? Ich zog mich mit anderen, so gut es ging, durch Austausch des Adjektivs »kosmopolitisch« gegen »internationalistisch« aus der Affäre. Doch warum, bei allen guten Geistern, hatte Shdanow (hinter dem unzweifelhaft Stalin selber stand) das in dieser Form nötig? Ich weiß es bis heute nicht. Ließ sich Distanzsuche nach der vorübergehend unvermeidlichen engen Tuchfühlung mit den »imperialistischen Alliierten« nicht auch anders bewerkstelligen? Mein Freund A. S. Jerusalimski prägte Jahre später in ganz anderem Zusammenhang den Spruch »ob istorii každyj dumaet čto on ponemaet« – von Geschichte glaubt jeder etwas zu verstehen. Ich fürchte, daß das, so richtig es ist, für eine Erklärung nicht ausreicht. Daran (an mangelnder Informiertheit im Fach Historie) dürfte es nicht gelegen haben.

Sie haben die Stalinzeit miterlebt. Loten wir nicht zu oberflächlich, wenn wir den Stalinismus als Periode des »Personenkults« charakterisieren? Bedarf es nicht, um zur Aufhellung dieses Abschnitts in der Geschichte des Sozialismus zu gelangen, einer Unterscheidung zwischen Stalin als Person und dem Stalinismus als systemimmanentem Zerstörungspotential?

Zu jener Zeit galt der Begriff Stalinismus als böswillige Erfindung des Klassenfeindes. Jedoch auch nach Brechung des Tabus herrscht keine Einigkeit über seine Anwendung. Man gebraucht ihn zur Kennzeichnung einer Epoche in der Geschichte der Arbeiterbewegung (oder des Sozialismus), der die starke Persönlichkeit J. W. Stalins – im Guten und/oder im Bösen – ihren besonderen Stempel aufprägte. Oder man meint allein die Summe jener Fehler und despotischen Eigenmächtigkeiten bis hin zu politischen Kapitalverbrechen, die aus der Verletzung, dem Abgehen von den Leninschen Normen resultierten. Wobei ich noch absehe von Stalins schon alten Kritikern, die ihn – so Trotzki – als »Thermidorianer« erklären zu können vermeinten.

Markov 1949

Bei Stalin mußte in der Geschichte alles aufgehen. Hätte er statt seiner Gebote frei von jedwedem Druck und Zwang Angebote hinausgehen lassen an eine vielgliedrige Welt, in der sich Nationen unterschiedlich entwickeln, hätte sein Name seinen Tod – nicht kritiklos, aber in Ehren – überdauert. Statt dessen reihte er einen kategorischen Imperativ an den anderen. Auf der Grundlage seiner ungeheuren Machtfülle hat Stalin jedermann, von der Volksschule bis zum Habilitanden, auf seine Formulierungen eingeschworen. Als »Beweis« genügte die Angabe: Siehe »Kurzer Lehrgang ...«, Seite soundsoviel. Ein Unfug, der nicht über Nacht verschwand.

Wie immer man »Stalinismus« zu fassen sucht: Ich habe ihn – im Unterschied zu Käthe Harif beispielsweise – in seinem Zentrum, der Sowjetunion, nicht unmittelbar zu spüren bekommen, sondern reflektiert, durch die »Prozesse« der späten dreißiger Jahre, die sich unter Shdanow zu wiederholen drohten. Mitbekommen habe ich gleich anderen seine Ausstrahlungen über die Grenzen hinweg und auch, selbstverständlich, in unsere SBZ, die damals noch über kein anderes als das sowjetische Vergleichsmodell verfügte. Nur: Es waren nicht so sehr die »stärkeren Bataillone« der Roten Armee, die den »Stalinismus« der kommunistischen Weltbewegung aufzwangen. Nicht überall reichten sie hin. Es war der Fakt, daß »Nummer eins« die derzeitige historische Hauptaufgabe in der Tat erfüllt hatte. Das sprach ihn nicht von Untaten frei, aber es rückte die Dinge in eine andere Perspektive, die man im nachhinein trotzdem kritisieren kann und sogar muß, aber damals? Bei allem Negativen, das sich während des Personenkultes – und mitunter bis zu Lächerlichkeiten – anhäufte, war es in der Kernfrage Faschismus-Antifaschismus im befreiten/besetzten deutschen Landstrich für den Revolutionär kaum denkbar, in der Generallinie nicht »Stalinist« zu sein. Auch wenn es seinen Preis kostete, Illusionen um Pflöcke zurückzustecken waren.

Selbst kommunistische Parteien des Westens, die sich relativ selbständig bewegen konnten (gegenüber Freund und Gegner), waren zu jener Zeit nicht frei von stalinistischen Eigenheiten. Bei uns kam ein Sinn für preußische und sächsische Disziplinen hinzu, der, nimmt man den Stalinismus als Denk- und Handlungsweise, ein vergrößertes Eingangstor bedeutete. Im ideologischen System der Stalinzeit blieb zwar das Begriffspaar »demokratischer Zentralismus« beisammen, aber schließlich mußte man Demokratie mit der Lupe suchen während der Zentralismus bis in die feinsten Verästelungen hinein auswuchern konnte. Derartig versteinerte Strukturen aufzubrechen – das gilt allerdings für alle stark verfestigten Strukturen in der Geschichte – ist furchtbar schwer. Eine natürliche Reaktion auf eine solche Krise, wenn sie von Klasseninhalten getragen wird, kann eine Revolution sein.

Zweierlei steht sicher fest: der erste Schritt in der Entstalinisierung unter Chrustschow in Sachen Personenkult war schon ein Stück Wahrheit, natürlich nicht die ganze und wahrscheinlich nicht einmal die halbe Wahrheit. Inzwischen hat Gorbatschow eine zweite Runde der Aufklärung des Phänomens eingeleitet. Die bedeutendste Errungenschaft dieser Diskussion scheint mir, daß es eine Vereinfachung des Problems – die Alleinausrede »Stalin« – zweifellos so nicht mehr geben wird.

Die Spannungen zwischen der Sowjetunion Stalins und dem Jugoslawien Titos Ende der vierziger Jahre fanden auch in der DDR ihr Echo. In der Parteiüberprüfung 1951 bekamen Sie das unmittelbar zu spüren. Ich lese in der »Leipziger Volkszeitung« vom 17. Januar 1951, Seite 3:

> Im ZK-Beschluß heißt es: »Die Erfahrungen lehren, daß die imperialistischen Agenturen sich besonders bemühen, klassenfremde und vor allen Dingen kleinbürgerliche Elemente sowie Anhänger und Mitglieder parteifeindlicher Gruppierungen wie KPO, ISK, trotzkistische und andere ähnliche Gruppen für ihre feindliche Tätigkeit einzusetzen.«
> Ein Beispiel der Parteifeindlichkeit zeigt die Überprüfung des Mitgliedes Prof. Walter Markov. Markov schrieb einen sehr langen Lebenslauf, der aber keinen Einblick in sein Leben und in seine Entwicklung bietet. Er beantwortete alle Fragen klug überlegend und ausweichend. Es ergab sich, daß er Verbindungen zu westdeutschen Reaktionären hat und darüber hinaus enge persönliche Beziehungen zu Offizieren der anglo-amerikanischen Besatzung hatte. Die Kommission ist der Meinung, daß seine Anschauungen »titoistisch« sind. So steht er auf dem Standpunkt, daß der Imperialismus heute nur ein »Westentaschenimperialismus« ist. Damit verniedlicht er den räuberischen, aggressiven Charakter des angloamerikanischen Imperialismus und versucht, die Probleme des Klassenkampfes zu verwischen. Das geht aus seiner objektivistischen Äußerung, die er vor der Kommission tat, hervor. Er sagte: Ich gehöre auch zu den Leuten, die den Klassenkampf nicht übermäßig schätzen.

Wie haben Sie diese Vorwürfe aufgenommen?

Mit großer Betroffenheit, verständlich, doch auch mit Verwunderung über die vorgebrachten Argumente. Der Ausschluß ereignete sich im Rahmen der ersten generellen Parteiüberprüfung, die Anfang 1951 vor sich ging. Sie war zweifellos nötig, da in den Nachkriegsjahren Gott und alle Welt in die Partei gerutscht waren, z. T. auch geeichte Nazis, die sich mit dem Parteibuch vorerst zu decken suchten. Daß das mal durchgekämmt werden mußte, war schon in Ordnung. Ich würde einräumen, daß jede große politische Kampforganisation letzten Endes wissen muß, wen sie haben will und wen nicht, begründet oder weniger begründet. Daß sie sich »zur eigenen Sicherheit« organisatorisch von einzelnen trennt, dafür hätte ich sogar Verständnis aufbringen können, zumal sich mein Vorleben, auch mein politisches, im wesentlichen außerhalb des späteren territorialen Bereiches der DDR abgespielt hatte und schwer bis ins Detail nachprüfbar war. Daß unter einer Million Mitgliedern ein falscher »Agent« erwischt wird und eine paar echte durchschlüpfen, kann jedem passieren und passiert in der Tat jedem. Das Charisma der Geistesprüfung besitzt auch die beste Parteileitung nicht.

Damals war ich durchaus irritiert, heute sehe ich das gelassener.

Diese Rechtfertigung klingt mir zu abgeklärt – wenn ich bedenke, was Sie im Faschismus als Kommunist auf sich genommen haben.

Gut Ding will Weile haben. Sehen Sie, nach – nur? – zehn Jahren, am 7. Oktober 1961, würdigte eben diese von Ihnen zitierte »Leipziger Volkszeitung« unter der Überschrift »Die Republik ehrt ihre Besten« die mit dem Nationalpreis Ausgezeichneten, darunter auf Seite 8 auch »Prof. Dr. Walter Markov, Leipzig, für seine großen Verdienste um die Entwicklung der Geschichtswissenschaft, insbesondere für seine Forschungsarbeiten auf dem Gebiet der Volksbewegung in der französischen Revolution und der Befreiungsbewegung der kolonial-unterdrückten Völker, die wesentlich zum tieferen Verständnis des historischen Materialismus beigetragen haben.« Nichts mehr von Westentaschen!

Damals, 1951, war es insofern schwierig, als man nicht wußte, wie es weitergehen wird, was noch auf uns zukommt. Ich hatte Familie, Kinder und sagte mir: Nun hast du schon zehn Jahre im Knast verloren, und jetzt geht der Ärger auf neue Weise los! Gefahr für Leib und Leben zwar war in der DDR so gut wie keine vorhanden; man konnte (vorausgesetzt, man wollte) jeden Tag über Berlins offene Grenzen gehen. Ich bin daraufhin angesprochen worden. Nicht, daß mir gleich jeder Lehrstuhl in der BRD angeboten wurde, aber immerhin bemühte sich beispielsweise ein Percy E. Schramm in Göttingen sehr und lange, mich zu gewinnen. Solchen Leuten pflegte ich zu sagen: Ich gehöre nicht zu jenen, die auf den ersten Schreckschuß hin das Weite suchen. Ich bin vor dem Feind nicht davongelaufen, als es hart auf hart ging. Warum soll ich vor den Genossen und dem alten Onkel WU wegen einer Meinungsverschiedenheit davonlaufen?

Wir haben nur einige familiäre Vorkehrungen getroffen. Ich hielt es für besser, meine Frau, die bis dahin an der Leipziger Universität studiert hatte, aus dem Trubel möglichst herauszuhalten. Sie nahm ein Bibliothekarsstudium in Berlin auf und wohnte das Jahr über bei ihren Eltern, um für alle Fälle und in Ruhe ihren beruflichen Abschluß zu erwerben.

Im Zusammenhang mit dem Parteiausschluß wurde Ihnen auch der Status als Verfolgter des Naziregimes aberkannt. Mit welcher Begründung?

Das war eine automatische Folgewirkung.

Wie reagierten Freunde und Kollegen auf den Parteiausschluß?

Wie immer bei dergleichen Anlässen, scheiden sich die Geister, liegt zumeist das Hemd näher als der Rock. Einige sah ich erst wieder, als mein »Stern« am Himmel wieder aufging und ich aus erster Amtshand mit hohen Orden geschmückt wurde. Ein engerer Kreis sah auf feine Art über den casus hinweg. So insbesondere Käthe und Gerhard Harig. Soeben zum Staatssekretär für das Hoch- und Fachschulwesen ernannt, begrüßte Gerhard mich in aller Öffentlichkeit hörbar mit »Genosse«.

Er war 1933 der KPD beigetreten und hernach legal – zu

Gerhard Harig, 1964

wissenschaftlichen Zwecken – in die Sowjetunion ausgereist. Von dort 1938 zu illegaler Arbeit nach Deutschland zurückgeschickt, verhaftete ihn die Gestapo sogleich bei seiner Ankunft. Absicht oder Dummheit, er hat sich darüber nicht ausgelassen und sich schon gar nicht über mangelhafte Einhaltung von Regeln der Konspiration beklagt. Für sieben Jahre verschleppten ihn die Nazis ohne Urteil ins KZ Buchenwald. Der Physiker-Philosoph Harig war im Gegensatz zu seiner weitaus temperamentvolleren und impulsiveren Frau ein ausgesprochen ruhiger Mann, der dreimal nachdachte, ehe er handelte. In seiner Amtseigenschaft (im Ministerrang) hat er in den fünfziger Jahren eine Menge Vorgänge bearbeitet und personelle Entscheidungen – nicht selten von großer Tragweite – getroffen oder auch auf Eis gelegt, wenn er damit hilfreich sein konnte. Er hielt es mit dem Sprichwort: Wer viel fragt, kriegt viel Antwort. »Liegenlassen« war eine seiner Taktiken, da sich vieles von selbst einrenkt, wenn man ihm nur Zeit und eine faire Chance läßt. Die Dinge im Guten zu regeln, hielt er für wahre Regierungskunst, die freilich den Mut voraussetzte, Verantwortung ungescheut auf die eigene Kappe zu nehmen. Die Einschließung von lebendigen Menschen in starre Schubfächer war ihm zuwider, und er rang sogar um »verlorene Schafe«. Erst recht fanden Freunde in ihm eine Stütze. Gern half er, Unglück zu verhüten; oft gelang es ihm.

Sind Sie bis heute parteilos geblieben?

Es gibt auch Kommunisten ohne Parteibuch..

Welche Positionen gab es in Ihrem Freundeskreis nach Stalins Tod? Wie haben Sie die Nachricht aufgenommen?

1952 sah ich den vor der Zeit sehr gealterten Stalin in einer Wochenschau. Von da an war ich mir ziemlich sicher, daß in nicht allzu ferner Zukunft ein Wechsel in der Führungsspitze bevorstand. Es war gewiß nicht nur mir als Historiker klar, daß damit eine Epoche in der Geschichte der kommunistischen Bewegung der Sowjetunion – und angesichts dieser Größenordnung auch der Welt – zu Ende ging. Es wurde nicht unbedingt ein Abschied in Freundschaft, was mich nicht hinderte anzuerkennen, daß einer der Namensträger, die nicht nur ihr Jahrhundert überleben, zum Hades fuhr.

Gespannt war ich auf die Wahl des Nachfolgers, da man außerhalb des Kreml nichts Verläßliches über die Machtpolster der einzelnen Politbüromitglieder wußte. Was als angeblich gewußt gepriesen wurde, war aus dem Kaffeesatz gelesen. Die Boulevard-Presse labte sich an »Diadochenkämpfen« innerhalb der »nomenklatura«. Möglichkeiten gab es einige: Ich rechnete zunächst mit dem Versuch einer Form von kollektiver Leitung, eventuell eines Triumvirats. Die Geschichte lehrt aber (wenngleich sie nicht viel lehrt), daß das in der Regel Übergänge bei vorübergehender Gleichgewichtslage sind, bis sich wieder eine unbestrittene Autorität in der Herrschaftspyramide durchsetzt. Wer das im anstehenden Fall werden würde, wagte ich nicht zu prophezeien. Ich kannte die einzelnen dramatis personae viel zu wenig. Etwas überschätzt habe ich in meiner »Prognose« vielleicht die Rolle des Militärs, der siegreichen Marschälle des Krieges. Ich traute ihnen zu, weiter in den Vordergrund zu rücken. Das ist nur zeitweilig – mit Shukow – der Fall gewesen, sonst ist die Bewegung in anderer Richtung verlaufen.

Was den 5. März 1953 betrifft: Ja, es gab Niedergeschlagene und fassungslos Umsichschlagende. Der überwiegende erste Eindruck (er konnte auch täuschen): eine bleierne Stille, in welcher der Atem selbst zu stocken schien. An ein offen geäußertes und zur Debatte gestelltes »Was jetzt?« in einem der Freundeskreise erinnere ich mich ebensowenig wie an ein Frohlocken im bürgerlichen Lager. Warum auch, würden neue Besen soviel besser kehren? In der Sowjetunion mag eine (vorerst noch unerfüllte) Hoffnung auf eine große Amnestie umgelaufen sein; in der DDR stand diese Frage so prekär nicht. Daß »Lockerungen« auf die Tagesordnung kommen würden, der Alltag ein wenig leichter würde, etwas mehr Frieden (in Korea z. B.), ein Kompromiß über Österreich einziehen könnte, das waren schon Fragen, und darüber wurde auch gesprochen. Es handelte sich ja um keine Staats- und keine Parteigeheimnisse.

Wieviele der vorerst einbalsamierten, davor hundertmillionenfach skandierten »Nummer Eins« außerhalb seiner grusinischen Heimat eine ehrliche Träne nachweinten (und wenn ja, ob er sie verdient hat) – das muß ich offen lassen. Konnte er, zur kalten Kriegsmaschine mit steinernem Herz geworden, darauf Anspruch erheben, oder war die »natürlichste« Reaktion auf die Nachricht von seinem Tod der Aufstand der Lagerhäftlinge von Workuta?

Ich glaube aber sagen zu müssen, daß es wirklich empfundene Trauer, gepaart mit einem Gefühl der Leere, des Alleingelassenseins, in politisch engagierten Kreisen der Jugend, also in der FDJ, in der Studentenschaft gegeben hat. In wirklicher Unkenntnis von vielem Hintergründigen, vom »anderen Stalin«, konnten sich die jungen Leute nicht so richtig vorstellen, wie die Welt ohne ihn, von dem sie sich »erzogen« fühlten, weitergehen wird. Sogar meine Frau war von solchen Anwandlungen nicht ganz frei. Das erzählte ich Heinrich Sprömberg, meinem christlichen Kollegen für Mittelalter. Er antwortete mit einem feinen Lächeln: »Beruhigen Sie Ihre Frau, in der Geschichte geht es immer irgendwie weiter.« Das wußte ich natürlich auch ohne ihn, aber es kennzeichnet ein klein wenig die Seelenschaukel, in die sich gutgewillte unter den Sozialisten dieser Generation plötzlich gesetzt wähnten.

Hans Mayer, Gerhard Harig, Werner Krauss

Könnte es sein, daß die Handlungs- und Orientierungsunsicherheit der Menschen im Moment des Führerverlustes aus dem über Generationen weitergetragenen Glauben an die Unfehlbarkeit zur Macht avancierter Persönlichkeiten resultierte?

Das mag durchaus eine Rolle spielen. Auch eine strenge »Vaterhand« hat für den Denk- wie den Handlungsfaulen den Vorzug, ihm die Entschluß- und Entscheidungsfreudigkeit abzunehmen, ihm mit der Freiheit immerhin auch gleich die »Furcht vor der Freiheit« zu ersparen. Ich bin jedoch mißtrauisch gegenüber jedweden monokausalen Erklärungsversuchen. Jede Zeit ist, jeder Fall liegt anders. Die zur Tradition auswuchernde Erhebung von Machtprotzen zu Halbgöttern, so oder anders stilisiert, trägt zum Bau einer monumentalen »Vaterfigur« Steine herbei, legt jedoch noch lange nicht die einzige Wurzel dieser vielschichtigen Erscheinung frei.

Die Periode der »Liberalisierung« nach Stalins Tod wird umgangssprachlich – analog dem Roman von Ilja Ehrenburg aus dem Jahre 1956 – oft als »Tauwetter« bezeichnet. Was veränderte sich im alltäglichen Leben?

Die Versorgungslage besserte sich allmählich, aber das ist von Ihnen wohl weniger gemeint. Manche Dogmatiker hatten Schwierigkeiten, die 1953 eingetretene Situation zu verkraften. Es bildeten sich hin und wieder sogar Widerstandspfropfen gegen die einsetzende Tendenz zu Reformen. Einige überwinterten im Dachsbau, um dann als strenge Sittenrichter Ende der 50er Jahre wieder aufzutauchen. Der Terminus Liberalisierung trifft die Sache nur vereinfachend aus »westlichem« Blickwinkel. Es fand eine Erweiterung der Toleranzbreite statt, die einherging mit ersten Korrekturen mancher Überhärten und Schärfen, die zuvor – bis in den Jargon hinein – gang und gäbe waren. Politische Gefangene wurden amnestiert. Hinzu kam die nahezu absolute Reisefreiheit bei geöffneten Grenzen: Man erhielt in einigen Stunden von der Polizei seinen Personalausweis beliebig oft freundlichst umgetauscht, konnte sich in den Zug setzen und in die BRD fahren. Das wurde ausgiebig genutzt. Zum Teil ist es heute aus dem Gedächtnis geschwunden. Wenn ich Freunde oder Kollegen »drüben« aufsuchen wollte, schickte ich die Sekretärin ins Präsidium nebenan, und sie kam umgehend mit dem »Interzonenpaß« zurück. Wir erlebten eine Entkrampfung von seiten unserer Behörden, verbunden mit der Förderung von interzonalen Gesprächen über gesamtdeutsche Wege und der Suche nach Möglichkeiten einer deutschen Einheit in Zweisamkeit. Unter Umständen erhielten wir sogar Devisen (lies »Westmark«) zur Bestreitung der Reisekosten, um uns unbeschwert einem solch edlen Ziele widmen zu können.

Tatsächlich begrüßten die meisten diese Initiativen mit einem tiefen Durchatmen. Mit solchermaßen praktizierter Weitherzigkeit beginnt erst richtig, was man – übertreibend – »die goldenen fünfziger Jahre« in Leipzig genannt hat. Allmählich hatte sich die Mannschaft versammelt, jetzt nicht nur mit dem notwendigen Auslauf, sondern auch mit der vollen freien Kommunikation, die es ihr möglich machte, aus dem Bade im eigenen Saft auszusteigen. Denn wer hatte schließlich den Nutzen davon, wenn nicht die Erbauer des Sozialismus, daß sich auf Einladung von Werner Krauss, in seiner Wohnung, das Gros der Geisteskoryphäen versammelte? Das nächste Mal fand das Treffen dann bei Blochs, ein drittes Mal bei uns statt. Hans Mayer als Einspänner hatte es darin etwa schwieriger, er mußte ins Hotel einladen. Als Harigs 1957 von Berlin nach Leipzig zurückkehrten, bildete Käthe einen neuen geselligen Mittelpunkt.

Käthe Harig

War das geistige Treiben vor 1953 ein lockerer Gedankenaustausch unter Freunden gewesen, so begann sich der Kreis nunmehr zu erweitern; der junge Revolutionshistoriker Albert Soboul flatterte 1954 als erste weiße Taube aus Paris zu uns nach Leipzig; die Westgoten reisten bei uns an wie wir bei ihnen drüben. Es erschloß sich uns (und unseren Veröffentlichungen) das sozialistische und das nichtsozialisitsche Ausland. Wir erhielten Gelegenheit auszubreiten, wie sich inzwischen bei uns originäre wissenschaftliche Arbeit entfaltete. Lange Zeit hatten wir es mit dem Zugang zu guten Quellen und Materialien ja schwer. 1955 konnte ich erstmalig zu einem Welthistorikerkongreß – nach Rom – fahren, sogar anstandslos meine Frau mitnehmen und Ernesto Ragioneri, George Rude, Christopher Hill, Eric Hobsbawn und andere aufgehende Sterne am Historikerhimmel kennenlernen. Bewegt war das Wiedersehen mit Arnold Toynbee, dem Vater meines Freundes; Anthony hatte den Freitod gewählt.

Aufzublühen versprach der interdisziplinäre Dialog. Das war wichtig, weil wir »Leipziger« ja unterschiedlichen, wenn auch meistens gesellschafts- und geisteswissenschaftlichen Fächern angehörten. Es war dies schon eine Zeit, die zu Hoffnungen, zu konkreten Utopien Anlaß gab. Einen gewissen Höhepunkt dieser Erwartungen brachte 1956 der XX. Parteitag der KPdSU.

Ebenfalls noch in das Jahr 1953 aber gehörten die in Aussicht gestellten Reformen des »neuen Kurses« und die Ereignisse um den 17. Juni in der DDR, äußerlich vielleicht ein Widerspruch oder doch ein Zusammenhang?

Dazu gibt es inzwischen Literatur, die ich aber nicht überblicke. In der damaligen Beurteilung der Begebnisse gab es erhebliche Unterschiede. Die allermeisten wurden von den Ereignissen wohl überrascht. Von meinen Freunden hatte zuverlässig niemand damit gerechnet. Allerdings wußten wir bis zum Streik der Bauarbeiter in der Berliner Stalinallee nichts von der Anhebung der Akkordsätze, nichts über eine angebliche Dampferfahrt von Gewerkschaftsvertrauensleuten auf Initiative der SPD. Und wir waren erst recht nicht davon informiert, daß das ZK der SED die Bezirks- und Kreissekretäre zur Unterrichtung über die sich zuspitzende Lage nach Berlin gerufen hatte, wodurch im kritischen Augenblick mancherorts der »erste Mann« gefehlt haben soll.

Kurz darauf fuhr Werner Krauss in die Bundesrepublik. Korrekt, wie er war, erbat er Rat bei kompetenten Genossen, wie er auf Fragen über den 17. Juni argumentieren solle. »Wie du willst!«, wurde ihm entgegnet. Offenkundig gab es »oben« noch keine schlüssige Interpretation der Ereignisse, die mit einer Arbeiteraktion eingesetzt hatten. Nach seiner Rückkehr fragte ich Krauss, welche Erklärung er denn nun von sich gegeben habe. Er: »Ich habe das dargestellt als einen Beweis der politischen Reife, die die Arbeiterklasse trotz Schwierigkeiten

Werner Krauss

auf ihrem Weg bei uns erreicht hat, so daß sie ihre Geschicke, vielleicht noch fehlerhaft, aber doch bereits in die eigene Hand nimmt. Ein neuer Kurs ist eingeschlagen, der, richtig genutzt, eine positive Entwicklung des Sozialismus darstellt.« Und wie reagierten die leitenden Genossen auf diesen Bericht? wollte ich wissen. Krauss: »Sie sagten nach einigem Räuspern, das sei die schlechteste Lesart nicht.«

Eine zweite Lesart tauchte einige Monate später im Zusammenhang mit einer Anfrage an Walter Ulbricht auf, was denn nun eigentlich der vielbeschworene »neue Kurs« sei.

Darauf seine Antwort: »Der neue Kurs ist der Marxismus/Leninismus.« Worauf man sich sagte, so neu ist der wiederum auch nicht.

Anfang Juni 1953 hatte es wirklich eine Ankündigung von Reformen gegeben, worüber die meisten freudig überrascht waren, obwohl sie an die Ausführung nicht recht glaubten. Der 17. Juni kam, noch ehe unser »Tauwetter« richtig einsetzen konnte, und schon galt Vorsicht erneut als Mutter der Porzellankiste; um den »neuen Kurs« wurde es zunehmend stiller.

Totzdem gab es offensichtlich eine Weiterentwicklung der Generallinie. So erfuhr der Umgang der Staatsführung mit der Intelligenz eine Änderung.

Ich erlebte Walter Ulbricht in einer hochinteressanten Aussprache mit etwa vierzig Professoren im Leipziger Hotel Astoria. Bei seinem Eintreten rührte sich keine Hand zum Applaus, vom davor landesüblichen Skandieren ganz zu schweigen. Er mußte ganz zivil Platz nehmen, wie jeder andere geladene Gast, um in der Diskussion Rede und Antwort zu stehen. Einige Gesellschaftswissenschafler instruierte man vorher, wonach sie fragen sollten. Die mir »angebotene« Frage: Was der Sinn des Lebens für den Sozialisten sei? lehnte ich ab. Da schien mir mehr als eine Pfütze zu liegen. Und warum gerade ich? Mein Kollege Robert Schulz stellte die Frage dann doch und kam damit überhaupt nicht zum Zuge. Walter Ulbricht war für solche Sprüche kaum der richtige Adressat, er replizierte knapp, mit einer Was-soll-das-Miene.

Hingegen nahmen ihn die Naturwissenschaftler ernsthaft in den Zeugenstand. Sie beanstandeten das Dazwischenreden von Inkompetenten in ökonomischen Fragen und interessierten sich u. a. für einige Leute, die wegen Sabotageverdachts abgesetzt oder gar verhaftet worden waren: handfeste Tatsachen, von denen Onkel WU etwas verstand, und er zeigte sich – auf ein erstaunliches Gedächtnis gestützt – bestens beschlagen und nicht mundfaul. Wirklich neu in solchen Runden (ich erlebte noch eine zweite) waren der Versuch, in der *Sache* zu überzeugen, und die hereingelassene, alle Gottähnlichkeit wegblasende Frischluft: »Wenn ihr alle raucht, trinke ich einen Kognak.« – Wenn das kein Fortschritt war!

Wenn man die DDR als Resultat einer Revolution in zwei Stufen – antifaschistisch/demokratische und sozialistische – erklären will, dann scheint es nicht abwegig, die Juniereignisse von 1953 als radikales Moment einzubeziehen in den ansonsten eher gleichmäßig verlaufenden Umgestaltungsprozeß. Ist es überhaupt gerechtfertigt, von einer Revolution zu sprechen?

Für 1953 natürlich keinesfalls. Im übrigen beabsichtige ich nicht, Ihnen einen revolutionsgeschichtlichen Leitfaden frei Haus zu liefern, deshalb nur soviel: Schon 1945 hat es keine Revolution nach »herkömmlichem« Muster gegeben. Man darf aber den Begriff nicht nur nicht zu weit, sondern auch nicht zu eng handhaben. Revolutionen verlaufen selten nach »altbewährten« Modellen oder Methoden. Nicht jede Revolution ist mit einem Sturm auf die Bastille, mit der gewaltsamen Niederwerfung einer herrschenden Klasse und ihres Regimes identisch. Revolutionen sind relativ weit gefächert und erstrecken sich gegebenenfalls über einen mehrjährigen Zeitraum. Es wäre im Prinzip vorstellbar, daß sich trotz der sowjetischen Besatzungsmacht die KPD/SED als Vorhut der revolutionären Arbeiterklasse die Führungsposition nicht erkämpft hätte. Das war keinem einfachen »Automatismus« zu danken. In Österreich zum Beispiel gelang Vergleichbares der KPÖ nicht.

In einem Punkt unterscheidet sich die revolutionäre Umgestaltung in der SBZ und späteren DDR wesentlich von den Revolutionen, wie wir sie aus der europäischen Geschichte kennen: Revolution ist in ihrem Kern – meist konzentrierter – Machtwechsel. In unserem Fall war die alte – politische wie administrative – Macht schon dahin. Der Klassenfeind war individuell, ideologisch und teilweise ökonomisch noch vertreten, aber als organisierte Gewalt, als außerökonomischer Zwang, als Staat also, war er zerschlagen. Es gab keinen imperialistischen Staatsapparat mehr, keine Polizei, keine Gerichte, keine bürgerlichen Kaderschmieden, kurz, keine durch eine Ausbeuterklasse ausgeübte Herrschaft. In dem Sinne bestand tabula rasa. Das machte die Schaffung anderer Machtverhältnisse natürlich unendlich leichter. Ohne die immense Vorleistung der bewaffneten Befreiungskräfte hätte eine Partei, die zwar bis 1933 eine starke Massenpartei darstellte, unter dem Faschismus aber schwer angeschlagen und dezimiert worden war, nach 1945 die Entwicklung allein schwerlich erfolgreich vorantreiben können. Einfach der Fakt schon, daß das Alte restlos in Scherben fiel, hat den Machtwechsel, wie man das in manchen unserer Romane (z. B. von Strittmatter) und Fernsehfilme (Wege übers Land) nacherleben kann, möglich gemacht.

Es war eine revolutionäre Umwälzung, die dank den äußeren Umständen von einer kleinen Avantgarde durchgeführt werden konnte und mußte, denn die aktiven illegalen Gruppen wußten wenig voneinander, und die Rückkehr der Exulanten vollzog sich langfristig. Selbstverständlich gab es im Lande noch genügend faschistische Nester und Antikommunisten, aber mit Blick auf die Panzer mit dem roten Stern wagten sie keinen offenen Großangriff mehr. Allein das Bewußtsein vom Point of no return reichte aus, die Machtverhältnisse klarzustellen – und das inmitten schwerster Alltagssorgen.

Zunächst war das Ergebnis kein Sozialismus, sondern eben – gezielt –eine antifaschistisch-demokratische Neuordnung, in der die KPD/SED eine Hebelstellung innehatte – nicht als Dauerzustand, vielmehr als allererste Schwelle auf dem »deutschen Weg zum Sozialismus«. Ich erinner mich an Genossen, denen die KPD nicht weit genug und nicht schnell genug ging. Sie opponierten mit der Forderung: So eine Chance habt ihr nie wieder; jetzt, wo ihr »die Sowjets« hinter euch habt, könnt ihr mit einem Ruck zur Diktatur des Proletariats übergehen. – Solch »großen Sprung nach vorn« hat die Partei damals konsequent abgeleht, um nicht die ausgestreckten Hände von Sozialdemokraten und anderen Antifaschisten zurückzustoßen. Eine Gewalttour in den vollen Sozialismus/Kommunismus war zu jener Zeit nicht gangbar, wäre, ohne wirklichen Rückhalt in den Massen, Revolutionsspielerei gewesen. Nüchtern gesehen, waren die Wurzeln des Faschismus auszureißen und eine Mindestgrundlage für ausbaufähige Demokratie zu etablieren, um auf diesem Wege ein späteres Weiterschreiten offenzuhalten.

Ein erschütterndes Dokument ist Chrustschows »Geheimbericht« an den XX. Parteitag vom 25. Februar 1956. Die Auflistung von Stalins Feh-

lern und Verbrechen wurde auch in der DDR nur in geschlossenen Versammlungen bekanntgegeben. Wie setzte man Sie und Ihre Kollegen darüber in Kenntnis? Konnte danach das Sozialismusmodell eines halben Jahrhunderts noch dasselbe sein?

Sicherlich stürzte manches bisher für unumstößlich gehaltene oder ausgegebene Dogma und Schema ein: Eine Parteiführung hat beileibe nicht immer recht, wie der Song ging. Ihre »Nummer Eins« hatte, wie nun erwiesen, die Partei der Bolschewiki mit einem Makel behaftet. Allerdings stieß der XX. Parteitag nicht überall bis zu den *Ursachen* des »Personenkults« vor; er hielt auf halbem Wege an, was den späteren Sturz von Nikita Sergejewitsch vorprogrammierte. Dieses bedeutsame Stück Parteigeschichte zu schreiben, kommt nicht mir Außenseiter zu.

Der »Bericht« galt als internes Material. Als solches wurde er auf verschiedenen Ebenen vertraulich verlesen und sodann diskutiert, jedoch bei uns wie in der UdSSR nicht veröffentlicht. Man konnte ihn hingegen – ziemlich korrekt wiedergegeben – ohne Schwierigkeiten der Pariser Zeitung »Le Monde« oder der Belgrader »Borba« entnehmen. »Geheimgehalten« wurde er also nicht; man wollte ihn nur nicht »offizialisieren«. Seine Kenntnisnahme hatte unterschiedliche Wirkungen zur Folge, die weithin aus dem Vorleben der einzelnen resultierten. Ernst Bloch beispielsweise hatte – als einer der wenigen – in den USA die Prozesse der dreißiger Jahre aus voller Überzeugung gerechtfertigt: Stalin habe aus Notwehr so gehandelt. Ich saß zu dieser Zeit ein und nahm demzufolge an den Diskussionen unter den »Politischen« dort teil.

Die von Chrustschow gegebene Einschätzung der Handlungsweise Stalins erinnert mich – jetzt – an den späteren Robespierre: Entweder man ist gut oder man ist böse, und die Guten müssen die Bösen vernichten. Würden sie das unterlassen, täten sie selbst das Böse, weil sie es nicht aus der Welt schafften.

Nikita Sergejewitsch war bei aller staatsmännischen Begrenztheit der Mann, der die Lagertore öffnete und Hunderttausenden, wenn nicht Millionen, Freiheit oder wenigstens die Ehre zurückerstattete. Als solcher ist er, der dem prakti-

Wiedersehen mit Hans Mayer nach 24 Jahren, Berlin 1987

zierten Sozialismus sein menschliches Gesicht wiedergab, in die Erinnerung meiner Generation eingegangen. Es hat uns getroffen, daß diese Ära in den 60er Jahren wieder abbrach, wenngleich es unter der Führung Breshnews nicht ganz so schlimm, wie befürchtet, weiterging: Es mündete in »Stagnation«. Nikita Sergejewitsch hat dem »Tauwetter« eine Richtung gewiesen, nicht ganz konsequent, einmal einen Schritt vor, dann einen zurück und wieder einen vor. Offenkundig von den Nägeln und Scherben belästigt und gehemmt, die ihm der wuchtige Bürokratenfilz seines Landes auf den Weg streute, mußte er sich zu sehr auf »Bauernschläue« verlassen, die ihm unzweifelhaft eignete. Das war in diesem Jahr 1956 jedoch ein noch ungedeckter Scheck auf die Zukunft.

Ich hatte Gelegenheit, Chrustschow in Leipzig zweimal persönlich zu erleben, wobei das eine Mal, das Hans Mayer beschrieben hat, nach meiner Erinnerung um eine Nuance anders abgelaufen ist, als es ihm im Gedächtnis haftenblieb.

Und wie ist es in Ihrer Erinnerung haftengeblieben?

Beide Begegnungen fanden im Frühsommer 1957 statt. Das eine Mal sprach Nikita auf einem öffentlichen Platz, wo Leute aus Betrieben, um ihn zu hören, hindelegiert waren. Er erkletterte ein provisorisches Gerüst, lüftete zur Begrüßung seinen Hut, wobei eine vorbildlich leuchtende Glatze zum Vorschein kam, und ließ sodann seine Rede in einem derartigem Tempo los, daß der Übersetzer bald außer Atem geriet und der Orator seine Worte, offenbar von jedem Manuskript gelöst, immer mehr aus dem Stegreif schleuderte. Sich über die Amerikaner auslassend, endete er fast schreiend mit der Phrase: »Und was wollen sie nun wirklich – Frieden oder Krieg?!«

Natürlich hat kaum jemand unter den Zuhörern gemerkt, daß Nikita Sergejewitsch hier – ich weiß nicht, ob absichtsvoll – eine Frage frei zitierte, die zwischen Hannibal und den Römern vor Sagunt (219 v. u. Z.) hin- und hergegangen war. Es beschlich mich etwas wie vorahnende Wehmut, als ich sah, wir er sich hinstellte auf diesen Platz hier, unter dem Leipzigs Eier in ihren Kühlhallen lagerten, und dreißig- oder vierzigtausend von der Arbeit freigestellte Werktätige agitierte. Ich assoziierte Ähnlichkeit mit der Zeit des Bürgerkrieges, wo ein tapferer Kommissar vom Pferd stieg und den um ihn versammelten Muschiks eine zündende Rede hielt. Nikita Sergejewitsch hatte meine ganze Sympathie auf Grund des Mutes, den »der kleine Pinja« zeigte, als es galt, voranzugehen. Aber: Konnte man so eine *Weltmacht* regieren? Stalin hätte sich nicht einmal in Moskau auf dem Roten Platz unter seine eigenen Leute gemischt, geschweige denn unter Leipzigs Einwohnerschaft, von der sich mancher einen feuchten Käse daraus machte, was der äußerlich unscheinbare Mann, der in Schlips und Mantel über Große Politik sprach, eigentlich meinte und bezweckte.

Die zweite Begegnung fand zu vorgerückter Stunde statt. Leipziger Honoratioren waren geladen in die große obere Wandelhalle des Neuen Rathauses zu einem gemeinschaftlichen Abendessen mit den sowjetischen Gästen. N. S. kam mit etwas Verspätung die breite Treppe hochgekeucht, an der Seite von Walter Ulbricht, und schritt an uns vorbei zu dem großen Kopf der Tafel, der für die importanten Leute aus Partei und Regierung reserviert war. Im Abstand von einem knappen Meter kam er an mir vorbei, und ich applaudierte wie die anderen auch, hocherfreut, ihn – so kurz nach seinem erfochtenen Sieg über eine gegnerische Bündniskonstellation im eigenen Politbüro – aus nächster Nähe betrachten zu können. Er war hochrot im Gesicht, viel faltiger, als auf den meisten Bildern anzusehen, und er blinzelte mich – eine Sekunde vielleicht – aus den Augenwinkeln heraus gleichsam prüfend an, ehe er weiterschritt. Danach bemerkte ich – und zwar nicht unmittelbar zu Hans Mayer, sondern mehr zu den Harigs gewandt, die neben mir standen: »Wenn der unsereinen anschaut, fragt er sich doch unwillkürlich bei jedem: klatscht der oder schießt der?« – Worauf Gerhard in seiner wohltemperierten Art erwiderte: »Ach du, vielleicht weder noch. Das ist ein älterer Herr, den einfach das Treppensteigen angestrengt hat.« Hans Mayer hat nichts erfunden, nur das Personalparallelogramm an unserem Vierertisch ein wenig verschoben.

In den von ideologischen Umbrüchen gezeichneten fünfziger und sechziger Jahren stand die Leipziger Universität doch nicht jenseits von Gut und Böse. Ernst Blochs Lesart von Marx brachte ihm den Vorwurf des Revisionismus ein. Hans Mayers Germanistikvorlesungen waren nach Ermessen eines Studenten »eine Lehrmeinung zuviel«. Die dienstliche Haltung zu den Intellektuellen pendelte sozusagen zwischen Nationalpreis und Lehrverbot. Pendelte sie sich am Ende irgendwo ein?

Hier wäre zuerst eines geradezurücken: Daß Ernst Bloch nach dem Wellenschlag der Ereignisse von 1956 in Polen und in Ungarn nicht mehr lehren durfte, ist eine Übertreibung. Er, der als schon bejahrter Herr aus dem Exil zu uns nach Leipzig gekommen war, hatte das normale Emeritierungsalter inzwischen überschritten. Es genügte also, eine Sonderregelung auslaufen zu lassen. (Härter traf es seine jüngeren wissenschaftlichen Mitarbeiter.) Blochs gewichtige Bücher über das »Prinzip Hoffnung« erschienen, wenngleich nicht unbestritten, weiter im Aufbau-Verlag der DDR. Exemplare mit seiner Widmung besitze ich.

Es war sein Thomas Müntzer-Buch, welches damals einen starken Eindruck auf mich machte. Wogegen sein erstes nach dem Krieg erschienenes Werk »Geist der Utopie« mir nicht zusagte. Es schien mir von einem jungen Mann verfaßt, der mit sämtlichen Denkern der Weltgeschichte abrechnen will

Kurt Liebknecht und Ernst Bloch auf dem IV. SED-Parteitag

und doch erst nachweisen mußte, daß er das Recht dazu besitzt. Wir kamen auch einmal direkt auf das Verhältnis von Philosophie und Geschichte zu sprechen. Den Unterschied betonend sagte Bloch: Ich räume ein, Geschichte ist eigentlich etwas anderes. Geschichte ist der Friede von Passarowitz.

Daß er Ende 1956 vorübergehend in eine etwas prekäre Lage geraten war, hatte weder mit seinem persönlichen Verhalten noch mit seinen Philosophievorlesungen an der Karl-Marx-Universität unmittelbar zu tun. Er wurde – zu seinem größten Unwillen – von einigen aufgeregten Studenten à la Zwerenz als Kronzeuge beschworen und »auf den Schild gehoben«: Bloch möge die ideologische Führung im Lande übernehmen! Klar, daß solcher Ernennung zum »Haupt des Revisionismus« Reibereien folgten. Rückstöße, Gegenoffensiven als Reaktion auf Bewegungen, die der XX. Parteitag ausgelöst hatte, waren an der Tagesordnung: Warschau und Budapest erschienen als Warnzeichen, die zu beherzigen gut täte – so oder so. Es gab Auseinandersetzungen mit Ernst Bloch (wie mit György Lukács) in den Endfünfzigern. Sie begannen sich jedoch – nach meiner Kenntnis – eher einzurenken. Bloch nahm aktiv an den Sitzungen des Fakultätsrates in Leipzig

In der Akademie der Künste der DDR, Berlin 1987, Hans Mayer, Walter Markov, Ernst Engelberg

teil und betreute Dissertationen. Lebhaft diskutierte er in der zuständigen Klasse der Berliner Akademie der Wissenschaften, der er – zusammen mit Werner Krauss – noch 1961 meine Zuwahl als Ordentliches Mitglied (mit Erfolg) vorschlug.

Im August dieses Jahres verbrachte er samt Familie seinen Urlaub – durch die Akademie mit Reisedevisen versehen – in der BRD. Er befand sich daher am 13. dort und blieb. Es war seine Entscheidung. Niemand zwang ihn dazu, und viele hier haben seinen Weggang bedauert. Kein Schulmarxist, doch ein wackerer Mitstreiter im Zeichen von Marx war uns verlorengegangen.

Natürlich konnte 1961 niemand voraussehen, daß Ernst Bloch nach der Pariser Studentenrevolte von 1968 in der Bundesrepublik als Integrationsfigur vieler Linken eine ausgesprochen positive Rolle einnehmen würde. Daß also eine Situationsänderung eintrat, wo er ohne geographische Begrenzung gebraucht wurde.

Soll das heißen, daß es ernsthafte Erschütterungen nicht gegeben hat?

So wollte ich keineswegs verstanden sein. Erschütterungen und Konflikte, die zum Teil weltumspannenden Charakter trugen, machten zwischen XX. und XXII. Parteitag um die Karl-Marx-Universität in Leipzig selbstverständlich keinen Bogen. Mao war im Anzug, und Togliatti zeigte sich von eigenwilliger Selbständigkeit. Unvermeidliche »Richtungskämpfe« wurden nicht selten mit harten Bandagen durchgefochten. Einige schossen dabei über das Ziel hinaus oder an ihm vorbei. Nicht jedermanns Nerven hielten à la longue durch. Immerhin sind, um nur zwei zu nennen, weder Ernst Bloch noch Hans Mayer der Reaktion in die weit geöffneten Arme gelaufen. So erlaubte die Zeit, Wunden zu heilen ...

Vom Elend der Biographie

Werner Krauss

Inwieweit kamen Sie in Ihrer Beschäftigung mit der Französischen Revolution gegenwärtigen Erfordernissen entgegen, und wie gelang es Ihnen, diese mit Ihren Vorstellungen in Übereinstimmung zu bringen?

Mein Lehrstuhl an der Leipziger Universität hatte die »Allgemeine«, gemeint war die außerdeutsche Geschichte der Neuzeit zu vertreten. Die Geschichte der Sowjetunion (danach auch der europäischen Volksdemokratien) verfügte seit 1951 über ein eigenes Institut und entfiel demnach für mich. Es stand die Frage: Wie liest und lehrt man – als Marxist – in einer revolutionären Umbruchzeit wie jener der fünfziger Jahre »Geschichte der Neuzeit«? Traditioneller Weise boten sich periodische Zyklen von der Französischen Revolution bis zur Oktoberrevolution und danach Zeitgeschichte von 1917 bis zur Gegenwart an. Einleuchtend aber auch, daß sich Ausarbeitungen für die Vorlesung einigermaßen mit der eigenen Spezialforschung decken sollten. Welcher Gegenstand kam dem Bedürfnis heranwachsender Historiker unter den Bedingungen der nunmehr demokratischen (und vielleicht demnächst sozialistischen?) deutschen Republik entgegen? Er sollte in einem revolutionären Kontext stehen, konnte sich aber weder primär mit der Pariser Kommune noch mit späteren Revolutionen prinzipiell proletarischen Typs befassen, da diese außerhalb des Fachrahmens lagen. Der war zu orten irgendwo zwischen Dreißigjährigem Krieg und Erstem Weltkrieg. Innerhalb dieser Zeitspanne war ein Thema zu finden, das sowohl gesellschaftspolitisch als auch methodologisch nutzbringend in der Vorlesung und im Seminar angeboten werden konnte, darüber hinaus schwach aufgehellte Gebiete aufwies, die noch zu erschließen waren. So viele Möglichkeiten, diese beiden Anliegen gleichzeitig zu befriedigen, schien es in unseren europäischen Breiten nicht zu geben. Ein Festbeißen an der Englischen Revolution des 17. Jahrhunderts wäre nicht auszuschließen gewesen. In Berlin gedachte jedoch schon Gerhard Schilfert hierüber zu arbeiten. Ihm die Butter vom Brot zu nehmen, indem ich mir ein solches Nebengleis legte, hielt ich für ebenso unfair wie unökonomisch.

Die Französische Revolution hatte mich in ihrer großartigen Durchgespieltheit seit jeher angezogen. Der (Wieder-) Anstoß in Leipzig in den fünfziger Jahren ging eindeutig von Werner Krauss aus. Ihm war die Große Revolution der Franzosen Glanz- und Höhepunkt der Aufklärung im 18. Jahrhundert; daher bezog er in seine Forschungen die zur Revolution hinführenden Geistesstränge nachdrucksvoll ein. In dem Streben nach einer »Gewissensehe« zwischen Literatur- und Revolutionshistorikern ging er unter den Geschichtswissenschaftlern auf Partnerschaftssuche und fand mich selbstredend offen für sein Vorhaben. So, wie ich, von Krauss gefordert, 1950 die »Krise der deutschen Geschichtsschreibung« bilanzierte, stellte ich 1955 den Nexus zwischen unseren beiderseitigen Jagdgründen mit den »Grenzen des Jakobinerstaates« her – eine Prinzipienerklärung, die Krauss und Hans Mayer 1955 in den »Grundpositionen der französischen Aufklärung« herausgaben.

Nachdem das erste Blut geleckt war, mußten Freiflächen für die Forschung über die Figur des Priesters Jacques Roux und die äußerste Linke abgesteckt werden; dazu bedurfte es eines kontinuierlichen Schliffes der anzuwendenden, variabel gedachten Methoden. Ohnehin bildete die Französische unter den Revolutionen Leitlinie und Kulmination zugleich, in der schönen Klassizität ihres an ein griechisches Schicksalsdrama gemahnendes Gestus, mit edler Gebärde köpfend oder sich köpfen zu lassen. Eine Barriere behürdete unter den damaligen Bedingungen allerdings den argen Weg der Erkenntnis: das Herankommen an die fernen Quellen außer Landes. Früher oder später stießen die verwertbaren Kontakte zu französischen Freunden und Kollegen an eine Grenze. Arbeit in Pariser Archiven und Bibliotheken wurde unausweichlich. Daran wäre meine ganze Revolutionsforschung um ein Haar gescheitert. Doch wo ein Wille ist, ist meistenteils auch ein Weg.

Als Historiker befassen Sie sich ähnlich einem Kriminalkommissar mit dem Erkennen und Aufklären von geschichtlichen Tatbeständen. Ihre Verfahrensweise beim Entstehen Ihres wissenschaftlichen Hauptwerkes – eine vier Bände umfassende Studie zu Jacques Roux – zeichnet sich in doppelsinniger Weise durch eine gewisse Zuneigung zum Krimi aus. So spielen autobiographische Verknüpfungen aus den Jahren vor 1945, insbesondere Ihre Freundschaft mit Heinz Kierzek, doch eine außergewöhnliche Rolle.

Angefangen hat diese Freundschaft schnurrig genug, und zwar keineswegs unter dem Feldzeichen Jacques Roux. Wir Siegburger Gefangenen nutzten den Ausmarsch zum halbstündigen Tagesrund im Hof, ergatterte Zeitungstücke klammheimlich weiterzugeben. Eines Tages (war es 1943?) beobachtete mich dabei ein »Neuer« und fragte, ob ich das Blatt nicht auch ihm zustecken könne. Ich wies ihn zurecht: Hier habe alles seine feste Ordnung. Er müsse schon warten, bis er eventuell an der Reihe sei. Des »Neuen« Reaktion (wörtlich): »Ah, ich verstehe. Was muß ich tun, um in den Genuß dieser Vergünstigung zu kommen?« – Na, erst einmal: Woher des Weges, und warum er bei uns einsitze?

Eine tolle Geschichte. Heinrich Kierzek, Katholik polnischer Abkunft, deutscher Rekordstenograph und junger Sportredakteur beim Aachener »Echo«, sorgte als überzeugter Antifaschist dafür, daß ein Freund in Warschau erfuhr, welche Nachrichten zu drucken Lügenjupp Goebbels seiner

Heinrich Kierzek und Gattin

Presse verbot. Nachdem das »Echo« unter braunem Druck einging, versiegte auch Kierzeks Informationsquelle. Während er nach Jahren die Episode längst vergessen wähnte, marschierten die braunen Kohorten in Warschau ein und fanden in dortigen – unversehrten – Archiven Belastungsmaterial, das ausreichte für zehn Jahre Zuchthaus.

Kamerad Heinz, der überaus agil war, lebte sich bei uns schnell ein und stieg vom »Zeitungsbezieher« gar bald zum »Zeitungsbesorger« auf. Sein Organisationstalent bahnte ihm den Weg zum Posten des »Zentralschreibers« beim Ersten Hauptwachtmeister, der seine Hilfe bald nicht mehr entbehren konnte. Dort waren die Möglichkeiten vielfältig, und es kostete Heinz geringe Mühe, uns nach Aufhebung meiner Einzelhaft 1943 so verlegen zu lassen, daß wir (mit einem Franzosen als drittem Mann) dieselbe Zelle bezogen – die 116 war es wohl. Leider währte dieser Zustand nicht bis zum Ende: Kierzek ging 1944 auf Transport, so daß er beim Aufstand nicht dabei war. Er erlebte die Befreiung im Zuchthaus Butzbach.

Die Amerikaner waren zu dieser Zeit auf der Suche nach einem antifaschistischen Katholiken, dem sie die braun verseuchte Zeitung in Fulda anvertrauen konnten. Der Redakteur Heinz Kierzek avancierte sozusagen über Nacht zum gefürchteten Entnazifikator von Fulda und wurde gleichzeitig Lizenzträger der »Fuldaer Volkszeitung«. Er blieb mein bester Freund, auch nachdem er sich – wieder kaum zu glauben – mit Hilfe der selbstaufgebauten »Fuldaer Verlagsanstalt« zum Millionär mauserte. Kurz bevor er starb, verkaufte er die Zeitung, die Druckerei blieb jedoch im Familienbesitz.

Im Nachruf der »tat« vom 22. 2. 1975 heißt es:

> Reaktionäre Kräfte mit dem »großen Geld«, bemühten sich, die »Fuldaer Volkszeitung« zu isolieren und zur Aufgabe zu zwingen. Schon früher hatte sich Heinrich Kierzek aus dem Landesvorstand der VVN zurückgezogen. Zum Unterschied von manchem anderen Lizenzträger jedoch war er nicht bereit, seine Gesinnung preiszugeben oder gegen seine Überzeugung zu handeln.
> 1952 übernahm er in seiner Druckerei die Herstellung der antifaschistischen Wochenschrift »die tat«. Weder finanzieller Druck noch Regierungsrepressalien, wie die Beschlagnahme der »tat« in der Druckerei auf dem Höhepunkt des kalten Krieges, konnten ihn von seiner Haltung abbringen. Zusammen mit allen, die ihn kannten, werden wir Heinrich Kierzek als einem aufrechten Demokraten ein ehrendes Andenken bewahren.

Welchen Anteil hatte dieser Freund bei der Suche nach Zeugnissen des revolutionären Priesters Jacques Roux?

Bis zum Vorabend des zweihundertsten Geburtstages von Robespierre (1958), aus dessen Anlaß ich eine internationale Festschrift vorbereitete, hatte ich mich mit Jacques Roux und den Enragés nicht spezifisch befaßt. Jetzt wurde die Sache akut. Ein paarmal versuchte ich, nach Gallien zu fahren, um die dortigen Archive zu konsultieren. Das war – man soll es gerechterweise hervorheben – nicht etwa an der Ängstlichkeit unseres Staatssekretariats gescheitert; mir wurden sowohl die Ausreise wie auch die Reisedevisen ohne jedes Hin und Her zugebilligt. Die Französische Republik war es, die mich damals nicht hereinließ. Vielleicht lag eine Denunziation gegen mich vor. Kurz, ich stand auf einer schwarzen Li-

Markov

ste und besaß ein – offenkundig kompromittierendes – Dossier beim »Intérieur«. Jedesmal, wenn ich einer Einladung von französischen Kollegen – selbst von so berühmten wie Altmeister Georges Lefebvre, der den Antrag persönlich zur Dienststelle trug – nachzukommen suchte, wurde ich abschlägig beschieden. Ich kam also nicht ins Land und stand vor der Frage: Läßt du es bleiben und bearbeitest ein von hier aus zu packendes Thema, oder versuchst du es auf anderen Wegen?

Als »alter Partisan« bin ich mit Fuldaer Unterstützung diesen anderen Weg gegangen. Mit dem Paß von Kierzeks »Wagenlenker« nämlich fuhr ich einfach im unkontrollierten Schlafwagen von Frankfurt am Main nach Paris (richtig darauf bauend, daß im Nachtkostüm alle Katzen grau sind). Nach der Ankunft rief ich um sieben Uhr morgens vom Bahnhof Freund Albert Soboul an, der mit zuerst verschlafener, danach etwas entsetzter Stimme fragte, von wo aus ich telefoniere. Es blieb ihm nichts anderes übrig, als sein Räderwerk in Bewegung zu setzen. Soboul nahm als erstes einen meiner beiden Pässe (einen echten, aber ungültigen, und den gültigen falschen) in Verwahr und warnte vor Straßenkontrollen, die sich wegen des Algerienkrieges häuften.

Lefebvre und Soboul bürgten beide im Nationalarchiv für mich. Streng nach Vorschrift bedurfte es hierfür einer Empfehlung meiner diplomatischen Vertretung, die bekanntermaßen 1957 noch nicht existierte. Dem Oberzerberus im Nationalarchiv erläuterten die beiden Kollegen, daß mein Ansinnen streng fachwissenschaftlicher Natur sei und sich auf das harmlose 18. Jahrhundert beziehe, fern jeder Tagespolitik. Der Zuständige hatte mit der Linken nichts im Sinne, vertraute aber dem Wort einer Persönlichkeit wie Georges Lefebvre, ohne mit der Wimper zu zucken. Als er meine Personalien für den Benutzerkatalog aufnahm: Name, Geburtsdatum und -ort, stockte er vor der Rubrik »ausgewiesen durch welches Dokument« und murmelte leicht maliziös: »Disons passe-port« (Sagen wir: Reisepaß ...), womit er sicherlich andeuten wollte, daß er durchaus im Bilde, jedoch zu schweigen gewillt war.

Zugegeben, daß mein modus procedendi nicht von der feinen englischen Art war, doch hätte ich mich korrekt nach ihr gerichtet, wäre es nie zu der Jacques-Roux-Tetralogie gekommen. Zumindest mußte ich die wichtigsten Akten erst einmal gesehen, sie zusammengesucht und unter ihnen ausgewählt haben. Ich arbeitete wie ein Wilder täglich bis zur Schließstunde des Archivs und pinselte alles ab, was ich sogleich mitzunehmen wünschte. Als ich die Referenzen und Nummern beisammen hatte, war der Rest nur noch eine technische Frage. Eine verläßliche Sekretärin Sobouls kopierte – über Jahre – das Nötige. Ihre Honorierung lief übrigens ebenfalls über Fulda!

Zurück reiste ich wiederum schwarz. Eine nochmalige Zugfahrt war riskant, weil Herr Grewe, dessen Paß ich »leih-

Albert Soboul

weise« benutzte, laut Dokument 176 cm groß war, im Vergleich zu meinen bescheidenen 164. Und die französischen Schlafwagenschaffner standen im Geruche, mit der Polizei in aller Ehrbarkeit einen guten Faden zu spinnen; sie konnten Verdacht schöpfen, ehe ich mich ins Bett verkroch... Ich habe darum Kierzek gebeten, mit seinem PKW herüberzukommen und mich vor dem Münster von Strasbourg abzuholen. Um die Fahrt mit einer lustigen Nacht zu verbinden, kutschte er statt dessen mit zwei anderen Fuldaer Genießern direkt nach Paris. Um so besser!

Wir rollten zu viert, über das (damals noch »autonome«) Saargebiet, am Zoll vorbei, ich im Nachtdunkel unter die drei Dicken gequetscht, so daß ich gar nicht auffiel. Auf diese Art und Weise kam ich heil zurück in die Bundesrepublik, von wo es damals – im Frühjahr 1957 – kein Problem war, sich unverzüglich nach Hause zu begeben.

Die Möglichkeit, Frankreich legal zu bereisen, habe ich erste neun Jahre später erhalten, als sich in Strasbourg ein Zunftgenosse fand, der unter Berufung auf die gaullistische

Politik eines »Europa vom Atlantik bis zum Ural« interessiert daran war, eine europäische Historikergesellschaft zu gründen, die Wert auf meine Mitgliedschaft im Vorstand legte. Und siehe – durch die Einschaltung eines richtigen Verwandten im richtigen Ministerium gerieten die Dinge in Fluß. Seit 1966 stieß die Erteilung der Visa auf keinerlei Schwierigkeiten mehr: Das eine oder andere Mal reiste ich nunmehr sogar als Gast der douce France in das Land, dessen reicher Geschichte meine besondere Aufmerksamkeit galt.

Die Heimatprovinz Ihres Buchhelden haben Sie demnach gar nicht aufsuchen können?

Doch, aber da lag der »Jacques Roux« schon vierbändig gedruckt vor. Erst erheblich später, nämlich 1971, war es mir vergönnt, die Geburtsstätte Pranzac und den Bischofssitz Angoulême zu Gesicht zu bekommen. Mit ungekünsteltem Vergnügen durfte ich feststellen, daß mir bei der Beschreibung einer vorher nicht selbst in Augenschein genommenen Landschaft kein ernsthafter Lapsus unterlaufen ist. Ich fand alles annähernd so vor, wie ich es aus der Literatur rekonstruiert hatte. Allerdings hatte Professor Georges Castellan (damals noch in Poitiers) zu meiner Unterstützung einen seiner in Angoulême beheimateten Studiosi, Herrn André Berland, auf von mir ferngesteuerte Zeit- und Bildzeugensuche angesetzt.

»Die Freiheiten des Priesters Roux« wird als eine außerordentliche Biographie geschätzt. Sie haben eine Persönlichkeit aus der Geschichte der Französischen Revolution regelrecht ausgegraben. Bedarf es dafür einer Art archäologischen Sinns?

Ich würde es schlichter als Lust am Krimi bezeichnen. Sicher, wir buddeln schon, und wenn wir Glück haben, finden wir dabei einiges mehr als eine Leiche, aber uns geht es vor allem darum, dem Täter auf der Spur zu bleiben, wohl wissend mit Franz Mehring, daß die Persönlichkeit immer noch etwas anderes ist als die tausend Einzelheiten, die sie zusammensetzen. Nun geht dies am einfachsten im biographischen Genre.

Warum bezeichnen sie die Biographie als »gehobenste Form« des Krimis?

Um es ganz kurz zu sagen: Hier wie dort werden interessante Leichen ans Tageslicht befördert, und schon mit kleinstem Einsatz ist man dabei. So rasant aber wie in der geschehenden Geschichte geht es sogar im spannendsten Krimi nicht zu. Und manchmal entwischen ihre Täter sogar.

Walter Benjamin formulierte einmal: »Nur dem Geschichtsschreiber wohnt die Gabe bei, im Vergangenen den Funken der Hoffnung anzufachen.« Würden Sie zustimmen, wenn man sagt, Walter Markov hat auf seinem Spezialgebiet der Französischen Revolution den »Funken der Hoffnung« mit Jacques Roux und den Enragés entfacht?

Was im Besonderen Jacques Roux und die Enragés betrifft, so klingt es mir etwas anspruchsvoll, daß ich beim Vikar an Saint-Nicolas-des-Champs in der Sektion Gravilliers den Funken der Hoffnung angefacht habe. Was ich glaubte zeigen zu können, war, daß durch ihn der Revolution ein Eckstein eingefügt wurde, über den die siegreiche Bourgeoisie lieber Schleier des Schweigens und Vergessens gebreitet sah. Hier sozusagen schreiendes historisches Unrecht wiedergutzumachen, das kann schon eine lohnende Aufgabe sein, denn schneidet man etwas heraus, ist ja nicht nur dem Körper der Revolution eine örtliche Verletzung beigebracht, sondern dann stimmen die Relationen nicht mehr. Was ich hier an einem Beispiel – nicht als erster – zu zeigen versuchte, ist, daß es überschußhafter Kräfte bedarf, deren Aktionsradius über die Nahziele, die mögliche Realisierung einer bürgerlichen Revolution, hinausgehen; daß diese schwerlich schon abrechenbaren Kampfkomponenten, obwohl sie ihre eigenen Ideale und Träume nicht verwirklichen können, weil die Voraussetzungen in der Zeit dafür noch längst nicht herangereift sind, dennoch bereits einen konstitutiven Bestandteil der bürgerlichen Revolution bilden, und auch der einzelne Revolutionär – in der Revolution und getragen durch sie – weit über sich hinauswächst. Ich versuchte, eine gewisse Ordnung einzubringen, indem ich unterschied zwischen legitimen und illegitimen äußersten Linken, was näher zu exemplifizieren hier und jetzt nicht der Ort ist.

Ernst Engelberg

In den Enragés, in Jacques Roux, sehe ich – und deswegen schien es mir wert, einige Mühe auch auf das Detail zu verwenden – eine Repräsentanz jener nicht zum Zuge gekommenen, über die Jakobiner aber hinausweisenden basis-demokratischen Linken, deren Auftreten notwendig war; die den geschichtlichen Anspruch von werktätigen Volksschichten, die den Fechtboden der Auseinandersetzungen noch nicht als »Klasse für sich« betreten haben, doch schon vorwegnehmen.

In einem Sitzungsbericht der Akademie der Wissenschaften der DDR zeigen Sie 1966 Ihr Bemühen um eine Annäherung an die wahre Persönlichkeit des Jacques Roux in einem vergleichenden Literaturaufriß. Sie beleuchten die historischen Positionen der Autoren und schälen so ihre Methode des Zugangs zur Person und der Zeit heraus. Haben Sie für diese Methode einen Oberbegriff?

Habe ich nicht. Es war ein Experiment. Jeder Versuch eines samtpfötigen Herantastens an Jacques Roux mußte ganz einfach vom Dilemma ausgehen: Trägt die schmale Quellenbasis ein ganzes Buch über den wohl auffälligsten unter den äußersten Linken der Revolutionszeit vor Babeuf? Das Buch, das er verdiente und das dennoch keiner schrieb? Georges Lefebvre ließ im Gespräch 1957 die Machbarkeit offen: »Il faudrait trouver le point de départ.«

Diese – nicht zu verallgemeinernde – Besonderheit der Ausgangslage gab den Gedanken ein, Erforschtes wie Zusammengetragenes unter Verzicht auf Festnagelung des Genres in einen Doppelrahmen einzulassen, der auch literarischen Ansprüchen genügen sollte: »Nachbarschaftshilfe«. Allerdings kam der Einfall erst nach (nicht vom Autor erwünschter!) Aufsprengung in vier – dazu recht unterschiedliche – Bände, wovon drei für den Fachmann: ein kleiner Beschmu!

Keisch und Mittenzwei gefielen die »Freiheiten«. Rudolf von Thadden nannte sie ein gutes Beispiel der Beschreibung einer »mittleren Persönlichkeit«, Jürgen Kübler »Markovs Schlüsselroman«: beides um ein Quentchen zu lieblos?

Exzessive Theoriebildung ist eine meiner Schwachstellen; auf dieses gespickte Minenfeld wage ich mich besser nicht vor. War es nicht Goethe, der da sagte: Bilde, Künstler, rede nicht! – auch wenn das nur leihweise hierher paßt. Mikoletzky senior (vom Haus-, Hof- und Staatsarchiv in Wien) wollte aus dem Akademievortrag »Vom Elend der Biographie« einen solchen Ansatz, auf den Sie zielen, herausgehört haben. Wenn, so ist er bei mir (mangels Resonanz?) wieder verkümmert. Es genügt mir eigentlich, als einer der ersten darin gegen den Strom schwimmend, neuen »Mut zur Biographie«, die ja – und nicht durch den Richterspruch der »Annales« allein – nahezu in Verruf geraten war, geweckt zu haben, auch ohne Vorgabe der Methode.

Könnte man Ihre Methode, Geschichte aufzuschreiben, als eine Kombination von Dokumentation und Kunst charakterisieren?

Ein solches Bemühen begleitete mich vom Romanfragment der »Roten Strolche« aus der Haftzeit bis in den »Jacques Roux« hinein. Von der Lösbarkeit der Aufgabe bin ich heute hingegen noch weniger überzeugt als damals. Im Prinzip müßte es sich schon verwirklichen lassen, doch in der Praxis schlägt wohl letztendlich ein dominierendes Kriterium durch: die wissenschaftliche *oder* die künstlerische Leistung. Keine Schwierigkeiten bereitet dieser Widerspruch bei Stefan Zweigs geschichtsbezogener Prosa. Und warum nicht? Weil kein Historiker auf den Gedanken kommen wird, bei Stefan Zweig nachzulesen, wenn er genau wissen will, warum die Schlacht von Waterloo für Napoleon verlorenging. Und umgekehrt kommt niemand auf die Idee, einen Johann Gustav Droysen, der wußte, wie man einen Matador gleich Yorck genußreich darstellt, in eine Literaturgeschichte aufzunehmen.

Der ablehnenden Haltung des Literaturwissenschaftlers Hans Mayer gegenüber Stefan Zweigs »passionierter« biographischer Literatur schließt sich der Fachhistoriker also an?

Gemach, gemach! Hans Mayers Abneigung gegen Stefan Zweigs »passionierte Novellen und Biographien« mag einzusehende Gründe haben. Ich teile sie so ohne jeden Abstrich jedoch nicht. Was der feinsinnige Autor beispielsweise über Fouché zu sagen hat, vor allem aber, wie er es zu bringen weiß, scheint mir durchaus lesenswert und bereitet – warum nicht auch dem Historiker? – sogar Vergnügen. Doch imponiert vordergründig schriftstellerisches Können, die Federführung. Den Anspruch, damit zugleich die gesellschaftswissenschaftliche Erforschung seines Sujets vorzutreiben, dürfte Stefan Zweig nicht erhoben haben. Er blieb folglich bei seinem – durchweg honorigen – Leisten. Für den talentierten Schriftsteller sehe ich keine Molesten, sich ebenso über Julius Cäsar auszulassen wie über eine ahistorische Figur, sagen wir Raskolnikow. Ihm ist von vornherein die licentia poetica zugestanden. Legt er außerdem Wert auf chronologische und biographische Genauigkeit, Verläßlichkeit seiner Darstellung – tant mieux! Den Historiker unterscheidet von ihm der Verzicht im Ausschöpfen dichterischer Freiheiten; er muß sich zügeln und bescheiden innerhalb enger gezogener Grenzen auch des sprachlichen Spiels.

Beispielhafte Geschichtsschreibung bedient sich nahezu immer künstlerischer Darstellung. Nähert sich der Historiker also im Akt der Aufbereitung von Geschichte dem Künstler?

Nicht jede ernst zu nehmende Geschichts*schreibung* ist unbedingt schon Geschichts*forschung*. Aber die Stufe der angewandten Forschung in Gestalt von Geschichts*schreibung* wird sich auf die eine oder andere Weise in der Tat immer den Künsten nähern.

Geschichte ist, wie ich es an anderem Orte ausdrückte, keine Wissenschaft der ganzen Zahlen. Sie besteht weitgehend aus verarbeiteten Bildern, aus Metaphern. Beispielsweise halte ich im Unterschied zu einigen meiner hochverehrten Kollegen die »Revolution von oben« für eine solche und nicht für das Ding an sich. Geschichte vermag nur Annäherungswerte zu liefern, sie tritt uns entweder dreidimensional oder auch zweidimensional in Gestalt von Abstraktionen entgegen, wobei der Laie vielleicht übersieht, wieviel an Abstraktion er, ohne es zu wissen, ge- und verbraucht. Bürgerliche Revolution, Kapitalismus, Sozialismus sind solche Abstraktionen, zwar konkrete, wirkliche Sachverhalte abdeckend, die aber so rein, wie sie der Lehrsatz vorschreibt, in der gelebten Realität nicht vorkommen.

Geschichte als darstellende Wissenschaft, als Geschichts*schreibung*, bedarf der Hilfe anderer, außer ihr liegender Ausdrucksmittel. Ihr Sockel wird seit Marx weitgehend von politökonomischen, soziologischen und wirtschaftshitorischen Vorgegebenheiten, von gesetzmäßigen Trends gestützt, die in der Geschichtsdarstellung gewissermaßen mitadoptiert werden. Das »Fach Geschichte« ist gezwungen, Anleihen aufzunehmen. Es besteht nicht aus sich allein. Das evoziert – ohne daß es dafür einen festen Katalog gäbe – eine doch irgendwie künstlerische Ordination, ohne die das Geschichtsbild nicht griffig wird. So, wie in der Grundlagenforschung, der gründlichen Wühlerei im Aktenstaub, eine Mathematisierung nur guttun kann, sollte davon ausgegangen werden, daß Geschichtsschreibung nicht nur mit Stilen und Methoden, sondern auch mit der inneren Logik der Kunst verwandt ist. Es sind zwei Musen, die ein Geschwisterpaar bilden, bei dem die eine ohne die andere unvollkommen, lädiert bleibt.

Heinrich Heine hat das in die witzige Beobachtung gebannt, es sei eine wunderliche Grille des Volkes, seine Geschichte lieber aus dem Munde des Dichters entgegenzunehmen als aus dem des entsprechenden Fachprofessors. Liegt das – unter anderem – nicht oft an mangelnden Einsichten des Spezialisten, der nicht begreifen will, daß ihm solche Anleihe oder solches Nacheifern nicht zur Schande, sondern im Gegenteil zum Ruhme gereicht?

Dramatiker haben im allgemeinen einen ausgeprägten Hang zur Geschichte. Sie stellen in streng abgezirkelter Zeit gesellschaftliche Kräfte auf die Bühne, verwandeln die Agierenden in nacherlebbare Figuren und führen uns Geschichte im Konzentrat vor Augen. Besteht das intimste Verhältnis von Kunst und Wissenschaft zwischen dem Dramatiker und dem Historiker?

Zweifellos gibt es zwischen beiden mehr als eine Dekkungsfläche. Eine Bühne ist immer begrenzt, seien es die Bretter, die die Welt bedeuten, von denen Sie sprachen, sei es aber auch die Bühne, auf der Geschichte abrollt. Da sind zwar die Räume größer und weiter, aber begrenzt sind sie auch. Die Crux des Historikers ist ja nicht selten die, seine Seile so um das Viereck zu spannen, daß es überschaubar bleibt, und doch nicht zu vergessen, daß die Welt in einer unendlichen Vielfalt existiert und ihre Geschichte – wie die Erde selbst –

nur eine sein kann. Für die Dramatik treffen unter Umständen einige Regeln – um nicht gleich mit »Gesetzmäßigkeiten« zu kommen – zu, die der Geschichte vielleicht näher sind als beispielsweis der genreverwandten Lyrik, von der dann die mögliche nächste Stufe der Übergang zur Tonkunst sein könnte.

Es wäre falsch, die Künste in einen Topf zu werfen und ihnen mit erhobenem Zeigefinger nur eine Ausbreitungsrichtung zuzuweisen. Umgekehrt würde es den Wissenschaften nicht ziemen, sich der Kunst total, bedingungslos anzuschließen: Hier geht es augenscheinlich nach Wahlverwandtschaften. Drama heißt Handlung, Lauf von Begebenheiten. Das menschliche Tun aber ist es letzten Endes, was – trotz aller Abstraktionen und mathematischen Messungen – Geschichte im Kern ausmacht und bestimmt. Im Theater haben wir ebenfalls Peripetien; es überschneiden sich unterschiedliche Gesetzeslinien, die sich Zufall oder Notwendigkeit nennen können.

Geschichte auf die Bühne und das Dramatische reproduziert in die geschriebene Geschichte zu bringen, fällt relativ leicht, wenn wir es im Rahmen der Geschichtsschreibung mit dem Genre Biographie zu tun haben. Hier werden Figuren in einen bestimmten Vordergrund, in eine bestimmte Szene gerückt, so, wie das der Theatermann mit seinen Helden, seinen Heroinen und Standardbösewichtern tut. Alles »Kasperles«, die uns in der Geschichtsschreibung wiederbegegnen, wo wir sie gut gebrauchen können. Das Ensemble in vertretbaren Proportionen zu halten, bereitet dem Historiker oft die größten Probleme, seine »Vernünftigkeit« droht das Publikum damit gelegentlich zu überfordern.

Siegfried Kracauer betont im Vorwort seiner Offenbach-Biographie: »Es ist keine Privatbiographie ... Es ist eine Gesellschaftsbiographie.« Gibt es überhaupt eine Ausschließung der einen durch die andere?

Den Begriff »Gesellschaftsbiographie« benutzt, ohne Kracauer vorher gekannt zu haben, mein 1982 vorzeitig verschiedener Freund Albert Soboul wörtlich in seiner Anzeige zu meinen »Freiheiten des Priesters Roux«: biographie sociale. Es geht der Gesellschaftsbiographie wohl um die avisierte Person, sogar um die ganze Person mit ihrem sämtlichen Anhang an Witwen etc., und nicht um ein »sinnbildhaftes« Ideenskelett, das man nur in Fleisch und Blut packt, damit es glaubhafter wirkt. Indessen geschieht das nicht um der Person selbst willen; es geht um den Kontext, in dem sich ihr subjektiv wie objektiv widerspruchsvolles Verhältnis zur Wertewelt der bestehenden – oder entstehenden neuen – Gesellschaft bestimmt. Aus dieser Bezogenheit gelöst, verlöre sich das Exemplarische der Person, sie würde dann in der Tat »privatisiert« (Jacques Roux als Priester in den Stürmen und Versuchungen einer von ihm nicht erwählten Zeit ...).

Sie haben beim Schreiben Ihrer Jacques-Roux-Biographie beklagt, daß keiner der Pariser Enragés oder ihrer Anhänger Erinnerungen hinterlassen hat. Für die Biographen von Bismarck und Brecht, Ernst Engelberg und Werner Mittenzwei, dürfte sich umgekehrt die Fülle der Zeitzeugenberichte eher als Hindernis erwiesen haben.

Gewiß, beide haben sich durch Berge von auswertbarem Material, auch biographischem, hindurchbeißen müssen, um ihre bewundernswerten opera magna niederzubringen: »Embarras de richesse« lautete ihr Problem, während mein Jacques Roux bei zumeist versiegten Quellen eine Durststrecke entlangwandern muß, auf der er sehnsüchtig nach ausgebliebenen Erinnerungen ruft. Notgedrungen öffnet sich, je größer der Zeitabstand, die Schere zwischen Nachschöpfung und Original. Im übrigen trennen nicht nur die Jahrhunderte jene drei (gottlob nicht nur positiven) »Helden«, deren Darstellung zu unterschiedlichem Herangehen zwingt. Auch Ebene, Kaliber und Ort sind – parteiergreifend oder nicht – zu berücksichtigen. Der »rote Priester« im fernen Frankreich zu Olims Zeiten, fremdsprachenverdächtig der Umgang mit ihm, zieht dabei unweigerlich den kürzeren. Kein Durchschnittsleser unserer Breiten braucht vorsorglich zu fragen: Wer und wie aktuell ist Bismarck, wer und wie aktuell ist Brecht? Hingegen: Jacques Roux? Nie gehört! Lag der Geburtsfehler des tückischen Objekts folglich schon in seiner Wahl – einer der »typischen Fälle von Markovscher Überorganisation«?

Besteht beim Wissenschaftler die Gefahr, daß eine Biographie zum Verwirklichungsfeld seiner theoretischen Ambitionen wird?

Vorgefaßtheit, Voreingenommenheit ist fürwahr die am meisten zu fürchtende Fußangel für den Biographen. Steht das quod erat demonstrandum schon am Anfang einer Untersuchung (die auf Verstehen, nicht auf Aburteilung noch auf Heiligsprechung gerichtet sein soll), ist deren kritische Bewertung voreilig festgemauert in der Erden. Es kann dann zugehen wie im Krimi, wo die Verfolgung einer vermeintlichen Hauptspur den sturen Kommissar daran hindert, nach dem tatsächlichen Mörder zu fahnden. Riesengroß wird die Gefahr, wenn der Autor von vornherein »etwas beweisen« will, wozu ihm sein zurechtgestutzter, hingebogener Star nur als Modellpuppe und sei es als »typischer Charakter« herhält; wenn nicht über, sondern gegen oder für eine Person geschrieben wird. Erfahrene Biographen wissen um diese Falle und suchen ihr aus dem Wege zu gehen. Ob und wie es gelingt, nicht hineinzutappen, ist Glückssache. Besonders diffizil wird es, wenn Held und Autor eine Person sind: in der Autobiographie, deren Versuchung zu widerstehen trotz aller einschlägiger Einsicht nicht selten schwerfällt.

Die meisten Menschen hinterlassen kein eigenes Bild von ihrem Alltag, überliefert werden die Literatur eines Zeitalters, die Autobiographien von Gebildeten. Die Gefahr der Verklärung von Geschichte durch Biographien ist groß, wenn der Autor das Prinzip Verantwortung nicht respektiert.

Richtig. Die Masse der Armen und Niedergedrückten schreibt nicht, hat nie geschrieben, schon gar keine Erinnerungen, die sie überdies vermutlich der Aufzeichnung auch selten für wert befand. Hochbildung war immer schon Privileg, aktive Gestaltungskraft gleich Umsetzung in Literatur Privileg im Privileg. Alles, was mit geschichtlicher Tradierung verbunden ist, kann durch Manipulierung des Verteilerschlüssels – den die Wenigen in der Hand haben – verfälscht werden. Die Gefahr einer Entstellung, meinetwegen auch von Irrtümern in gutem Glauben, eine Neigung sich selbst für das Ganze zu nehmen oder sich mit ihm in eins zu setzen, lauert auf allen Wegen. Und dies nicht allein in der verklärenden oder schwarzmalenden Feder eines Biographen.

Lebensbeschreibungen sind wichtige Frage- und/oder Ausrufezeichen, nicht schon die Geschichte aller, nicht die Geschichte in ihrer Ganzheit, wie jene Italiener um Elena Croce meinten, die in Mailand hundert »Protagonisten« zu einer »Weltgeschichte« bündelten, an der ich mich sogar – trotzdem – mit einem »Napoleon« beteiligte ...

Die weitere Welt

Herr Markov, Sie gelten in unserer Republik nicht nur als Nestor der Revolutionsgeschichte. Sie haben zudem die Ausbreitung der Regionalwissenschaften als spiritus rector befördert. War es »revolutionäre Windstille« im Abendland, die Sie veranlaßte, Ihre Forschungen auf die sogenannte Dritte Welt auszudehnen oder umzulenken?

In Vorlesungen über Geschichte der Revolutionen bezog ich, so gut oder so schlecht es mir von der Hand ging, auch schon außereuropäische revolutionäre Vorgänge gebührend ein und behandelte einige davon im Seminar, riskierte ein Lehrheft über die Geschichte der Türkei (das ich heute zu zitieren vermeide) und nahm eine Geschichte der Araber in Angriff. Ermutigung ging von Hochschullehrern wie dem Sinologen Eduard Erkes und dem Indologen Walter Ruben aus, die tragfähige Brücken von ihrer fachspezifisch älteren Thematik zur politischen Gegenwart schlugen. Der letztendliche Anstoß zu einer systematischen Überwindung des Eurozentrismus in Forschung und Lehre kam aber gewissermaßen von außen. Die nationale Befreiungsbewegung schritt, ausgehend von Asien, zu einer atemraubenden Revision der Landkarte. Weltweit setzten »entkolonialisierte« Völker neue Marksteine und Maßstäbe: mit der nasseristischen Erhebung von 1952, die auf große Teile Afrikas übersprang, mit Dien Bien Phu

Gründung der Deutsch-Afrikanischen Gesellschaft, März 1961

und dem Ausbruch des algerischen Befreiungskrieges, mit den »Fünf Prinzipien« der Konferenz von Bandung, dem erzwungenden Rückzug der Interventen vom Suezkanal 1956, der Erkämpfung der Unabhängigkeit Ghanas und Guineas, schließlich der Revolution auf Kuba. Eine vielhundertjährige Herrschaftsorgie der doppelten Ausbeutung ging unwiderruflich ihrem Ende entgegen: Völker erleichterten Kiplings »weißen Mann« um seine »Bürde«, nahmen ihre Geschicke wieder in die eigene Hand. Wie hätte der miterlebende Historiker als an der Sache teilhabender dabei abseits stehen können?

Unerhörte Horizonte taten sich auf, und gleichzeitig drängten aus der Situation geborene, nicht ausdiskutierte Probleme in den Vordergrund: von Wesen und Erscheinungsformen des Neokolonialismus, von nichtkapitalistischen Entwicklungswegen, vom Verhältnis zwischen Bourgeoisie und Proletariat in nationaldemokratischen Revolutionen einer »Dritten Welt«, von der legitimen oder »illegitimen« Rolle der jeweiligen kleinbürgerlichen Intelligenz, der Armee, der Religion.

Außer einem wissenschaftlich-historischen Interesse hatten Ihre Bemühungen zur Erforschung der Dritten Welt eine höchst aktuelle politische

Wohnhaus in Nigeria 1962/63

Bedeutung: Sie waren, wenn man es so sagen darf, »Privatbotschafter« in Sachen Anerkennung der DDR. Der »Spiegel« Nr. 18/1961 berichtet über eine Konferenz zu Problemen des Neokolonialismus im »Haus Auensee« bei Leipzig und benennt Ihren Beitrag als »Chefhistoriker und Präsident der (Ost-)Deutsch-Afrikanischen Gesellschaft« wie folgt:

Daß Markovs marxistische Tour d'horizon die Zustimmung der dunkelhäutigen Seminaristen fand, lag nicht nur an der offenkundigen Sympathie, die das Leipziger Kollegium der Weltrevolution entgegenbrachte, sondern weit mehr daran, daß derlei Thesen, unabhängig vom ideologischen Dekor, in afrikanischen Augen der Wahrheit zumindest nahekommen.

War diese Konferenz und die Reaktion des »Spiegel« darauf schon ein Indiz für die Unhaltbarkeit der von der BRD-Regierung verkündeten Hallstein-Doktrin?

Als mich der »Spiegel« aufs Korn nahm, befand ich mich noch nicht im »Busch«, sondern in Bad Lausicks kleinem Hotel »Grauer Wolf«, wohin ich mich zu ungestörtem Schreiben zurückgezogen hatte. Dort überzeugte mich der von mir hochgeschätzte Paul Markowski, daß es wichtig und notwen-

Verleihung des Diploms an der Universität Nsukka 1963

dig sei, einer demnächst zu gründenden Deutsch-Afrikanischen-Gesellschaft (DAFRIG) als Präsident vorzustehen, ohne deshalb die Vorbereitung auf eine große Leipziger Konferenz über Neokolonialismus und die Politik der beiden deutschen Staaten zu vernachlässigen. Beides fiel in das Frühjahr 1961 und verheimlichte nicht, daß wir eine Lanze – insonderheit wider die Hallstein-Doktrin – zu brechen gewillt waren. Eine Sache ganz nach meinem Sinn: Flagge zu zeigen (für unser »anderes Deutschland«)!

1962 bis 1963 lehrten Sie dann schon als erster Ordinarius aus einem sozialistischen Land in Afrika – und zwar in Nigeria. Wie kam es zu diesem Ausflug in die Wirklichkeit eines jungen Nationalstaates?

Manche meinten, die DAFRIG hätte ihren Präsidenten »nach da unten« delegiert. Es begab sich aber prosaischer. Mein nigerianischer Schüler Dr. Modilim Achufusi kehrte in sein unabhängig gewordenes Heimatland zurück und übernahm an der neugegründeten University of Nigeria Nsukka die Verantwortung für die Leitung des Departments Geschichte. Einsichtig, wie er war, merkte er schnell, daß sich der Brocken als zu groß für ihn allein erwies, und ließ einen Hilferuf an seinen alten Lehrer ergehen. Na, den stach der Hafer, sich einmal in den Tropen umzusehen, und er sagte zu.

Daß ich den Lehrstuhl aber tatsächlich besetzen und nach anderthalb Jahren fünfzig von meinen einundfünfzig Hörern am Orte zum Staatsexamen führen konnte, nachdem ich im Schnellverfahren ein ganzes Vorlesungspotpourri von der Urgeschichte bis zum Zweiten Weltkrieg zum besten gegeben hatte, beruhte auf zwei Voraussetzungen. Einmal – so bald nach dem 13. August 1961 – auf einem gewissen Maß an Vertrauen in das Experiment und den Ausführenden von seiten meiner vorgesetzten Dienststellen in Berlin, zum anderen auf dem Umstand, daß sich der Generalgouverneur (und spätere Staatspräsident) Nnamdi Azikiwe, gleichzeitig Kanzler der Hochschule in Nsukka, die seine Schöpfung war, von der Gewinnung eines international eingeführten Gelehrten hochbefriedigt zeigte. Denn wer aus dieser Kategorie zog schon, um seine Neugier zu stillen, auch ohne große Schecks in den Busch?

Außer in diese Ecke Afrikas, die später unter dem Namen Biafra mit einem blutigen Bürgerkrieg von sich reden machte, verschlug es Sie noch in andere Regionen.

Es blieb nicht bei dieser einen Erweiterung des Horizonts. Noch im Dezember 1962 nahm ich am I. Afrikanisten-

Addis Abeba 1966

kongreß in Accna (Ghana) teil, wo uns Kwame Nkrumah, damals noch in Amt und Würden, zu einer abendlichen garden party lud. Beim II. Kongreß in Dakar, fünf Jahre darauf, spielte Leopold Sedar Senghor den zuvorkommenden Hausherrn, und 1969, beim Panafrikanischen Festival in Algier, oblag es Houari Boumedienne. Andere Einladungen, nach Tanzania und Äthiopien, nach Sri Lanka und Japan, galten teils dem Professor und teils dem »Präsidenten«.

Es dauerte lange, bis mir in den siebziger Jahren die Genugtuung zuteil wurde, aus einer »anerkannt existierenden« DDR und mit ihrem Paß, ohne Schikanen des Travel Board in Berlin (West), an- und ausreisen zu dürfen: jetzt sogar in die USA.

Wenn man Länder im Aufbruch bereist, den Hauch von Revolution auf drei Kontinenten zu spüren bekommen hat und dazu als Spezialgebiet Revolutionsgeschichte betreibt, dann müssen Erlebnisse dieser Art in einem doch auf besondere Weise nachhallen?

Ja freilich, das tat es und tut es, jedem morschen Knochen zum Trotze, noch. Aber es ist nicht der emotionale Impuls allein. Nachdem ich über Jahre meine Forschungen hauptsächlich der – lange zurückliegenden – Französischen Revolution gewidmet hatte, konnte ich jetzt an Ort und Stelle den Ablauf unterschiedlicher revolutionärer Prozesse beobachten, konnte einen abgeschlossenen und ausgereiften Revolutionsvorgang vergleichen mit zum Teil noch amorphen Befreiungsbewegungen auf Wegsuche. Diese Dimension in die wissenschaftliche Arbeit hineinzunehmen, war sicher ein Impuls, der zu Konsequenzen führte und den Blick unheimlich schärfte.

Gleich beim ersten Phänomen, das ich zu untersuchen begann, fragte ich mich: Deckt unsere Begriffsbestimmung, die wir aus den europäischen Revolutionen ableiten, überhaupt die Gesamtheit revolutionärer Erscheinungen in der Welt? Mir fiel nun auf, daß Chinesen, wenn sie von der Englischen, der Französischen oder der Deutschen Revolution von 1848 sprachen, meistenteils »Revolution europäischen Typs« sagten. Es ist für sie demnach *eine* Möglichkeit von Revolutionsbeschreibung. Unser Revolutionsschema, zurückgehend auf das von Marx, fußt logischerweise auf dem Erfahrungsschatz, der uns – und ihm – zugänglich war: mehr oder weniger die europäische Geschichte mit etwas Peripherie oder den »Ablegern« in Amerika; also jene Revolutionen, die den Machtaufstieg der Bourgeoisie bzw. später die Herrschaft der von ihrer Avantgarde geführten Arbeiterklasse bewirkten.

Nun suchen Sie einmal in Afrika ein Land, wo es eine ausgewachsene Bourgeoisie oder eine hinreichend »für sich« emanzipierte Arbeiterklasse gibt, um eine Revolution nach »klassischem« Strickmuster herauszutreiben und anzuschieben. Und doch nahmen sich einige Völker heraus, entgegen dem Buchstaben eine »bürgerliche Revolution« zu machen, obwohl sie kaum Bürgertum aufzuweisen hatten, das der Rede wert war. Und es haben wieder andere eine auf den Sozialismus orientierte Revolution eingeleitet, ohne über die gewaltige Schub- und Triebkraft eines auch nur halbwegs reifen Proletariats zu verfügen. Es mußten Hegemoniesubstitutionen erfolgen. In dem einen Fall ersetzte eine Bürokratie, eine Chefferie, häufiger eine »nationale« Bourgeoisie die an der Spitze fehlende »normale« Kapitalistenklasse, und im anderen übernahmen kleinbürgerliche radikale Intellektuelle und

Offiziere die Führungsrolle der Werktätigen. Allein die Erfahrungen schon zeigten, daß man mit der – gar exklusiven – Anwendung unseres Begriffskatalogs behutsam umgehen sollte.

Auf Regionen außerhalb Afrikas ausgedehnt: Was verstehen wir beispielsweise unter einer fundamentalistischen Bewegung im islamischen Raum? Auf der Tagesordnung standen Auseinandersetzungen mit der Kolonialmacht. Was ist daran (noch) revolutionär, was schon reaktionär, wenn »vorkapitalistische« (tribalistische, feudalklerikale) oppositionelle Führungen den Zipfel eingefahrenen technischen Fortschritts aus der halbkolonialen Ära als Teufelsspuk wieder rückgängig machen und ihre Gesetzgebung um tausend Jahre zurückschrauben?

Der Zugewinn ist: Erweiterung des am »literarischen« Beispiel Frankreich gewonnenen Erfahrungswertes Revolution auf der einen Seite; zum anderen Unterrichtung aus erster Hand über ein Kaleidoskop vom Verhalten der Entwicklungsländer in ihrem revolutionären – oder evolutionären – Aufbruch. Hinzu kommt, daß einen gewandelten Blick auf das Sammelsurium Weltgeschichte gewinnt, wer sein Auge zur Abwechslung einmal von Süd nach Nord richtet.

Kann in dieser veränderten Weltlage die Große Französische Revolution ihre »Leitfunktion« noch erfüllen?

Nicht unbedingt gleich eine »Leitfunktion«, doch würde ich eine vermittelte Präsenz der Französischen Revolution auch im dritten Jahrtausend der Zeitrechnung als Anfangs- und Ausgangspunkt einer großen Bewegung der menschlichen Gesellschaft zu Demokratie und Humanismus mit einiger Sicherheit vorauszusagen wagen: einer welthistorischen Transformation, deren Paukenschlag 1789 zu vernehmen war, von da aus zum Roten Oktober vordrang und über ihn hinausführte, unabhängig davon, daß es sich typologisch um zwei unterschiedliche Revolutionsebenen handelt, die abstrakt als bürgerliche oder als sozialistische bezeichnet werden.

Eine neue Akzentuierung halte ich, insbesondere mit Blick auf die jungen Staaten der Dritten Welt für angebracht, da sie offenkundig den Typ der »klassischen« bürgerlichen Entwicklung schon nicht mehr – oder höchstens punktuell – wiederholen können und oft auch gar nicht wollen. Als unmittelbare revolutionäre Vorlage werden die Einnahme der Bastille, so wie sie am 14. Juli 1789 stattfand, und der daraufhin angetretene Marsch der Bourgeoisie als Klasse zur Beherrschung des Globus schwerlich Nennenswertes für die Dritte Welt hergeben können.

Ihre Aufgabe als eine demokratische Leitrevolution im historischen Weltprozeß hingegen hat die Französische Revolution durch zwei Jahrhunderte in Ehren erfüllt. Man sollte sie also nicht überlizitieren. Es bleibt ihr ohnehin Glanz genug, denn keine revolutionäre Tradition wird jemals ganz ohne die Erinnerung an sie auskommen. Sie ist mehr oder weniger eingebettet in jede nachfolgende große Umwälzung, daher sind die Stichworte, die sie in die Debatte, in das Weltgespräch der Revolutionäre eingebracht hat, zwar sozial-inhaltlich in Veränderung, aber von gleicher Konsistenz.

Die Klage des Jacques Roux aus dem Jahre 1793 trifft die Situation in vielen Entwicklungsländern heute: »Die Freiheit ist ein leerer Wahn, solange eine Menschenklasse die andere ungestraft aushungern kann. Die Gleichheit ist ein leerer Wahn, solange der Reiche mit dem Monopol das Recht über Leben und Tod seiner Mitmenschen ausübt.«

Freiheit, Gleichheit, Brüderlichkeit sind Synonyme für die programmatischen Forderungen der Franzosen zwischen 1789 und 1794, die bis in unsere Zeit hineinleuchten. In den Auseinandersetzungen um die individuellen und sozialen Menschenrechte bleiben sie zentrale Begriffe. Nicht der Bourgeois, aber der Citoyen als Maßstab individueller Selbstentfaltung ist bis heute uneingelöst.

Vorab zu den Menschenrechten in der Französischen Revolution. Die erste Fassung der Deklaration entstand 1789. Sie ist eine Leistung der Konstituante. Dann gibt es noch die zugespitztere in der »Jakobinerverfassung« von 1793. Und dennoch hat sich Jacques Roux sogar gegen diese gewandt, weil ihm darin Gesetze gegen Wucher, Warenhortung und Schiebung fehlten. Dabei wurde er Opfer seiner juristischen Unbildung, denn die Bergpartei hatte darin recht, daß solche Einzelverfügungen nicht in eine Verfassung gehören, sondern in die normale Gesetzgebung. Im Augenblick entfesselte der

Mit französischen Kollegen, Leipzig 1979, Manfred Kossok, Albert Soboul (3.)

aufsässige Priester jedoch mit seiner Kritik im Konvent einigen Tumult, der ihn in Frankreich bekannt machte. In diesem Zusammenhang verfaßte und verlas er eine Petition, später das »Manifest der Enragés« geheißen, woraus Sie zitieren.

Dieser »Besessene« ist kein Sozialist, der vergesellschaften will. Was dahintersteht, ist aber in der Tat die soziale Dimension. Obwohl er sich durchaus auf ideologisch »ewige« Werte stützt, antizipiert er (was damals die meisten Jakobiner selbst nicht erkannt haben), daß jene allgemein-menschlichen Werte immer nur in einer spezifisch strukturierten Gesellschaft zum Tragen kommen können. Solange du hungerst, nützt dir die Freiheit nichts. Die Anwendbarkeit von gewissermaßen konstanten Wahrheiten wird in einer real bestimmten sozialen Situation geprüft – bei heruntergelassenen wie bei hochgezogenen Klassenschranken.

Bei der geschichtlichen Fortbildung der Auffassungen über Menschenrechte bringt die Große Sozialistische Oktoberrevolution Schwerpunktverlagerungen vom einzelnen auf die Gemeinschaft. Die Erklärungen der Franzosen waren Manifestationen der Emanzipation des bürgerlich bestimmten Individuums von einem (und gegen einen) absolutistischen, das heißt despotisch regierten Staat. Die Rechte der ersten Erklärung vom 26. August 1789 sind jene Freiheiten, die der einzelne Citoyen in und gegenüber der konstitutionellen Monarchie – soviel ist noch geblieben vom königlichen Gottesgnadentum – für sich in Anspruch nehmen kann; diese Erklärung wird 1791 der Verfassung vorangestellt. 1793 verschiebt sich die Lage insofern, als es keinen Monarchen mehr gibt und folglich eine republikanische Verfassung gefragt ist. Es ist aber immer noch eine, die von der These ausgeht, daß der Kollektivsouverän das gesamte Volk ist. Die Rechte dieses Volkes sind zu schützen gegenüber einer Exekutive, die unter denkbaren Umständen erneut Gelüst zeigt, nicht *für* den Souverän Volk, sondern *über* ihn zu regieren, also aus Citoyens Untertanen zu machen.

In sozialistisch konzipierten Menschenrechtserklärungen verändern sich die Schwerpunkte. Ins Blickfeld rückt: wer wogegen und wer von wem geschützt werden muß. Deutlich sichtbar ist das in der russischen Räte-Konstitution von 1918, deren Abfassung sehr schnell erfolgen mußte und demzufolge ähnlich provisorisch wie die Jakobinerverfassung von 1793 ausfiel. Das bedeutet: Es gibt zwar nicht unveränderliche, aber doch unveräußerliche und klassenübergreifende Menschenrechte. Daß mit ihnen jongliert und manipuliert werden, daß man sie so oder anders auslegen und sogar weginterpretieren kann, dafür hat schon die Französische Revolution selbst reichliche Beweise geliefert. Der durchschlagendste von allen: daß die – zumindest vom Standpunkt des der Dialektik des Fortschritts aufgeschlossenen Historikers – »schönste« Verfassung unter allen, die es vor 1917 je gegeben hat, eben die Jakobinerverfassung von 1793, von ihren Schöpfern selbst nie in Kraft gesetzt werden konnte (noch durfte ...). Sie war und blieb einerseits ein strategisches Programm, zum anderen eine demokratische Utopie.

Die Emanzipation des neuzeitlichen Bürgertums hat sich auf einem Großteil der Erde in heftigen Bewegungen durchgesetzt, und in ihrem Gefolge wurde das Individuum herausgelöst aus der totalitären »Geborgenheit« eines ständischen Mittelalters, wo jedem sein Platz, seine Grenzen, sein Glauben und sein Landesvater zugewiesen waren. Gesellschaften, die diesen Emanzipationsprozeß durchlaufen haben, sind geprägt von einem nahezu selbstverständlichen Individualismus mit einer Betonung (wenn nicht Überbetonung) der Rechte der Einzelperson und des Einzelinteresses. Im Unterschied dazu habe ich in Begegnungen mit traditionellen Gesellschaften im afrikanischen Dorf keine Reklamation von rein individuellen Rechten vernommen. Dort war die Lebenszelle noch der Stamm oder Clan bzw. die Großfamilie, die dem einzelnen Schutz gewährte, ohne den er allein oft gar nicht bestehen konnte. Selbst wenn er in die Stadt verzog, blieb er weiterhin solcher Blutsgemeinschaft zugehörig, fühlte sich ihr – aus wohlverstandener Nützlichkeitserwägung – verbunden. Der »Kollektivmutterboden« blieb sozusagen das bestimmende Element. Der Einbruch der europäischen Kolonisatoren hat allerdings dieses traditionelle Gebäude nachhaltig erschüttert und stellenweise durchlöchert. Heute produzieren die Proletarisierung oder der Aufstieg in ein Angestelltenverhältnis – allmählich – eine neue Wirklichkeit mit neuen Rechtsansprüchen zwischen bidonville und Swimming pool.

Um auf die Frage zurückzukommen, die mir in der Hitze des Gefechts etwas weggerutscht ist: Ja, der »Citoyen als Maßstab individueller Selbstentfaltung« ist noch nicht voll eingelöst. Liegt es an unserem überhöhten Anspruch an den Maßstab? Oder stimmte er schon in Frankreichs »Jahr II« (1793–1794) nicht mehr oder noch nicht? Ich habe einen Ausspruch von Otto Wilhelm Kuusinen darüber im Ohr: »Ja, mit der Freiheit, da hapert es noch ...«. Da sind demnach noch Reserven, wie man so sagt.

Um eine weitere Affinität der von Ihnen beleuchteten Revolutionsgestalt zur Gegenwart zu berühren, möchte ich auf religiösen Glauben und revolutionäre Tat des linken Priesters hinlenken. Jacques Roux, ein Vorläufer der Theologie der Befreiung?

An seinem Glauben hielt er – in philosophisch abgewandelter Gestalt zwar – bis zu seinem Tode fest. Religion steht ihm über allen Gesetzen, weil sie bis in die Tiefe des Herzens, die »Brutstätte des Verbrechens«, in Denken und Fühlen eindringt. Mit der Kirche als Institution bricht er am Ende seiner Tage vorsätzlich. Der Religion aber will er sein ganzes (nur noch kurzes) Leben Ehrfurcht erweisen. Er glaubt, daß es einen »Himmel für Revolutionäre« gibt. Insoweit bleibt der Provinzpfarrer, der er war, bevor ihn die Revolutionsstürme nach Paris trugen, bei seiner sancta simplicitas. Das schließt rastlose Tätigkeit in Sachen Revolution in keiner Weise aus. Im Gegenteil: Die Kanzel macht er zu ihrem »Bollwerk«.

Durchaus läßt sich ein gewisser (nicht geradliniger) Bezug zur »Befreiungstheologie« Lateinamerikas herstellen. Übrigens nicht erst heute. Hidalgo wie Maria Jose Morelos, die großen mexikanischen Revolutionäre vom Beginn des 19. Jahrhunderts, waren beide ebenfalls – aufgeklärte – katholische Priester. Theologie der Revolution und Revolution der Theologie korrespondieren seit 1789 vielfältig miteinander: gemäßigt mit dem Theologen Claude Fauchet – Mitbegründer des Cercle social immerhin; radikaler beim Mystiker Claude de Saint-Martin – halb Ketzer, halb Heiliger, der über seinen Schatten springt. Andere gibt es, von denen man zwar wenig weiß, doch ist der curé patriote so vereinzelt nun auch wieder nicht. Zu lockend leuchten Berührungsfelder von Nazarenertum und plebejischem Egalitarismus auf: Die »erfüllte Zeit« verspricht von beiden Enden her »einen neuen Himmel und eine neue Erde« für die Menschen, die vor Gott ja schon gleich sind von Ewigkeit zu Ewigkeit.

In Gesprächen zwischen dem brasilianischen Priester Frei Betto und Fidel Castro wird der Marxsche Ausspruch von der Religion als »Opium des Volkes« einer Kritik unterworfen. »Von einem streng politischen Gesichtspunkt aus – und ich glaube, ich verstehe etwas von Politik – denke ich, daß man Marxist sein kann, ohne das Christsein aufzugeben und daß man vereint mit den marxistischen Kommunisten für die Veränderung der Welt arbeiten kann.« (Castro) – Ein Signal tieferen Verständnisses zwischen Christen und Marxisten nur für die Länder Lateinamerikas oder für mehr Toleranz weltweit?

Eine Vorbemerkung: Diese »mitleidige« Metapher von Marx wird oft mißdeutet. Man lese genau und mit Verstand!

Meine Antwort auf Ihre Frage bemüht gleichfalls Fidel Castro, der das mögliche Bündnis zweier ideologisch konträrer

Welten von einer Voraussetzung abhängig macht: »Ein wirklicher Marxist würde einem falschen Christen mißtrauen, ebenso wie ein wirklicher Christ einem falschen Marxisten kein Vertrauen entgegenbringen könnte. Nur diese Überzeugung kann die Basis abgeben für ein festes dauerhaftes Verhältnis.« Dem möchte ich mich, nicht zuletzt aus eigener Erfahrung, vernehmlich anschließen.

Über Toleranz haben sich schon viel früher erlauchte Geister gleich Voltaire oder George Washington sehr gescheit ausgelassen. Trotzdem ist eine entsprechende Gleichung, die aufgehen soll, kompliziert. Die geringsten Schwierigkeiten hat, wer sich selbst nicht sonderlich stark engagiert zeigt. Wenn es einen so wenig kümmert wie Friedrich II., nach welcher Fasson jemand in seinen Staaten selig werden will, katholisch oder evangelisch, weil seiner Meinung nach beide geistig »unterbelichtet« sind, geht es unter Umständen ganz reibungslos. Stehen dagegen Dinge zur Debatte, die mit dem Wesentlichen eines Wertgefüges kollidieren, kann eine tolerante Haltung fragwürdig werden. Einem Revolutionär in der Kampfzeit Toleranz gegenüber einem unversöhnlichen Feind (der noch dazu über Waffen verfügt) anzutragen, wäre mehr als eine Zumutung.

Toleranz ist – auch – eine Interpretationsfrage: Wo ist sie möglich, wo wünschenswert, wo liegen die Grenzen? Auf mein Leben befragt, hätte auch ich jeden in die Hölle geschickt, der auf die Idee gekommen wäre, gegenüber dem Faschismus Toleranz zu üben. In einer anderen Situation wiederum kann Duldung, sogar Gleichberechtigung, durchaus zum Gebot der Stunde werden.

Gäbe es einen »Kommunisten-Katechismus«, wäre darin der Satz zu finden: Du sollst deinen Klassenbruder lieben und den Klassenfeind hassen. Das befände sich in Dichotomie zum Neuen Testament: Liebet eure Feinde, segnet, die euch hassen!

Philosophisch – oder wie immer man es nennt – sind beide Maximen unvereinbar. Also führt keine breite Straße von der Bergpredigt zum Kommunistischen Manifest. Nach dem Kriterium der Praxis indes schließt das ein Zusammengehen »für die beste Sache auf dieser Erde« mitnichten aus. Was, wenn nicht das, leistet Lateinamerikas »Befreiungstheologie«? Zwei achtungswerte Haltungen zu vereinigen bedeutet: die Bejahung des Kampfes in Reih und Glied, weil das Unerträgliche überwunden werden muß, aber auch die Verneinung ideologischer Koexistenz, und zwar auf beiden Seiten. Weder muß und kann der Christ »Klassenhaß« akzeptieren, noch der Kommunist »Feindesliebe«. Trotzdem besteht Gemeinsamkeit, ein legitimer Wirkungsbereich, in dem »Toleranz in Aktion« ehrlich möglich und sogar nötig ist. Dann allerdings aus einer Gesinnung heraus, die Hintergedanken für unzulässig befindet.

Fidel Castro schrieb 1954 in einem Brief aus dem Gefängnis, daß Kuba vieler solcher Männer wie Robespierre bedarf, der zwar Idealist gewesen sei, aber ehrlich bis zum Tode. Woher rührt die Faszination, die die Jakobiner auf den Revolutionär des 20. Jahrhunderts noch ausüben?

Darin bestätigt Fidel nicht die Ausnahme, sondern die Regel. Die Jakobiner stehen bei den meisten bewußten Revolutionären des 20. Jahrhunderts hoch im Kurs als Vorbilder für Todesmut, Uneigennützigkeit, Härte, Konsequenz; zusätzlich wurden sie in sozialer Hinsicht oft linker angesiedelt, als es den Tatsachen entsprach. Linker Antirobespierrismus war am ehesten bei Anarchisten anzutreffen; diesen war und ist die Pedanterie des »Unbestechlichen« freilich ein Greuel!

Als Sie sich 1970/71 in Chile aufhielten, versuchte Salvador Allende im Unterschied zu Castro eine gewaltfreie Revolution. Führten Sie zu diesem Thema Gespräche mit der Unidad Popular?

Gespräche mit Mitgliedern von Parteien, die sich zur Unidad Popular zusammengeschlossen hatten, gab es schon. Man lud mich auch ein, Vorträge zu halten. Anschließend – oder bei anderen Anlässen – wurde lebhaft diskutiert, jedoch nicht auf »offizieller« Ebene. Dafür besaß unsere Republik eine hochqualifizierte Vertretung in Santiago. Ihr, nicht mir, war beispielsweise die Beschwerde des Justizministers zu Ohren gekommen, daß sein letztes Tippfräulein dienstliche Informationen oft längst besaß, bevor sie zu ihm durchgedrungen waren, weil der alte Beamtenapparat zuvor siebenfach prüfte, ob es die »Sicherheit« zulasse, die fragliche Meldung einem Minister aus den Reihen der Kommunistischen Partei zuzuleiten oder nicht. Danach konnte er sie in der Zeitung lesen. Das mag wie ein Einschub von Situationskomik klingen, zeigt aber bildhaft die tatsächliche Kräftesituation auf.

Mein Aufenthalt hatte nicht den Charakter einer politischen Mission. Er war als Geste im Kulturbereich gedacht: Da öffnete sich ein Fenster zu einer großen Universität in einem Land, das sich anschickte, neue Wege der Freundschaft zu beschreiten.

War Ihre Meinung zum eingeschlagenen revolutionären Weg in Chile gefragt? Zu welchen Problemen wollten die Studenten von Ihnen Auskunft einholen?

Die Gewaltfrage beispielsweise beschäftigte die chilenischen Studenten sehr: ob es Identität oder Ähnlichkeit zwischen der Terreur der Französischen Revolution und dem Terror Stalins in den dreißiger Jahren gäbe?

Ich habe damals in Valparaiso gesagt, es sei nicht dasselbe. Unter bürgerkriegsartigen Umständen, in einer Revolution auf Leben und Tod, könne Terror als Abschreckung ein Mittel sein: zur Verkürzung des Kampfes um die Macht, zur Abschmetterung bewaffneter Konterrevolution und damit zur Verhinderung noch heftigeren Blutvergießens – Lenin 1918. In der Sowjetunion der dreißiger Jahre hatte hingegen der Sozialismus als System grundlegend gesiegt, und es bestand keine revolutionäre Situation. Es habe sich demnach um postrevolutionären Terror gehandelt, der kaum zu rechtfertigen sei als Notwendigkeit.

In diesem Zusammenhang fehlt jedoch auch Trotzkis widerspruchsvollem Urteil, das Stalin als »Thermidorianer von Mittelmaß« einstufte, die Überzeugungskraft. Stalin behauptete sich – im Unterschied zu den eisernen Kämpen der Jakobinerdiktatur, die untergingen. Er überlebte (und steuerte) den Zerfall einer ursprünglich kollektiven Revolutionsregierung der Räte, ersetzte sie in letzter Instanz durch die Diktatur eines einzelnen, aber: Die Sowjetunion gewann unter seiner Leitung, trotz anfänglicher Fehlentscheidungen, immerhin den Krieg, womit sie zur Weltmacht aufstieg. Immerhin!

Jede Plakatierung meiner unmaßgeblichen Sicht auf die gesellschaftlichen Vorgänge im Chile 1970/71 hatte zu unterbleiben. Es wäre dem Gringo als europäische Großmäuligkeit verübelt worden, hätte ich die chilenischen Studenten ob ihrer – aus meinem Blickwinkel überoptimistischen – Perspektive gescholten: Liebe Freunde, Ihr glaubt inbrünstig, ihr hättet die Revolution gewonnen, aber sie hat auch nach dem Eindruck kompetenterer Beobachter eigentlich noch gar nicht stattgefunden! Es kann – vielleicht – eine solche aus der Situation hervorgehen. Ja, auch eine Minderheit kann eine bürgerliche Verfassung erfolgreich umstoßen. Um sodann zur Revolution überzugehen, muß sie jedoch, wo die Armee einen politischen Hauptfaktor bildet, über schwere Waffen verfügen. Solange die vereinten linken Kräfte weder die Mehrheit im Lande noch Kanonen besitzen ...

Ohne jetzt das tragische Ende von Allendes Chile als nachträgliche Bestätigung Ihrer Befürchtungen heranzuziehen – hinderte Sie vielleicht Ihr eigenes, dem revolutionären Terror einen bedeutenden Platz einräumendes Revolutionsmodell, im brodelnden Chile öffentlich unbefangener aufzutreten?

Oh, ich wäre der allerletzte gewesen, der Salvador Allende nicht beglückwünscht hätte, wäre es ihm gelungen, als eine Art Gegenentwurf zum groben Typus einer von Terrorauswüchsen begleiteten Nachrevolution die praktizierte Variante einer vergleichsweise friedlichen, unblutigen Etappenlösung vorzulegen. Nur, in Chile gab es ein für lateinamerikanische Verhältnisse ausgesprochen starkes Kleinbürgertum. Jede Polarisierung seiner Gesellschaft mußte durch bzw. über diese, zudem recht selbstbewußte »Mitte« laufen. Konzessionen großen Umfangs waren bei der vorhandenen Machtkonstellation nötig, um sich das Wohlwollen dieser »Mitte« zu erhalten. Ein frontaler Durchbruch war kaum zu schaffen.

Zum anderen war ich über sechzig und vielleicht schon ein wenig zu abgeklärt, um in den chilenischen Ereignissen noch die Vibrationen des ganz großen Abenteuers zu spüren. Zehn Jahre davor war ich (zwar als Tourist mit dem Schiff »Völkerfreundschaft«) auf Cuba gewesen. Die Revolution war da gerade ein Jahr alt (im Gegensatz zu unseren inzwischen be-

moosten Revolutionen in Europa: Portugal kam erst danach!). Man sah in den lachenden Augen des schwarzen Schuhputzers noch ungebrochenen Glauben an eine große Rettungstat und alle Hoffnung auf die Zukunft.
Möglicherweise hatte Fidel die Absicht, die er dann nicht verwirklichte, unserem Kahn einen Besuch abzustatten. Milizen sperrten den Kai ab, und eine uniformierte junge Frau mit ausgezeichneten Deutschkenntnissen wies die Posten auf dem Schiff ein. Erst viel später ging die Rede, daß es Tanja Bunke, die »Partisanin Tanja«, gewesen sei, die mit Che Guevara zusammen in Bolivien fiel.

Mit dem Scheitern von Che Guevaras Revolutionsexport fiel der Beginn der Studentenbewegung in Westeuropa zusammen. Sein Bild wurde zum Symbol einer Revolte, die ihm wohl niemals gerecht wurde. War Ches Glaube an eine permanente/übertragbare Revolution nur eine Utopie?

Bei aller Bewunderung für den feurigen Helden: nicht nur, aber auch.

Angenommen, Sie hätten 1968/69 eine Möglichkeit zu Gastvorlesungen in Westeuropa erhalten und Sie wären darauf eingegangen, wie hätten Sie die Frage »Was tun?« behandelt?

Sie werden lachen, aber eine solche Möglichkeit habe ich nach dem Pariser Studentenmai tatsächlich gehabt – an der Universität Dijon, wo mich mein dortiger Kollege und Freund Suratteau zum Semesterbeginn auf den Katheder schob in der Hoffnung, daß seine nicht zu bändigenden jungen Hörer einem radebrechenden Ausländer gegenüber französische Politesse wahren würden. Was auch geschah. Nur: Die Situation war nicht mehr so, daß die Studenten an ihrer Lehrer Lippen hingen. An der Sorbonne öffnete einer im Hörsaal vor Soboul seinen Hosenstall. Das taten die in Dijon nicht, doch belehrten sie mich darüber, daß in ihrem linksgetönten Parteienspektrum die FKP in etwa »die Mitte« einnehme. Auf weise Ratschläge von uns Alten, Mao und ein paar Gurus ausgenommen, waren sie, seit Vietnam sie motiviert und mobilisiert hatte – in Nord- und Lateinamerika, in Tokyo wie in Paris, in Heidelberg wie in Westberlin – nicht mehr versessen.

In Hamburg, Juni 1976

Es lag mir auch viel mehr daran, zu hören, aufzunehmen, als wichtig zu tun. War es denn, trotz allem chaotischen Drunter und Drüber, nicht wunderbar, daß Studentenmassen nach mehr als hundert Jahren Wohlverhalten weltweit wieder in Bewegung geraten waren, zu einer vorwärtsdrängenden Kraft wurden, uns Nüsse zu knacken aufgaben? Hätte ich mir je träumen lassen, daß eines Tages (1968) eine Abordnung des Sozialistischen Deutschen Studentenbundes (SDS) aus Bonn unter einem Freiherrn von Arnim in Holzhausen bei Leipzig anklopfen würde, um Bausteine für eine Geschichte der »letzten Demokraten« an ihrer Universität (1934/35) zu sammeln und wider die selbstherrlichen Talare publik zu machen?

Wenn von universeller Geschichte gesprochen wird, taucht des öfteren die Frage nach einer Weltgeschichte des Sozialismus auf. Da solche kritische Geschichte des Sozialismus im 20. Jahrhundert bisher fehlt, könnte der Gedanke naheliegen, daß sie eine ahistorische Forderung an den Zeitgeist wäre.

Viele Historiker fühlen das Bedürfnis, allmählich, nachdem die ersten zwei ordensgeschmückten Vätergenerationen – vom Roten Oktober an gerechnet – dahingegangen sind und mit den Enkeln jetzt das dritte Geschlecht nachrückt, Ausschau zu halten nach einer kritischen Totalgeschichte des Sozialismus in unserem Saeculum. Ich schätze ein, daß es vermutlich noch eine ganze Weile dauern wird, bis wir die dreidimensionale Historie des mehr oder weniger kontinuierlichen Aufbaus eines neuen Gesellschaftssystems schreiben können, mit allen Rückschlägen, Im- und Komplikationen, die dabei aufgetreten sind und mit Sicherheit in Zukunft noch auftreten werden – je weiter sich unser Ismus ausdehnt, desto mehr Reibungsflächen entstehen.

Außerdem: Warum sollte es eigentlich so furchtbar eilig sein mit der Schreibe? Immerhin zerbrechen wir uns gerade jetzt enorm den Kopf über einen zweihundertsten Geburtstag der Französischen Revolution, nachdem ihre Helden und ihre Schurken längst der kühle Rasen deckt, und wir können immer noch nicht sagen: Hier ist ihre über jeden Zweifel erhabene kritische Geschichte, sozusagen die der Sternstunde einer jungen Bourgeoisie, besser der bürgerlichen Gesellschaft in ihrer revolutionären Aufgipfelung. Von Konsens keine Rede. Daran gemessen ist es vielleicht einfach zu früh, die Schilderung von Geburt und Wachstum des Sozialismus durch ein allumfassendes Werk zu erwarten. Das schließt keinesfalls aus, Stück für Stück an dergleichen heranzugehen. Zum ersten müssen ja die archivierten Quader als solche herbeigeschafft und in die richtige Form gebracht werden, bevor darauf ein Bau hochgezogen werden kann.

Nichts liegt mir ferner, als zusätzliche Schlagbäume aufzurichten und zu sagen: Weil es insgesamt noch etwas früh erscheint, nicht alles schon ausdiskutiert ist, zuerst ins Unreine gesprochen werden muß, sei es besser, die Finger ganz davon zu lassen. Nein. Einmal muß jedes Ding seinen Anfang nehmen, und je eher, desto besser. Aber man sollte sich keine Illusionen machen. Wahrscheinlich sind wir von einigen Entwicklungen noch nicht weit genug entfernt, um bestimmte

Perspektivlinien mit Meisterhand sicher ziehen zu können. Es steckt selbst in Ereignissen und Thesen, die vor dreißig oder fünfzig oder mehr Jahren im Mittelpunkt des Meinungsstreites standen, bisweilen noch zu viel (explosive) Gegenwart, es wirkt noch zu viel Vergangenheit nach, als daß man biogenetisch schon fähig wäre, den Abstand in den Kopf hineinzunehmen und mit ihm die Geschichte zwischen zwei Buchdekkel zu bringen.

Es bleibt ein Einwand: Leider häuft sich inzwischen Verdecktes und Unausgesprochenes, das wir vor uns herschieben. Von bürgerlicher Seite werden uns diese Lücken immer wieder – zumal in den Massenmedien – präsentiert. Das macht uns nicht gerade souveräner im Umgang mit unserer eigenen Geschichte.

Dem ist so. Ich sagte ja vorhin, es liegt mir fern, zusätzliche Warntafeln aufzurichten, und ich plädiere durchaus dafür, jeder möge an seinem Ort schon einmal loslegen, mit Augenmaß möglichst. Was ich bezweifle, ist, daß dadurch schon »die« große kritische Zusammenschau der Genese unserer sozialistischen Gesellschaftsformation entsteht. Eine solche Synthese braucht mit ziemlicher Sicherheit noch Zeit, erfordert mehr Distanz (nicht Distanzierung!), als wir bisher haben.

Man kann auch rein zeitlich nicht alle Parameter auf 1917 – was für die Sowjetunion gilt – zurückführen, da ein großer Teil des sozialistischen Weltsystems erst nach 1945 oder sogar erst im Ergebnis der antikolonialen Befreiungsbewegung entstand. Hier sind Abstände, würde ich meinen, zum Teil so gut wie noch gar nicht vorhanden. Mitunter agiert sogar noch die erste Generation. Deswegen wird es in diesem Bereich noch schwieriger sein als dort, wo die Traditionen in eine lange »Vorgeschichte« zurückreichen, in die Geschichte des militanten Sozialismus/Kommunismus und seine verschiedenartigen Wirkungsgrade und Ausprägungen vor 1917.

Doch anfangen mit dem Sammeln soll jeder, sobald ihm Materialien auch nur in halbwegs ausreichendem Maße zufließen, möglichst rasch. Schon im Hinblick auf die sich schnell lichtenden Reihen der Zeitzeugen. Wenn es auch zunächst nur an einen Bauplatz für »Heimwerker« erinnern mag, ist das mehr und besser als nichts. Zumal, da haben Sie schon recht, die spätbürgerliche Forschung aus begreiflicher Hinterabsicht keine Zurückhaltung bezeigt, sobald sie fündig wird, und uns so manches wegschnappt, was wir, wenn wir es nur herzhaft anpackten, angemessener darstellen könnten. Das ist schon auch eine Erwägung, warum wir uns nicht einkapseln und geduldig darauf warten sollten, daß durch ein Unisono sämtlicher Zentralkomitees dieser Erde beschlossen wird: Ab morgen wird kollektiv an einer kritischen Gesamtgeschichte des Weltsozialismus geschrieben. Damit zu rechnen hieße auf Sand bauen.

Das aber kann bedeuten, daß wir noch einige Zeit mit offensichtlichen Auslassungen in den Geschichtsbüchern vorliebnehmen müssen.

Sie vereinfachen mir zu sehr. Auswählen bedeutet zwangsläufig immer zugleich auslassen. Über das Wie und das Was aber sollte weniger der Fachhistoriker befragt werden; der kennt in der Regel auf seinem Gebiet die Pünktchen, die Auslassungen anzeigen. Von jedem dafür Zuständigen in Volksbildung und Mediensektor ist ein hohes Verantwortungsgefühl im Umgang mit der historischen Wahrheit gefordert. Es gibt außerdem und wiederum auch eine Frage des Zeitpunktes, eventuell des Taktes, der Rücksicht auf Dritte. Solange solche Auslassungen der Vergangenheit in die Gegenwart überlappen – was nicht heißt, daß sie unbedingt Personen betreffen, die noch am Leben sind – werden wir mehr historischen Edelrost abwarten müssen. Notfalls muß man auch damit leben können, trotz Alexandre Dumas und dem Fernsehen nie zu erfahren, wer die »Eiserne Maske« – oder auch nur Jack the ripper – in Wirklichkeit war ...

Sich damit abzufinden könnte letztendlich zu historischem Agnostizismus führen.

Es ist zu trennen zwischen kreativem historischen Forschen und der Verbreitung bereits gesicherten Wissens. Wir sind ganz einfach nie und nimmer allwissend, waren es nie und werden es nie sein – auch nicht bei restlos geöffneten und zugänglichen Archiven, wie schon die auch nach 200 Jahren »unvollendete« Erforschung der Französischen Revolution

Während einer Konferenz 1974

lehrt. Nichts gegen unstillbare Neugier, die erst im vorgerückten Alter dahinzuschmilzen beginnt, aber bedarf es wirklich erst des gespenstischen »Ozonloches«, um uns – als potentielle Auswanderer zum Mars ...? – vor unserer Gottähnlichkeit bange werden zu lassen? Ansonsten: Agnostizismus – als eine unter anderen Haltungen – kann, muß aber nicht sein. Ehrenrührig ist sie nicht.

Unser künftiges Verhältnis zu sozialhistorischen Alternativen wird wesentlich vom Durchsetzungsvermögen revolutionärer Potentiale abhän-

gen. Michail Gorbatschow möchte die Bezeichnung Revolution »von oben« für die Perestroika nur zögernd benutzt wissen. Sind im Sozialismus »richtige« Revolutionen generell ausgeschlossen?

Das bedürfte einer gesonderten (hier fehlplazierten) Abhandlung über die neuerdings wieder aufmerksamer ins Visier genommenen Relationen zwischen Revolution und systemimmanenter wie systemüberschreitender Reform. Der Revolutionsbegriff – insonderheit der »im weiteren Sinne« – ist streckenweise ausgeufert, das Reformpotential umgekehrt ungebührlich eingeengt, ja, abgewertet worden. Wir streben zur Zeit nach genauerer Zumessung ihrer historischen Funktionen. Warum sollten sich im Sozialismus, aufgefaßt als »revolutionärer gesellschaftlicher Prozeß«, Formen wie Inhalte beim »Nehmen der Stufen zum Kommunismus« nicht auch tiefgreifend ändern und sogar umstülpen lassen, ohne Rücksicht darauf, ob ihre Beschreiber im nächsten Jahrtausend dafür das Etikett »Revolution im engeren Sinn« verwenden werden? Und weitergesponnen: Was geschieht, wenn der Sozialismus seine Etappenaufgabe erfüllt, Steine in Brot und Wasser in Wein verwandelt hat? Werner Krauss und ich knobelten einmal über eine »Weltanschauung, die nach uns kommt«.

In Ihren Forschungen wiesen Sie nach, daß in Revolutionen »legitime« und »illegitime« Linke auftreten können. Auf unsere Gesellschaft bezogen, die sich in revolutionärer Entwicklung befindet, könnte das bedeuten, daß auch wir »überschußhafte« Kräfte mit weiterreichenden (nicht notwendig nur illusionären) Vorstellungen und Zielen haben?

Letzteres denke ich schon, ja, ich hoffe es sehr. Überschuß, aus dem man schöpfen kann, ist immer gut. Um ein »Sortieren« kommen wir natürlich irgendwann nicht herum. Mögen wir dabei eine glückliche Hand beweisen und aus auftretenden Rückschlägen vor allem nützliche Lehren ziehen! Doch mein Auseinanderfädeln von »verschiedenen Linken« bezieht sich – bisher jedenfalls – ausschließlich auf die – reife – »bürgerliche« beziehungsweise »bürgerlich-demokratische« Revolution. Wenn mir Lebensfrist dafür gegeben ist, mag von hier aus auch weiter vorzustoßen sein in terram incognitam.

Auf globale Probleme eingehend, hat Heiner Müller in einem Interview die Befürchtung geäußert, daß es im Prozeß der Friedenserhaltung zu einer Art Festschreibung des status quo kommen könnte, die für die Länder der Dritten Welt einen von West und Ost verordneten Entwicklungsstop zur Folge hätte. Kann »Anhalten« von Geschichte die Überlebensprobleme der Menschheit lösen helfen? Müssen wir auf historischen Fortschritt für eine nicht absehbare Zeit verzichten, um gemeinsam weiterleben zu können? Es gibt die Auffassung von einer allmählichen Ablösung der sozialen Revolution, deren Übergang in eine langwährende Evolution.

Herr Grimm, es ist nicht nett, daß Sie mir gerade zum Schluß einen so dicken Brocken vor die Beine wälzen.

Ad eins: Ängstliche Leute gibt es immer, das braucht man ihnen nicht übelzunehmen. Nur ist es so, daß sich Geschichte auf Dauer nie hat anhalten lassen und nicht anhalten läßt – wer das glaubt, sitzt einem Irrtum auf. Was passieren kann, wenn menschliches Geschick in unrechte Hände fällt und Ignoranz triumphiert, ist, daß auf eine begrenzte Zeit der »Lauf« der Geschichte gestaut wird, wonach zu befürchten steht, daß der Dammbruch um so heftiger ausfällt. Zweitens: Daß Revolution irgendwann einmal von Evolution abgelöst wird, ist eine der wenigen festen, runden Tatsachen, die der Historiker dem Laien getrost mit auf den Weg geben kann. Wortspielereien um revolutionäre Permanenz decken meistenteils nur Schwachstellen eines Geschichts- und Revolutionsverständnisses zu. Daß es also Ruhepausen gibt, daß Ergebnisse einer Revolution sich erst setzen müssen, daß dann unter Umständen eine Periode sensationslosen Weiterwachsens, auch Teilverkümmerns auftritt, bevor eine Krisensituation neue Lösungen erzwingt – das ist etwas, was man durchaus als unvermeidlich und sogar heilsam, als den Gang der Geschichte, der ein Wechselspiel von Revolution und Evolution ist, bezeichnen kann.

Aber ein Dammbruch kann im nuklearen Zeitalter auch das physische Ende der Menschheit bedeuten.

Ja eben, dazu will ich gleich etwas hinzufügen.

Natürlich gab es partielle Festschreibungen auch schon früher – sie haben sich meist keine guten Zensuren eingehan-

In der Nähe Tokyos 1974

delt – etwa die Heilige Allianz (1815) oder der Berliner Kongreß (1878), die zwar jeweils einige Jahrzehnte Frieden in Europa sicherten, dabei aber, solang sie konnten, der Reaktion Punkte lieferten. Ich würde sagen, Festschreibungen solcher Artung sind dem Kurzzeitgedächtnis der Geschichte verfallen. Man hat sie auch (1919) in Versailles strapaziert. Eine Weile mag das gut gehen. Über alle Zeit hinweg ist es nicht möglich.

Die Frage, die wir uns stellen müssen – und hiermit komme ich auf Ihr nukleares Syndrom – ist folgende: Nähern wir uns eventuell einem Punkt, wo uns die Naturkräfte tatsächlich – aus Frevel oder Unvernunft – entwischen können? Dafür kennt auch der Historiker keine Präzedenz, hier wird er zum blutigen Laien wie der Frager.

Es ist vorstellbar, denkbar, daß der Mensch in die Rolle des Zauberlehrlings gedrängt wird. Daraus erwächst für den Historiker zusätzliche Verantwortung: angestrengt darüber nachzudenken, welches Wort – Lösung, nicht nur Losung – er dazu eingeben kann.

In diesem Zusammenhang interessiert mich, ob das Problem der Zeit, also der Irreversibilität historischer Ereignisse – vor allem die nicht vollendeten bzw. verlorenen Revolutionen – nicht unter dem Damoklesschwert des nuklearen Zeitalters neu untersucht werden müßte. Revolutionen gehen nicht einfach verloren, sie gehen der Geschichte, der Menschheit verloren. Historische Entwicklungslinien belegen, daß nicht verwirklichte revolutionäre Möglichkeiten – z. B. in der Geschichte Deutschlands – in nationale und globale Katastrophen münden können. Erhöht der zweifellos vorhandene Zeitdruck nicht überproportional den subjektiven Faktor in der real ablaufenden Geschichte?

Der Faktor Zeit, wie Sie ihn auffassen als Irreversibilität historischer Ereignisse, macht auf Tücken des technischen Fortschritts und insbesondere auf seine unzulässige Verabsolutierung aufmerksam. So herrlich weit haben wir es vielleicht doch nicht gebracht, wie es uns eine Weile lang glaubhaft schien. Und hinzu würde ich fügen: Wer angesichts der nuklearen Drohung der Friedenserhaltung den begreiflich höchsten Stellenwert zumißt, der muß aber auch wissen, daß »nix is, was nix kost«. Möglicherweise ist mit Drosselungen des Wachstumstempos zu zahlen, mit der Betätigung von Bremsen – nicht im Sinne eines Totalverzichts, das ist Gesundbeterei, auf die sich ein gestandener Forscher schwerlich einlassen wird –, aber auf Teilabstriche schon. Und falls Heiner Müller in seiner bekannten Äußerung Bedenken anmeldet hinsichtlich der Alleingültigkeit der Friedensbewahrung – soweit er damit zum Ausdruck bringen will, daß er nicht gewillt ist, unbesehen *jeden* Preis für Friedenserhaltung, als Appeasement etwa, zu entrichten –, stimme ich durchaus zu. Ich denke zurück an Reden vor und nach 1933, wo auch wir nicht bereit waren, uns gegebenenfalls ein Europa unter der Knute Hitlers zu erbetteln, nur um einem Krieg aus dem Wege zu gehen.

Die Menschen sind sich zweifellos ihres total Andersgewordenseins in Sein und Zeit seit der Bombe *nicht* (schon gar nicht voll) bewußt. Sollten sie ihr Auslöschungspotential noch in den Griff bekommen, was man dringend hoffen möchte, werden sie gewißlich auch die davorliegende Geschichte in bestimmten Partien aus der neuen Sicht umschreiben müssen, weil dann bisher als gültig betrachtete Gesellschaftsgesetze selber »Geschichte« und ergo Gegenstand der Überprüfung sein werden (Krieg nicht mehr Fortsetzung der Politik mit anderen Mitteln, sondern ihr *Ende*...)

Es gibt Gesetzmäßigkeiten in dem Sinne, daß es meßbare Durchschnittswerte gibt. Es ist so ähnlich wie mit Tschernobyl, wo die Risikoquote eins zu einer Million gestanden haben soll, aber es geschah dann eben doch. Gesetz als starrer Begriff ist nicht immer glücklich. Wir sprechen oft besser von Trends, von Tendenzen, von Prozessen. Daß es zu einer Revolution kommen kann, wenn die Herrschenden nicht mehr auf bisherige Weise weiterwissen und die Unterdrückten so nicht mehr weiterwollen (Lenin), das kann man, wenn man den Ausdruck rechtens verwenden will, als Gesetz bezeichnen, und Historiker tun das auch. Sollte den Menschen zu ihrem Glück soviel Erleuchtung widerfahren, daß sie sogar auf der nördlichen Hemisphäre lebend über die Runden kommen, mag ihnen als Aufgabe eine Dehnung von Erd- zu wirklicher *Welt*geschichte à la Gagarin und Armstrong zuwachsen.

Ja, von Zeitdruck kann, muß man sprechen, und natürlich belastet er den sogenannten subjektiven Faktor mit Hypotheken. Ich bin indessen nicht ohne Hoffnung, daß er unendlich *viele* subjektive Faktoren mobilisieren und dazu motivieren kann, sich unter dem Zwang der Umstände vernünftig aufeinanderzu zu bewegen und damit auf einer höheren Ebene der Einsicht in die Notwendigkeit eine neue Objektivität zu begründen. Allerdings meine ich, daß man sich dazu kräftig regen muß; daß aus nichts nichts wird, wußte schon ein alter griechischer Philosoph.

Sind Sie einverstanden, mit Jacques Roux aus Peter Weiss' »Marat« zu schließen:

Roux: (zu den Patienten und zum Publikum)
Wann werdet ihr sehen lernen
Wann werdet ihr endlich verstehen

Auch ich pflegte Peter Weiss zu zitieren. Vorhang!

Bild- und Fotonachweis

Christian Brachwitz 3, 7, 8, 42, 78, 81, 95, 114, 150, 178, 212, 216, 217, 220, 242
Steffen Sebastian 11
Walter Markov 13, 15, 17, 20, 23, 25, 45, 50, 58, 68, 72, 73, 84, 102, 105, 106, 107, 112, 113, 116, 119, 125, 133, 135, 141, 153, 157, 159, 160, 171, 181, 183, 188, 190, 192, 195, 225, 227, 229, 232, 233, 244, 245, 246, 247, 249, 253, 266, 269
Fritz-Lieb-Archiv Basel 100
Archiv der Karl-Marx-Universität Leipzig 155, 205
Archiv der Humboldt-Universität zu Berlin 35
Archiv der Friedrich-Wilhelms-Universität Bonn 38, 40, 41, 44, 46, 48, 55
Verein an der Synagoge Bonn 57, 121
Stadtarchiv Bonn 131
Archiv der Akademie der Wissenschaften der DDR 136, 200, 215
Werner-Krauss-Archiv Berlin 185, 204, 207, 222
Susanne Petersen 262

Danksagung

Für Unterstützung danken wir:

dem Werner-Krauss-Archiv beim Archiv der Akademie der Wissenschaften der DDR Berlin
dem Archiv der Rheinischen Friedrich-Wilhelms-Universität Bonn
dem Verein an der Synagoge Bonn
der Hamburger Stiftung für Sozialgeschichte des 20. Jahrhunderts
der Redaktion der Zeitschrift »Sinn und Form« Berlin
dem Historiker Horst Bothien (Bonn)
dem Literaturwissenschaftler Hans Mayer (Tübingen)

Besonders danken möchte der Dokumentarist dem Historiker Bernhard Tesche, der das Entstehen des Projekts wesentlich förderte, dem Philosophen Gerd Irrlitz und dem Mathematiker Jürgen Ast für wertvolle Anregungen zum Manuskript, Ute Espig für ihre umfangreiche Transkription des Tonband- und Videomaterials.

Herzlicher Dank an Irene Markov und Gudrun Grimm, die über drei Jahre die Arbeit verständnisvoll verwirklichen halfen, und den Lektorinnen Lore Reimann und Helga Thron für die aufmerksame Zusammenarbeit.

Personenregister

Veröffentlichungen von Walter Markov – Auswahlbibliographie

Serbien zwischen Österreich und Rußland 1897-1908, Stuttgart: Kohlhammer 1934 (= Beiträge zur Geschichte der nachbismarckischen Zeit und des Weltkriegs, NF 8). Zugleich Bonn, Phil. Diss. v. 28.Juli 1934.

Grundzüge der Balkandiplomatie. Ein Beitrag zur Geschichte der Abhängigkeitsverhältnisse, Leipzig 1947, Phil. Habil.-Schrift (Ms.).

Zur Krise der deutschen Geschichtsschreibung, in: Sinn und Form 1950, 2. Jg., H.2, S.108-155.

Grenzen des Jacobinerstaats, in: Grundpositionen der französischen Aufklärung. Neue Beiträge zur Literaturwissenschaft, hrsg. von W. Krauss und H. Mayer, Berlin: Rütten & Loening 1955, S. 209-242, 319-352.

Die Utopia des Citoyen, in: Festschrift. Ernst Bloch zum 70. Geburtstag, hrsg. von R.O. Gropp, Berlin: VEB Deutscher Verlag der Wissenschaften 1955, S. 229-240.

Hrsg.: Jacobiner und Sansculotten. Beiträge zur Geschichte der französischen Revolutionsregierung 1793-1794, Berlin: Rütten & Loening 1956.

und M. Kossok: Konspekt über das spanische Kolonialsystem. T.1, 2, in: Wissenschaftliche Zeitschrift der Karl-Marx-Universität Leipzig. Gesellschafts- und sprachwissenschaftliche Reihe, JG. 5, Leipzig 1955/56, H. 2, S. 121-144; H. 3, S. 229-268.

Hrsg. mit A. Soboul: Die Sansculotten von Paris. Dokumente zur Geschichte der Volksbewegung 1793-1794. Mit einem Vorwort von G. Lefebvre, Berlin: Akademie-Verlag 1957.

Hrsg.: Maximilien Robespierre 1758-1794. Beiträge zu seinem 200. Geburtstag. Mit einem Vorwort von G. Lefebvre, Berlin: Rütten & Loening 1958, 1961.

Hrsg.: V.M. Dalin, Babeuf-Studien. Gedenkband aus Anlaß des 200. Geburtstages von Gracchus Babeuf am 23.11.1960, Berlin: Akademie-Verlag 1961 (= Schriftenreihe der Arbeitsgruppe zur Geschichte der deutschen und französischen Aufklärung der Deutschen Akademie der Wissenschaften zu Berlin, Bd. 16).

Sistemi coloniali e lotte di liberazione. Roma: Editori Riuniti 1961 und Nachauflagen.

I giacobini dei paesi absburgici, in: Studi Storici, Roma 1962, a. III, n. 3, S. 493-525. (dt.: Jacobiner in der Habsburgermonarchie, in: Jakobiner in Mitteleuropa, hrsg. von H. Reinalter, Innsbruck: Inn Verlag 1977, S. 291-311).

Mithrsg.: Babeuf et les problemes du Babouvisme. Colloque international de Stockholm (21 août 1960), Paris: Editions Sociales 1963.

Jacques Roux und Karl Marx, Berlin: Akademie-Verlag 1965 (= Sitzungsberichte der Deutschen Akademie der Wissenschaften zu Berlin. Klasse für Phil., Geschichte, Staats-, Rechts- und Wirtschaftswissenschaften, 1965, Nr. 1).

Jacques Roux oder vom Elend der Biographie, Berlin: Akademie-Verlag 1966.

Die Freiheiten des Priesters Roux, Berlin: Akademie-Verlag 1967.

1792 – Resümee über Krieg und Frieden, in: Jahrbuch für Geschichte, Bd. 1, Berlin: Akademie-Verlag 1967, S. 9-23.

Hrsg.: Jacques Roux, Scripta et Acta, Berlin: Akademie-Verlag 1969.

Exkurse zu Jacques Roux, Berlin: Akademie-Verlag 1970 (= Abhandlungen der Deutschen Akademie der Wissenschaften zu Berlin, Jg. 1970).

Wege und Formen der Staatsbildung in Asien und Afrika seit dem Zweiten Weltkrieg. Thesen, in: Zeitschrift für Geschichtswissenschaft, 1970, Jg. 18, H. 6, S. 726-749.

Abschied von Jacques Roux, in: Beiträge zur französischen Aufklärung. Festgabe für Werner Krauss zum 70. Geburtstag, Berlin: Akademie-Verlag 1971, S. 175-183.

und A. Soboul: 1789 – Die Große Revolution der Franzosen, Berlin: Akademie-Verlag 1973. Nachauflage und Lizenzauflage.

und K. Kossok: Zur Methodologie der vergleichenden Revolutionsgeschichte der Neuzeit, in: Studien zur vergleichenden Revolutionsgeschichte 1500-1917, hrsg. von M. Kossok, Berlin: Akademie-Verlag 1974, S. 1-28 (= Studien zur Revolutionsgeschichte).

1789: Bürgertum zwischen Aufklärung und Revolution, in: Fürst, Bürger, Mensch. Österreichisches Jahrbuch für Geschichte und Politik, Bd. 2, Wien: Verlag für Geschichte und Politik 1975, S. 215-237.

Volksbewegungen der Französichen Revolution, hrsg. von M. Hahn, Frankfurt/M., New York: Campus-Verlag 1976.

und H. Helmert: Schlachten der Weltgeschichte, Leipzig: Edition Leipzig 1977. Nachauflage und Lizenzauflage. (engl.: Battles of the World History, Leipzig 1978, New York 1979; franz.: L'Histoire à travers les batailles, de Kadesh à Hiroshima, Leipzig 1980).

und E. Werner: Geschichte der Türken, Berlin: Akademie-Verlag 1978 und Nachauflage.

Hrsg.: A. Soboul, Französische Revolution und Volksbewegungen: die Sansculotten. Die Sektionen in Paris im Jahre II, Frankfurt/M.: Suhrkamp-Verlag 1978.

Kognak und Königsmörder. Historisch-literarische Miniaturen, hrsg. von M. Kossok, Berlin und Weimar: Aufbau Verlag 1979.

Weltgeschichte im Revolutionsquadrat, hrsg. von M. Kossok, Berlin: Akademie-Verlag 1979. Nachauflage und Lizenzauflage.

Mithrsg.: Kleine Enzyklopädie Weltgeschichte, Leipzig: VEB Bibliographisches Institut 1979, 2 Bde. Nachauflage (ungarisch: Vilàgtörténelmi enciclopédia, Budapest: Akadémiai Kiadó 1982 und Nachauflage).

1789 – Legende und Wirklichkeit einer großen Revolution, Leipzig: Karl-Marx-Universität 1981 (= Leipziger Universitätsreden, NF 59).

Revolution im Zeugenstand. Frankreich 1789-1799, Leipzig: Philipp Reclam jun. 1982, 2 Bde. Nachauflage und Lizenzausgabe.

und W. Schmidt und W. Küttler: Revolutionen in der Epoche des weltweiten Sieges des Kapitalismus 1789-1871, in: Revolutionen der Neuzeit 1500-1917, hrsg. von M. Kossok, Berlin: Akademie-Verlag 1982, S. 111-142.

Grand Empire. Sitten und Unsitten der Napoleonzeit, Leipzig: Edition Leipzig 1984. Nachauflage und Lizenzausgabe (engl.: The Grand Empire. Virtue and Vice in the Napoleonic Era, Leipzig 1989).

Forschungsprobleme der Französischen Revolution. Aus Anlaß des Todes von Albert Soboul, in Zeitschrift für Geschichtswissenschaften, 1984, Jg. 32, H. 6, S. 483-489.

Hrsg.: Jacques Roux, Freiheit wird die Welt erobern. Reden und Schriften, Leipzig; Philipp Reclam jun. 1985 und Lizenzausgabe.

Mitarbeit an: Historical Dictionary of the French Revolution, 1789-1799, hrsg. von S.F. Scott und B. Rothaus, Westport, Connecticut: Greenwood Press 1985.

Princes et administrateurs éclairés: l'individu et l'histoire, in: L'absolutisme éclairé, hrsg. von B. Köpeczi, A. Soboul, E.H. Balàzs, D. Kosàry, Budapest: Akadémiai Kiadó, Paris: Editions du CNRS 1985, S. 143-157.

Hrsg. mit K. und M. Middell: Die Französische Revolution. Bilder und Berichte 1789-1799, Leipzig: Philipp Reclam jun. 1989; Berlin (West): Propyläen Verlag 1989.

und A. Soboul: 1789. Die Große Revolution der Franzosen, Leipzig, Jena, Berlin: Urania Verlag 1989; Köln: Pahl-Rugenstein Verlag 1989; Wien: Schönbrunn Verlag 1989.

Dialektik im Gespräch mit W. Markov, in: Der Philosoph und das Volk. 200 Jahre Französische Revolution, Köln: Pahl Rugenstein Verlag 1989, S. 177-186.

Schriften der Hamburger Stiftung für Sozialgeschichte des 20. Jahrhunderts im Volksblatt Verlag

Historische Bibliothek

Band 1
Heidrun Kaupen-Haas
Der Griff nach der Bevölkerung
Aktualität und Kontinuität nazistischer Bevölkerungspolitik
180 S., zahlr. Abb. u. Dokumente, Hardcover, DM 24.-
ISBN 3-923243-52-9

Band 2
Angelika Ebbinghaus (Hrsg.)
Opfer und Täterinnen
Frauenbiographien des Nationalsozialismus
348 S., zahlr. Abb., Hardcover, DM 32.-
ISBN 3-923243-51-0

Band 3
Hamburger Stiftung (Hrsg.)
Das Daimler-Benz Buch
Ein Rüstungskonzern im »Tausendjährigen Reich«
831 S., zahlr. Abb., Hardcover
ISBN 3-923243-55-3

Band 4
Robert M.W. Kempner
SS im Kreuzverhör
Die Elite, die Europa in Scherben brach
382 S., zahlr. Abb., Hardcover, DM 32.-
ISBN 3-923243-53-7

Band 5
Karl Heinz Roth, Michael Schmidt (Hrsg.)
Die Daimler-Benz AG 1926-1948.
Schlüsseldokumente zur Konzerngeschichte
479 S., zahlr. Abb., Hardcover
ISBN 3-923243-59-6

Band 6
Ludger Weß (Hrsg.)
Die Träume der Genetik
Gentechnische Utopien von sozialem Fortschritt
232 S., zahlr. Abb., Hardcover, DM 36.-
ISBN 3-923243-54-5

Band 7
Bernd Greiner
Kuba-Krise
13 Tage im Oktober: Analysen, Dokumente, Zeitzeugen
440 S., zahlr. Abb., Hardcover, DM 48.-
ISBN 3-923243-56-1

Band 8
Heinrich Senfft
Richter und andere Bürger
150 Jahre politische Justiz und neudeutsche Herrschaftspublizistik
220 S., Hardcover, DM 38.-
ISBN 3-923243-57-X

Band 9
Serge Klarsfeld
Vichy – Auschwitz
Die Zusammenarbeit der deutschen und französischen Behörden bei der »Endlösung der Judenfrage« in Frankreich
600 S., zahlr. Fotos u. Dokumente, Hardcover, DM 48.-
ISBN 3-923243-58-8

Band 10
M. Rössler, S. Schleiermacher (Hrsg.)
Generalplan Ost
Aspekte der nationalsozialistischen Planungs- und Vernichtungspolitik
ca. 250 S., zahlr. Abb., Hardcover, ca. DM 36,-
ISBN 3-923243-67-7

Kleine historische Bibliothek

Band 1
Detlef Garbe
»In jedem Einzelfall bis zur Todesstrafe«
Der Militärstrafrichter Erich Schwinge – Ein deutsches Juristenleben
168 S., br., DM 18.-
ISBN 3-923243-60-X

Band 2
Bernhild Vögel
»Entbindungsheim für Ostarbeiterinnen«
Braunschweig, Broitzemer Straße 200
200 S., Abb., br., DM 18.-
ISBN 3-923243-62-6

Band 3
Heinrich Senfft
Kein Abschied von Hitler
Ein Blick hinter die Fassaden des »Historikerstreits«
148 S., br., DM 18.-
ISBN 3-923243-61-8

Band 4
Hamburger Stiftung (Hrsg.)
Arbeitsschutz und Umweltgeschichte
ca. 180 S., br., DM 18.-
ISBN 3-923243-64-2

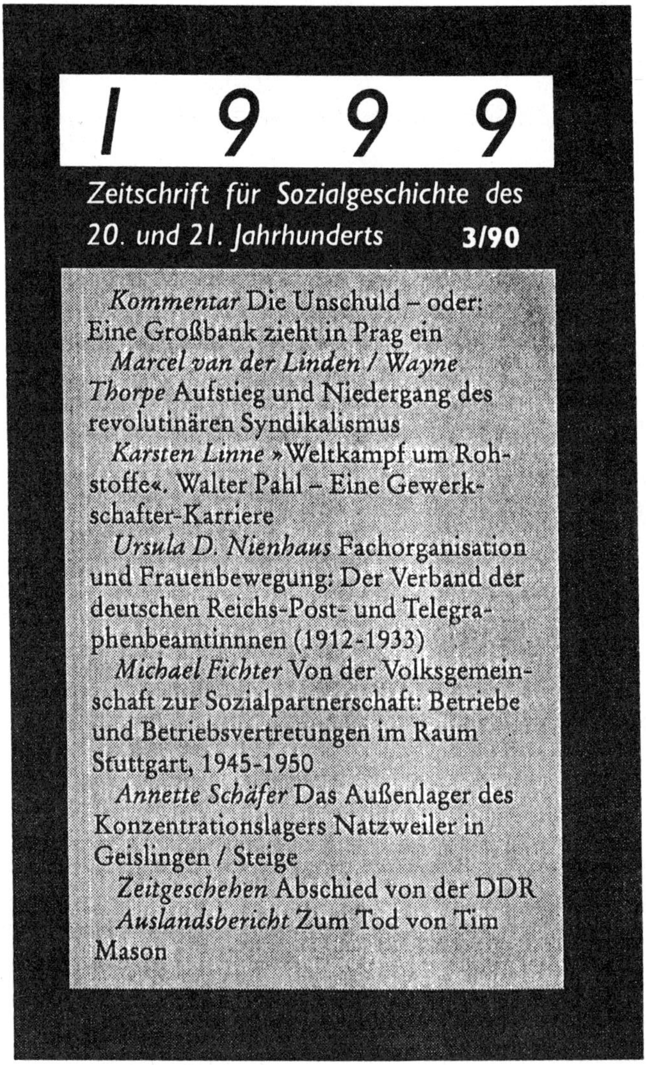

1999

Zeitschrift für Sozialgeschichte des 20. und 21. Jahrhunderts 3/90

Kommentar Die Unschuld – oder: Eine Großbank zieht in Prag ein
Marcel van der Linden / Wayne Thorpe Aufstieg und Niedergang des revolutinären Syndikalismus
Karsten Linne »Weltkampf um Rohstoffe«. Walter Pahl – Eine Gewerkschafter-Karriere
Ursula D. Nienhaus Fachorganisation und Frauenbewegung: Der Verband der deutschen Reichs-Post- und Telegraphenbeamtinnnen (1912-1933)
Michael Fichter Von der Volksgemeinschaft zur Sozialpartnerschaft: Betriebe und Betriebsvertretungen im Raum Stuttgart, 1945-1950
Annette Schäfer Das Außenlager des Konzentrationslagers Natzweiler in Geislingen / Steige
Zeitgeschehen Abschied von der DDR
Auslandsbericht Zum Tod von Tim Mason